2017年度教育部人文社会科学研究项目资助

中央民族大学“国际汉语教学”重点培育学科项目资助

汉语国际传播与国际汉语教学研究丛书　总主编：吴应辉
Series of Chinese Language Globalization & International Chinese Language Teaching Studies
Chief Editor: Wu Yinghui

汉语国际教育硕士人才培养现状与优化研究

Research on Student Teachers Teaching Practicum A Case of Teaching Chinese as a Second Language

李东伟 / 著
By Dongwei Li

中央民族大学出版社
China Minzu University Press

图书在版编目（CIP）数据

汉语国际教育硕士人才培养现状与优化研究 / 李东伟著．—北京：中央民族大学出版社，2019.9

ISBN 978-7-5660-1705-5

Ⅰ．①汉… Ⅱ．①李… Ⅲ．①对外汉语教学—硕士—人才培养—研究—中国 Ⅳ．① H195.3

中国版本图书馆 CIP 数据核字（2019）第 187471 号

汉语国际教育硕士人才培养现状与优化研究

著　　者　李东伟
责任编辑　戴佩丽
封面设计　舒刚卫
出 版 者　中央民族大学出版社
　　　　　北京市海淀区中关村南大街 27 号　　邮编：100081
　　　　　电话：68472815（发行部）　传真：68933757（发行部）
　　　　　　　　68932218（总编室）　　　　68932447（办公室）
发 行 者　全国各地新华书店
印 刷 厂　北京建宏印刷有限公司
开　　本　710 × 1000（毫米）　1/16　印张：18
字　　数　288 千字
版　　次　2019 年 9 月第 1 版　2019 年 9 月第 1 次印刷
书　　号　ISBN 978-7-5660-1705-5
定　　价　78.00 元

汉语国际传播与国际汉语教学研究丛书总序

吴应辉

目前来华学习汉语人数不到全球学习汉语人数的1%，而在中国境外学习汉语的人数达99%以上。国际汉语教学已成为学术界关注的一个热点，然而从目前出版和发表的有关论著来看，研究对外汉语教学的很多，但研究国际汉语教学的很少。汉语国际传播及国际汉语教学的实践已经超前于理论，或者说我们的汉语国际传播及国际汉语教学理论滞后于实践。作为国际汉语教学的从业者，大家都应肩负起历史使命，对汉语国际传播及国际汉语教学进行研究，深入探讨相关的理论和实践问题。

中央民族大学在20世纪50年代就开始了对越南学生的汉语教学，成为当时中国最早接收外国留学生的八所院校之一，但在对外汉语教学学科建设方面起步较晚。近年来，中央民族大学国际教育学院调整了学科建设方向，将研究力量集中于汉语国际传播和国际汉语教学。在学校的大力支持下，我们的国际汉语教学学科建设已经取得初步成果。我们在全国高校中率先在语言学及应用语言学专业博士研究生培养中设立汉语国际传播研究方向；我们是全国第一个明确把“国际汉语教学”列为重点培育学科加以建设的汉语教学机构；我们创新性地设计并组织实施了“汉语国际教育硕士”的“1+2+X”培养模式；我院绝大部分专职教师和20多位中外博士生都把研究方向集中到了国际汉语教学及其重要组成部分汉语国际传播上，研究领域包括泰国、马来西亚、缅甸、韩国、美国、越南等国家的汉语传播问题，内容涵盖国际汉语教学宏观和微观层次的诸多问题；我们已承担了包括两项国家社科基金课题、教育部新世纪优秀人才支持计划项目和教育部人文社会科学项目在内的多项汉语国际传播纵向和横向课题；我们正在进行国际汉语教学案例库和汉语国际传播数据库建设……

我们才刚刚起步，我们愿不断努力，与兄弟院校一起在汉语国际传播和国际汉语教学领域拓荒、播种，并愿意与国内外同行分享我们的收获。我们将以全球化的视野、国际化的思维和创新务实的行动，努力开展汉语国际传播和国际汉语教学研究，推动国际汉语教学学科建设，为汉语和中华文化走向世界尽一份绵薄之力。

经过中央民族大学国际教育学院两年多的策划和研究，汉语国际传播与国际汉语教学研究丛书陆续开始出版了。希望这套丛书能从各个侧面对国际汉语教学学科的形成和建设起到支撑作用，能为国际汉语教学的专家学者带来另一种清新的学术空气，给青年学者和博士、硕士研究生选择未来的研究领域提供新的视野，并为汉语国际传播有关机构提供决策参考。这套丛书虽为中央民族大学国际教育学院策划，但我们的作者并不限于本院师生，我们热忱欢迎国内外有志于汉语国际传播和国际汉语教学研究的专家学者加盟我们的队伍，我们愿意将符合丛书主题的学术成果列入丛书出版。

鉴于广大读者甚至很多业内学者和学生对汉语国际传播与国际汉语教学的认识尚不够深入，谨以本人在《语言文字应用》2010年第3期上发表的论文“国际汉语教学学科建设及汉语国际传播研究探讨”作为代序，对汉语国际传播与国际汉语教学做一些学术探讨，以增进学界对国际汉语教学学科的认识。

国际汉语教学学科建设及汉语国际传播研究探讨[①]（代序）

随着汉语快速走向世界，对外汉语教学时代正在转型为国际汉语教学时代，传统的对外汉语教学正在转型为国际汉语教学，因此，有必要努力建立与之相适应的国际汉语教学学科。国际汉语教学学科应该包括传统的对外汉语教学和汉语国际传播两大部分。汉语国际传播是指建立在世界各国对汉语需求的基础之上，汉语遵循语言传播规律，从中国走向世界的语言传播现象。汉语国际传播研究是国际汉语教学研究的重要组成部分。鉴于此前很少有人讨论过相关问题，本文将探讨建立国际汉语教学学科的必要性，国际汉语教学与传统的对外汉语教学、汉语国际传播研究的关系，对外汉语教学向国际汉语教学的转型，国际汉语教学研究的理论基础和研究内容，国际汉语教学的学科建设，当前汉语国际传播研究的领域等问题，以期抛砖引玉，并希望有更多的同行参与到国际汉语教学及汉语国际传播的研究中来，不仅可以推动转型后的国际汉语教学学科建设，而且通过汉语国际传播研究可以为汉语国际推广工作提供更多的智力支持和决策参考。

---

① 吴应辉：国际汉语教学学科建设及汉语国际传播研究探讨，《语言文字应用》2010年第3期，作者对文章进行了部分删节和小的改动。本文获“新世纪优秀人才支持计划资助”（Supported by Program for New Century Excellent Talents in University，“NCET”）。

一、国际汉语教学时代已经到来

随着中国综合国力的迅速增强，尤其是经过金融危机的洗礼，中国与世界发达国家的经济实力对比发生了很大的改变，差距正日益缩小。不久前，世界银行副行长兼首席经济学家林毅夫甚至指出，到2020年中国可能成为世界第一大经济体。[①] 中国国际地位的快速上升，使世界各国人民了解中国的需要快速增强，汉语热正在世界各地悄然兴起，汉语国际传播的新时代已经到来。国家汉办主任、孔子学院总部总干事许琳说，世界学习汉语的人数也远超中方预期。据介绍，目前全世界有109个国家、3000多所高等学校开设了汉语课程。特别是中小学开设汉语课的热情越来越高。世界各国学习汉语的人数，很多国家以50%甚至翻番的速度增长。全世界现在学习汉语的人数已经超过了4000万。[②]世界范围的汉语需求增长迅速，从2004年到2009年，应世界各国有关机构的要求，国家汉办派出汉语教学志愿者达6000多人。仅2008年一年，国家汉办就派出汉语教学志愿者1700多人，分布在46个国家。2008年全国共派出汉语教师2000余人，分布在105个国家。截至2008年底，应世界各地有关机构的请求，全球已建立孔子学院249所，孔子课堂56个。[③]周边国家的汉语热尤为突出，“日本有200万人在学习汉语。韩国学习汉语的人数超过100万，现有的142所大学全部开设了汉语课程。韩国教育部计划在全国中

---

① 中国新闻网3月22日：http：//www.chinanews.com.cn/cj/gncj/news/2009/03-19/1608221.shtml

② 新华网：世界“汉语热”远超预期，学习人数已超4000万。2009-03-13。http：//news.xinhuanet.com/edu/2009-03/13/content_11002421.htm

③ 以上数字引自前教育部部长周济“在2008年孔子学院大会上的工作报告”。

小学普遍开设汉语课。印尼目前有1000所中学正式开设汉语课”。[1]“泰国作为汉语热的新兴国家，开设汉语课的中小学已达千所以上，学习汉语的人数10年间增长了20多倍，2007年泰国学习汉语的中小学生超过20万人（206134人）。泰国接收中国汉语教学志愿者人数列各国之首”[2]，2008年接收了870名来自中国的汉语教学志愿者，2009年仅新派志愿者就达800人[3]，加上留任的志愿者，在泰国的汉语教学志愿者人数已达上千人。泰国孔子学院建设也卓有成效，一个只有6000万人口的国家建立了11所孔子学院和孔子课堂。在泰国，学习汉语已经成为一种时尚，泰国汉语传播速度在当今汉语国际传播中是一个奇迹。在美国、欧洲，汉语教学的发展势头也非常好，美国大学理事会的调查结果显示，全美有2400多所中小学有意向在近几年开设汉语课，[4]美国出于国家安全的考虑，投入巨资开展“关键语言”（Critical Languages）教学，而汉语就是六种关键语言之一。在英国、法国、德国、俄罗斯等国家，开设汉语课的学校也在快速增加。这些事实说明，国际汉语教学的时代已经到来。

二、国际汉语教学时代需要有与之相适应的国际汉语教学学科

对外汉语教学正快速向国际汉语教学转变，对外汉语教学学

① 中国网：孔子学院影响力独特：4000万洋人学习汉语，2007-03-20。http://www.china.com.cn/international/txt/2007-03/20/content_7987819.htm

② 吴应辉、杨吉春：泰国汉语快速传播模式研究，《世界汉语教学》2008年第4期。

③ 国家汉办志愿者中心提供数据。

④ 新华网：国外学中文成时尚，美2400学校愿开中文课，2006-07-06。http://news.xinhuanet.com/edu/2006-07/06/content_4800553.htm

科也应该与时俱进，转型为国际汉语教学学科。自20世纪80年代对外汉语教学学科建立以来，我国对外汉语教学学科取得了快速发展，已形成一套自己的理论体系、研究方法，推出了大批研究成果，建立起了本科、硕士和博士三个层次完整的人才培养体系，为中国的对外汉语教学事业做出了应有的贡献。2003年国家汉办推出的“汉语桥工程”①开始实施，对外汉语教学开始向国际汉语教学转型。2004年，“国务院批准了国家对外汉语教学领导小组制定的对外汉语教学事业2003年至2007年发展规划——《汉语桥工程》，明确提出了‘集成、创新、跨越’作为对外汉语教学和汉语国际推广工作的发展战略，也就是：集成一切资源要素，采取创新的举措，实现对外汉语教学事业的跨越式发展”。②2005年7月在北京举办的首届世界汉语大会实为汉语国际推广的首次动员大会，来自五大洲66个国家的300多位代表出席了这次大会。此次大会之后，汉语国际推广工作进入了高速发展阶段。

“六大转变”的推出，进一步加快了从对外汉语教学向国际汉语教学的转型。2006年，对外汉语教学向国际汉语教学的转变得到国家汉办等有关部门在政策层面的推动，“针对我国多年来对外汉语教学的主战场在国内，以来华留学生为主要教学对象的传统汉语教学模式不适应国外对汉语的需求状况，提出了转变观念和工作重点，实施六大转变：一是发展战略从对外汉语教学向全方位的汉语国际推广转变；二是工作重心从将外国人‘请进来’学汉语向汉语加快‘走出去’转变；三是推广理念从专业汉语教学向大众化、普及型、应用型转变；四是推广机制从教育系统内推

① 汉语桥工程主要包括孔子学院，中美网络语言教学、教材、音像和多媒体制作，国内外汉语教师队伍建设，对外汉语教学基地建设，汉语水平考试，世界汉语大会和“汉语桥比赛”，“汉语桥”基金与援助国外中文图书馆和基本建设九个方面的内容。

② 章新胜：加强汉语的国际传播，促进多样文化的共同发展，《求是》2005年第16期。

进向系统内外、政府民间、国内国外共同推进转变；五是推广模式从政府行政主导为主向政府推动的市场运作转变；六是教学方法从纸制教材面授为主向充分利用现代信息技术、多媒体网络教学为主转变。六个转变实际包含了三个层面：体制和机制，对象和教学类型，教材和教法。换言之，从过去的‘请进来’、对有一定学历的成年人进行面对面教学，发展到‘走出去’、对社会上各式各样的人进行多种方式的教学，需要全方位的改进和改革”。[①]这一政策的推出，更加快了传统的对外汉语教学向国际汉语教学的转型。

目前的汉语教学除了我国国内的对外汉语教学之外，还有100多个国家都在开展汉语教学。据教育部公布的数据，2008年共有来自189个国家和地区的22万多（223499）名各类来华留学人员[②]，与世界各国学习汉语人数相比，仅占不足1%（0.56%，按全世界4000万人学汉语的数字计算）。我国2008年派出的汉语教学志愿者和汉语教师达3000多人，但他们只占世界各国汉语教师中的极小的一部分。这些数据已经充分说明，汉语教学的主体不在国内而在国外。国际汉语教学时代已经到来。因此，我们有必要在传统的对外汉语教学学科的基础上扩充改造，形成与汉语国际传播形势相适应、更有利于学科发展的国际汉语教学学科。对外汉语教学的内涵是“对外国人的汉语教学”，隐含着“老师是中国人，中国老师教外国学生”之意。但进入国际汉语教学时代，当千千万万的外国人就在自己的国度学习汉语的时候，教授他们汉语的老师可能绝大多数都是本国人，对外汉语教学这一名称在中国以外的其他国家就显得不太合适。作为一个学科，其内涵已

① 许琳：汉语国际推广的形势和任务，《世界汉语教学》2007年第2期。

② 教育部2009年第6次新闻发布会：介绍2008年中国教育对外开放总体情况及出国留学、来华留学事业发展情况。见教育部网站：http：//www.moe.gov.cn/edoas/website18/02/info1237941653766102.htm

发生了巨大变化，甚至已变化到原有的学科名称不能涵盖的程度，因此，非常有必要用“国际汉语教学”替代“对外汉语教学”。这样，国际汉语教学学科就能很好地涵盖国际汉语教学时代的学科内涵发展需要。尽管形式上对外汉语教学这一名称的使用仍然居主导地位，但现实中对外汉语教学学科已进入了国际汉语教学学科时代。从这个意义上讲，国际汉语教学这一能够充分反映此变化的新的学科名称替代“对外汉语教学”这一传统学科名称实属必然。

此外，现实中，“国际汉语教学”这一术语已在汉语教学界广泛使用，如由世界汉语教学学会定期召开的学术会议的名称确定为“第×届国际汉语教学讨论会”，由美国中文教师协会与中国大学联合定期举办的学术会议的名称确定为“第×届国际汉语教学学术研讨会”，国家汉办2009年4月与北京语言大学合作建立了“国际汉语教学研究基地”，其中使用的都是“国际汉语教学”，北京外国语大学出版的学术辑刊叫“国际汉语教学动态与研究”（2009年开始更名为“国际汉语教育”），国家汉办制定的一套汉语课程大纲叫“国际汉语教学通用课程大纲”，其他使用较多的还有“国际汉语教学创新奖”、“国际汉语教学资源展”、“国际汉语教学图书展”等。总之，“国际汉语教学”这一术语在没有任何人刻意把它作为学科名称推出的情况下，在现实中已被无声无息地广为接受了。

当然，也有专家认为，应该使用“国际汉语教育”、“汉语外语教学”、“汉语作为外语教学”、“汉语作为第二语言教学”等名称，但笔者认为，“教育”有既教书又育人之意，隐含道德说教之嫌，中国教育特色太明显，毕竟这一学科名称是要涵盖全球汉语教学的，主要任务是“教书”，“育人”之功能宜弱化为佳。而“汉语外语教学”实为“汉语作为外语教学”的缩写，在人们对

“汉语作为外语教学”和“汉语作为第二语言教学”两个术语争论不休的今天，“汉语作为外语教学”强调的是汉语在非汉语环境中作为外语的教学，也就是汉语在中国以外的其他国家自己的语言环境下的汉语教学，而“汉语作为第二语言教学”这一术语的内涵存在两种主要争议，一种意见认为，主要指在汉语环境下对外国人或母语不是汉语的其他人的汉语教学，其中也包括对母语非汉语的少数民族的汉语教学，如在中国对外国人进行的汉语教学或对母语为某种民族语言的少数民族的汉语教学；另一种意见认为，“第二语言是根据习得先后顺序来定义的。因此，对那些汉语为非母语者，无论是在美国还是在中国学习汉语，按照时间顺序，汉语都是他的第二语言，只是学习的环境不同。在中国，汉语是在‘第二语言环境’（second language context）习得的，在美国，汉语是在‘外语环境’（foreign language context）习得的。换句话说，“第二语言与习得环境无关”。[①]由此可见，汉语作为第二语言教学不仅存在其内涵方面的争议，而且还存在把“对中国国内少数民族的汉语教学”包括进去的情况，将其作为国际汉语教学时代的反映国际汉语教学现实的学科名称显然不太恰当。综上所述，“国际汉语教育”、“汉语外语教学”、“汉语作为外语教学”、“汉语作为第二语言教学”等名称均存在明显的不足，相比之下，“国际汉语教学”这一名称既能反映汉语走向世界的现实，又能充分反映学科的内涵，而且不带任何道德说教之嫌，显得比较中性，兼顾到了各个方面，作为一个学科名称，应该是最佳选择。当然，也有意见认为，这个学科名称国际接轨程度不够，主要理由是，以英语为例，就没有“国际英语教学”之说。但是，中国应该有自己的创新，中国人应该有勇气创造出一个响亮的学科名称“国

① 王建勤：汉语国际传播标准的学术竞争力与战略规划，《云南师范大学学报》（对外汉语教学与研究版）2010年第1期。

际汉语教学”，难说“国际汉语教学”这一名称使用后，世界各国会效仿创造出“国际××语教学”等一批学科名称。

三、汉语国际传播研究是国际汉语教学学科的两大组成部分之一

（1）汉语国际推广、汉语国际传播、国际汉语教学的区别与联系

汉语国际推广、汉语国际传播和国际汉语教学是一组既有联系又有区别的概念。三个概念的共同点是，都与汉语走向世界有关。汉语国际推广主要是作为一项事业的名称来使用，反映汉语的母语国中国努力把自己国家的语言汉语推广到世界的主动行为。这一术语曾一度被官方广泛使用，它能充分反映有关机构要把汉语推向世界的主动性、积极性和美好愿望，但会带来“文化侵略”之嫌的负面效应。本人注意到，此术语在正式重要场合，尤其是国际性重大活动中的正式讲话或报告很少使用。汉语国际传播是一个较为中性的学术术语，它能反映汉语走向世界的时代特征，同时也能涵盖与其相关研究领域当前和未来相当长一个时期的学科内涵，同时能为学科发展拓展更广阔的学术空间，是学术界普遍公认并广泛使用的一个国际汉语教学分支学科的学术术语。教育部副部长、国家语委主任郝平２００９年５月指出，“当前，要优先发展当代社会急需的分支学科，如语言规划学、语言教学、计算机语言学、法律语言学、播音语言学、汉语国际传播等等。”[①]汉语国际传播被国家语委主任列入当前应该优先发展的分支学科，说明发展这个分支学科的必要性和紧迫性。国际汉

① 郝平：大力促进应用语言学发展，为国家的繁荣昌盛做贡献，中国语言文字网：http：//www.china-language.gov.cn/

语教学则是反映全球汉语教学与研究的学科名称，在学科目录中至少应该列为二级学科，是汉语国际传播的上位学科，汉语国际传播是其分支学科，也是国际汉语教学最重要的组成部分。

（2）国际汉语教学与对外汉语教学的关系

国际汉语教学应包括传统的对外汉语教学和汉语国际传播两大部分。之所以把对外汉语教学列为国际汉语教学的两大部分之一，是因为对外汉语教学不论过去、现在还是未来，都是汉语走向世界的重要途径，只不过开展汉语教学的地域不在国外而在国内，开展汉语教学的语言环境是目的语环境而已。国际汉语教学和传统的对外汉语教学的关系是：对外汉语教学是国际汉语教学的前身和重要组成部分，国际汉语教学是对外汉语教学的继承和发展，它拓宽了对外汉语教学的研究视野，使对外汉语教学的交叉性特征更加明显，研究方法更加多样化。国际汉语教学和对外汉语教学是同一个学科，是一脉相承的，但国际汉语教学具有更强的多学科交叉性。之所以使用“国际汉语教学”这个名称，是因为它更能反映汉语国际传播的现实、当前和未来相当长一个时期的学科内涵，同时能为学科发展拓展更广阔的学术空间，总之，更有利于学科的持续健康发展。

从学科归属的角度说，对外汉语教学和国际汉语教学都应该属于语言学及应用语言学，都是一个以汉语言文字教学为基础、关涉到其他许多学科的交叉性学科；对外汉语教学作为国际汉语教学的前身和重要组成部分，经过20多年的努力，已经建立起了一套初具规模的理论体系，这些理论体系也是国际汉语教学的重要支撑，但国际汉语教学除传统的对外汉语教学理论体系部分外，汉语国际传播方面的理论体系尚处于草创阶段。也有观点认为，对外汉语教学应该属于教育学科，但笔者认为，该学科的基础、主干课程和教学内容均属于语言学，教育学相关内容仅为其中的很小部分，所以，还是应该归入语言学及应用语言学。

从理论基础来看，传统的对外汉语教学以语言学、教育学、心理学、文化学等学科理论为基础，但国际汉语教学除以上学科外，由于汉语国际传播还涉及外交、项目管理、国别文化等方方面面，因此其理论基础还应该包括管理学、文化人类学、传播学、外交学、社会学、历史学、地理学、统计学、计算机科学与技术等。

从研究内容来看，国际汉语教学比对外汉语教学更宽、更广。传统的对外汉语教学，主要研究中国的汉语教师对到中国来学习汉语的外国留学生的汉语教学相关的各种问题，主要侧重于“汉语语言学、汉语习得理论、汉语教学理论和研究方法学等基础理论和总体设计、教材编写、课堂教学、测试评估、教学管理和教师培养等应用研究”。[①]但国际汉语教学则不仅要研究上述问题，还要研究汉语国际传播相关的各种问题，如世界各国的汉语需求，本土化教材研发，国别化汉语教师的培养，国别化教学理论与方法，孔子学院管理机制、办学模式、布局、评估体系及个案，汉语教学志愿者项目和外派汉语教师项目相关的标准、程序、大纲、教材、管理机制、文化适应等问题，国别语言政策与汉语传播、国别文化与汉语传播、国别政治经济与汉语传播、地缘政治与汉语传播、国际关系与汉语传播、汉语国际传播史等研究领域。由此可见，国际汉语教学的研究内容主要包括两个部分，一是传统的对外汉语教学的研究内容；二是汉语国际传播相关的各种问题。

国际汉语教学主要包括中国国内的对外汉语教学和主要研究汉语走向世界相关问题的汉语国际传播两大组成部分，而国别汉

① 刘珣：对外汉语教育学引论，北京语言大学出版社，2001年1月第1版第396页。

语教学是汉语国际传播的一部分。

国际汉语教学学科建设应该主要抓好以下几个方面：一是学科理论建设，二是学科队伍建设，三是学科人才培养。学科理论建设是最为重要的方面，在继续重视汉语教学研究的同时，要特别重视汉语国际传播理论体系建设和汉语国际传播实践研究，它是国际汉语教学不可或缺的研究领域，可以说，没有汉语国际传播研究，国际汉语教学学科就不完整。因此，开展汉语国际传播研究是国际汉语教学学科建设的需要。目前发表汉语国际传播研究成果的期刊寥寥无几，我们应该努力创办新的专业期刊，或在更多的学术期刊上开辟汉语国际传播研究专栏，以推动这一领域的研究。此外，学科队伍建设是学科建设的另一重要方面。目前研究对外汉语教学的队伍已初具规模，但研究汉语国际传播方面的学者却屈指可数，因此，有必要吸引更多的业内人士参与到汉语国际传播研究的工作中来，力争五到十年内形成一支汉语国际传播研究队伍。人才培养对于一个基础薄弱的学科来说十分重要，除继续加大力度培养对外汉语教学硕士、博士研究生和汉语国际教育专业硕士以外，有必要在硕士和博士层次开设汉语国际传播研究方向，以培养高层次汉语国际传播方面的教学、研究和管理人才，确保国际汉语教学学科后继有人，并能持续健康稳步发展。

四、汉语国际传播研究的主要领域

实践需要理论指导，目前汉语国际传播研究严重滞后于汉语国际推广实践[①]。汉语国际传播对于国际汉语教学工作者来说，既是艰巨而光荣的任务，也是难得的机遇。既然时代呼唤理论，我

① 吴应辉：加强研究，指导实践，让汉语又好又快地走向世界——汉语国际传播笔谈前言，《云南师范大学学报》（对外汉语教学与研究版）2007年第5期。

们就有责任、有义务研究汉语国际传播相关的各种问题，让汉语又好又快地走向世界。可以预言，未来很长一个时期内，世界范围的汉语学习需求将持续快速增长并拉动汉语持续快速走向世界。汉语国际传播实践亟须汉语国际传播研究的支撑，汉语国际传播研究将具有广阔的空间。鉴于汉语国际传播蓬勃发展的形势，笔者认为汉语国际传播研究的主要领域应该包括以下几个方面：

一是汉语国际推广战略研究，包括对中国汉语国际推广的总体战略、国别战略、孔子学院布局战略等方面的研究，同时还应包括各国关于自己国家汉语推广战略的研究。汉语国际推广的总体战略应该成为国家战略的重要组成部分，尤其要配合国家的整体外交战略和国际经贸战略，最好有一定的超前性，因此，汉语国际推广战略研究对汉语国际推广实践具有重要指导意义。

二是汉语国际传播国别问题研究，包括国别教育体制、国别语言政策、国别文化与汉语国际传播等相关问题以及国别汉语教学需求研究。汉语国际传播的成功程度，主要体现在汉语进入国民教育体系的程度，因此，我们应该加强汉语国际传播与不同国家教育体制相关问题的研究，努力促成汉语教学进入所在国的国民教育体系。汉语国际传播必须与所在国的语言政策和当地文化相协调。我们应该把所在国语言政策和文化研究透彻，才能做到知己知彼，顺利传播。各国汉语需求的调查研究对于制定汉语国际传播战略十分重要，我们应该加强各国汉语教学需求的调查研究，定性与定量相结合，为制定长期战略提供科学依据。

三是汉语国际传播体制、机制与科学发展研究。汉语国际传播是新生事物，其管理体制与这项事业的整体可持续发展密切相关，项目的运行机制也直接关系到具体项目的可持续发展，如孔子学院及孔子课堂的发展问题研究，汉语教学志愿者项目、公派汉语教师项目的管理机制研究等，因此，有必要及时研究体制和运行机制面临的新情况和新问题。

四是汉语教学的本土化问题研究。在各国汉语教学中，本土化教材、教师、教学法相关问题的研究制约着日常汉语教学的各个方面。国别语言和文化的不同决定了对汉语教材、教师和教学法的不同要求。随着不同国家汉语需求的增长，本土化汉语教材、教师、相关教学法及教学模式等领域的研究必将成为汉语国际传播研究的重要领域。

五是汉语国际传播与国家软实力建设研究。语言传播对提升国家软实力会起到积极作用，但是，通过什么途径、影响力如何测定等都是十分值得探讨的问题。这一领域的量化研究成果对争取国家对汉语国际传播事业的投入将产生积极作用。

六是汉语国际传播典型个案研究。汉语在世界各国的传播模式各具特色，传播效果有所不同，及时总结不同个案的经验与教训，对其他国家和地区的汉语传播有借鉴意义。

七是汉语国际传播的有关标准研究。标准对一个国家或地区的汉语传播来说十分重要，没有标准，无所适从，要制定标准，就必须科学规范。因此，有必要开展适合不同国家和地区的各种汉语教学相关标准研究，如汉语教师标准、不同阶段的汉语课程标准和汉语能力标准、汉语教学大纲、汉语水平测试等方面的研究。

八是汉语国际传播的项目评估体系研究。项目评估有利于确保项目效益，汉语国际传播项目众多，有必要研发相应的指标体系，用于有关项目的评估，以确保汉语国际传播项目的效益。如孔子学院评估指标体系，志愿者及公派汉语教师的离任考评指标体系等。

九是现代教育技术与汉语国际传播研究。汉语国际传播必须与现代教育技术紧密结合，汉语和中华文化教学的多媒体化已非常普及，中国汉语教学技术产品的本土化、网络汉语教学、广播汉语教学、电视汉语教学等相关课题非常有研究和应用价值，对汉语国际传播将产生巨大的推动作用。

十是汉语国际传播史的研究。据张西平教授的观点，汉语和汉字在域外的传播始于商末周初①，对几千年的汉语国际传播史的研究既具有很好的学术价值，同时将为我们揭开一幅汉语走向世界的历史画卷，将激励更多的汉语教学工作者投身到汉语国际传播事业，并增强其自豪感和使命感。

结 语

汉语走向世界既是中国发展的必然结果，同时也是中国和世界的共同需要。在汉语教学的主要场所已经从中国国内转到世界各地的今天，建立国际汉语教学学科已显得非常迫切。然而，长期以来，由于汉语教学主要在国内开展，人们的研究主要集中在对外汉语教学领域，甚至相当一部分研究属于汉语本体研究，与目前国际汉语教学需求和汉语国际传播形势存在较大差距。在对外汉语教学时代快速转型为国际汉语教学时代的今天，我们的学科需要与时俱进，更多地研究世界各地与汉语教学相关的各种问题，"国际汉语教学"这一名称既能反映汉语走向世界的时代特征，又能涵盖当前和未来相当长一个时期的学科内涵，同时还能为学科发展拓展更广阔的学术空间，且学术界已普遍习惯并广泛使用。我们应该顺应时代的要求，使用"国际汉语教学"这一新的学科名称替代"对外汉语教学"这一传统的学科名称。全面启动国际汉语教学学科建设，加强汉语国际传播研究，推动汉语又好又快地走向世界。

① 张西平：在世界范围内书写中国学术与文化，《世界主要国家语言推广政策概览》，外语教学与研究出版社2008年8月版。

导　论

随着世界范围内“汉语热”的迅速升温，汉语教师的国际需求不断增大。为满足用人需求，教育主管部门设立了汉语国际教育硕士专业学位。时至今日，这一专业已设立十二年，现急需梳理其十二年发展历程。同时，教育主管机构和研究者需要掌握我国汉语国际教育硕士人才培养现状，探讨适合当前世界需求的汉语国际教育硕士培养形式，以优化现行的培养模式。

基于现实需要,《汉语国际教育硕士人才培养现状与优化研究》一书选择了汉语国际教育硕士培养模式作为研究切入点。该书采用访谈、文献分析、全球视野比较、个案研究、系统分析等方法，在全面把握我国汉语国际教育硕士培养现状基础上，发现了当下汉语国际教育硕士培养模式呈现出多元发展的趋势。书中根据就业去向的不同，将现有的培养模式分为了两类：定向培养模式和非定向培养模式。依据培养模式构成要素的内部差异，定向培养模式细分为国别定向培养和区域定向培养两小类，非定向培养模式归纳为科研—实践型培养和实践型培养两小类。

定向培养模式和非定向培养模式基于不同的教育理念，形成了各自的培养特点。具体来说，定向培养模式强调语言、文化、汉语教学发展阶段等各方面的国别差异，强调通才、专才教育相互交融，强调“社会需求是人才培养出发点”；其基本特征为培养目标明确，课程设置开放，培养方式统一，培养结果高效。非定向培养模式强调人的全面发展，强调个人价值，强调普适性优于针对性的观念；基本特征表现为善于挖掘自身优势，注重学生综合素质培养，学生就业目标多元。

书中还将“定向培养模式”和“非定向培养模式”进行了横向比较，并提炼出了共存问题：第一，考生本科专业要求过宽；第二，培养特色不鲜明；第三，开设学院不同，专业地位参差；第四，毕业论文选题国际化视野不够；第五，汉语国际教育硕士生“汉语传播”使命感不强；第六，就业“接口”不畅。这些问题制约着汉语国际教育硕士人才培养。

两种培养模式共存六类问题，其中五类问题产生的根本原因在于培养单位设定的汉语国际教育硕士培养目标针对性不强。书中提出优化汉语国际教育硕士培养模式，首先需要优化培养模式核心要素——培养目标。培养目标的优化建立在“需求分析”基础之上。本书在泰勒“课程目标选取理论”指导下，提出汉语国际教育硕士培养目标“五位一体需求分析”原则，即通过五个方面的系统研究和分析来确定科学、客观、明确的汉语国际教育硕士培养目标。第一、海外汉语用人单位需求分析。第二、汉语国际教育硕士生需求分析。第三、汉语国际教育硕士专业学位学科专家意见分析。综合以上三方面分析结果，即可得出汉语国际教育硕士培养“可能目标”。第四、利用哲学理论对“可能目标”项目进行一重筛选。第五、利用学习心理学理论对“可能目标”项目进行二重筛选。通过双重筛选，最终确定某一培养单位汉语国际教育硕士科学、客观、明确的培养目标。

汉语国际教育硕士培养单位依据“五位一体需求分析”原则确立科学、客观、明确培养目标之后，运用系统论和行动研究，实现汉语国际教育硕士培养模式的系统优化，书中提出了具体的优化路径：一、优化课程设置。课程设置优化遵循三个原则：一是在《汉语国际教育硕士专业学位指导性培养方案》指导下进行课程设置；二是依据科学、客观、明确的培养目标调整课程设置，突出特色课程；三是依据学习心理学已有研究成果科学设置，追求有效学习。优化之后的课程设置，对于学生本科阶段的知识体系要求较为具体，相应地，对于生源专业背景要求会有所提高。二、加强“双师型”和“双导师”师资队伍建设，实现师资队伍理论与技能两兼顾。三、优化课程内容。加大“程序性知识”呈现比重。四、改进教学方式。根据需要，在传统“一黑板、一讲堂”和PPT教学方式基础上，适量引入新兴教育技术。五、创新培养方式。鉴于“学生就业接口不畅”问题，通过需求分析针对性培养或“中外联合培养”方式，培养出适合对象国需要的汉语教师加以解决。课程学分实行中外培养单位互认，实习和论文指导实现国内、国外双导师共同把关。六、加强实践实习。实践实习活动应在培养目标指导下有针对性开展，而非实习工作性质“随意”、海外实习国家“随机”。海外实习不仅能够锻炼汉硕生教学能力、跨文化交际能力、自理能力，还能够开阔学生视野、为学生提供毕业论文写作素材。七、增强论文选题国际化视野。在具体培养目标指导下，结合课程所学和海外实习经历，选取立足海外汉语教学实际的论文选题，为有效解决海外汉语教学中存在的问题做出贡献。在汉硕论文撰写过程中，实现中外导师联合指导。八、考取海外对象国教师资格证，深入了解对象国教育制度、政策和汉语师资需求，培养胜任力、针对性强的汉语师资，对接海外就业。最后，关于汉语国际教育硕士培养模式未来优化方向，书中提出四点建议：第一，加强“层级化培养”意识；第二、树立“国际化培养”理论；第三、突出专业特色；第四、开辟“一语定向培养”新模式。

书中提出的优化现有培养模式的具体方案，丰富了汉语国际传播理论体系，为第二语言教师教育理论提供了个案。

梁 宇

2019年5月

目　　录

绪　论

随着综合国力的增强，中国国际地位不断上升。世界各国人民与中国经济、文化等各领域合作的需求迅速扩大，“汉语热”悄然兴起。目前，全世界近80个国家把汉语教学纳入了国民教育体系，截至2018年12月31日，我国也在全球154个国家（地区）建立了548所孔子学院和1193个孔子课堂。[①]随着“汉语热”不断升温，汉语作为第二语言师资需求不断增大，尤其高层次汉语教师更为短缺。探索适应海外需求的高层次汉语师资培养问题，成为当下汉语国际教育事业最重要的工作之一。

一、选题缘起

（一）培养模式研究推动汉语国际教育硕士人才培养事业快速发展

培养模式是人才培养过程中的经验总结，是人才培养理论体系的具体化。相对于人才培养的基本理论而言，培养模式的研究较为具体、明确、易于观察和了解；相对于人才培养实践而言，培养模式研究的较为系统、概括和完整。对汉语国际教育硕士培养模式进行研究，有利于掌握整个汉语国际教育硕士培养现状，有利于发现汉语国际教育硕士在培养过程中存在的问题，有利于

① 教育部国家汉办公布：2018年孔子学院发展报告.http：//www.hanban.org/report/index.html.

深刻剖析问题产生的原因，最终提出针对性解决对策。目前，学界关于培养模式的研究，在培养层次上更多关注对本科生创新培养模式的研究，硕士、博士层次培养模式关注不够；在专业方面，更多关注职业教育培养模式和教育学专业硕士培养模式研究，对于汉语国际教育硕士专业学位培养模式系统研究的文献较少。关于汉语国际教育硕士培养模式的研究，仅散见于一些期刊论文和硕士论文，而且，已有成果更多是针对汉语国际教育硕士培养某一具体环节的探讨，缺乏系统论意识；或以某一具体大学为例，进行个案研究，代表性和可推广性不强。汉语国际教育硕士人才培养模式及优化研究，力求以系统论为方法论对研究对象进行全面研究，努力在已有研究成果基础上力求新突破。

（二）汉语国际教育硕士作为师资培养新生事物，培养规律亟待探讨

随着“汉语热”不断升温，世界范围内汉语教师需求不断增加，随着汉语国际教育硕士专业学位的开设和发展，汉语国际教育硕士毕业生数量也在相应增加，但令人遗憾的是汉语国际教育硕士毕业之后长期留任国外从事汉语教学的人数并不多，就业率或就业后专业相关率较低。面对这一问题，我们需要反思，是不是汉语国际教育硕士培养模式存在问题，或是培养模式中某一个或几个环节存在问题？可见，汉语国际教育硕士培养模式问题亟待研究，这是一个现实命题。国内147所汉语国际教育硕士培养单位，作为汉语国际教师职前培养主体，肩负着为世界汉语教学事业输送高质量教师的艰巨任务，构建新时代新要求下的国际汉语教师教育培养新模式是147所培养院校面临的严峻课题。目前，学界关于人才培养模式的探讨主要集中在以下几个方面：一是关于职业教育师资培养模式的研究（肖化移、李禄花，2012；于京波，2006；黄湘倬，2008）；二是关于高师本科院校教师职前培

养模式问题的研究（刘慧阳，2005；张琼，2007）；三是关于中小学师资培养模式问题的探讨（邱艳萍、茹宗志，2009；詹博，2013）（季学军，2000）；四是关于学前师资培养模式的研究（胡雨洁，2014；时丽，2005）；五是关于特殊教育职前培养模式的研究（赵宵道，2008；刘扬、肖非，2005）。而关于汉语国际教育硕士培养模式和培养规律问题探讨的文献十分有限。由此可见，汉语国际教育硕士，作为师资培养的新生事物，其培养规律亟待深入研究。

（三）新时代需要国际汉语新型师资，汉语国际教育硕士培养需要探索

随着国际汉语教学事业的发展，目前世界各国汉语教学发展情况出现了较大差异：有的国家发展较快，已经将汉语列入幼儿园、中小学、大学等各层次体系之中，如泰国；有的国家发展较慢，主要在大学阶段开设汉语课程，如越南。有的国家汉语师资需求主要表现在"量"的方面，如菲律宾、缅甸；有的国家汉语师资需求并不缺"量"，主要表现在"质"的方面，如美国。面对如此复杂的汉语国际师资需求状况，通过深入具体研究发现，新时代背景下汉语师资培养与需求之间出现了一些新矛盾："1. 总体供不应求的现状掩盖了少数国家供过于求的现实。2. 统一化的培养规格与多元化需求失配。3. 整体上"量"的短缺掩盖并忽视了"质"的需求；4. 盲目扩张性与需求有限性并存。5. 师资需求的动态发展性、层次递进性与培养目标的滞后性并存。"[①] 由此可见，传统相对单一的供给与当今绝对多元的需求形成了鲜明反差，培养出的人才不能很好地满足世界各国需要，汉语国际教育

① 吴应辉，《论国际汉语师资需求的动态发展性与层次递进性 —— 兼谈"超本土"汉语教师对国际汉语师资培养目标的新超越》，第十二届汉语国际教学研讨会，哈尔滨，2014年7月6日。

硕士培养模式亟待深入研究和探讨。

二、研究现状述评

（一）“培养模式”综述性研究

加强汉语国际教育硕士培养模式的理论研究既是时代发展的需要，又是汉语国际教育硕士专业学位发展的需求。目前，学界关于“培养模式”概念界定、关于培养模式要素构成等问题的探讨较多，观点各不相同，因此，一定程度影响了人们对“培养模式”的理性认识。通过文献检索，笔者发现学者们关于培养模式概念表述主要可归纳为“过程说”、“系统说”、“程序说”、“模型说”、“方案说”五类。

“过程说”认为培养模式是一个相对稳定的教育教学过程，这个教育教学过程离不开一定的教育思想、教育理论的指导，同时，该教育教学过程由人才培养目标、相关教育制度、最优培养方案等诸要素构成。

“系统说”认为培养模式是一个“系统”，包括“培养模式各个要素”和“培养环境”两部分。

“程序说”认为培养模式是指在人才培养实践中总结和形成的人才培养程序和方式。人才培养程序由教学活动各个环节构成。

“模型说”主要观点为：模式即模型，且为社会化了的模型。这个模型一定程度上超越实体事物的形态，成为“某种事物的标准形式，或使人们可以照着做的标准样式”①。

人才培养“方案说”的核心观点为培养模式是指在某种教育价值观指导下形成的人才培养方案，该方案主要依据社会外部需

① 中国社会科学院语言研究所词典编辑室，《现代汉语词典》，商务印书馆，1983年版，800页。

求和培养单位自身教育资源而设计，该方案体现了培养单位的自我选择和价值判断。

由此可见，人们从不同角度对“培养模式”进行了诠释。

从20世纪90年代开始，有关“培养模式”的问题逐渐得到我国高等教育管理层的关注和重视。教育部于1998年3月在武汉召开了“第一次全国普通高校工作会议”，周远清副部长在大会报告中谈到“人才培养模式”是指“人才培养目标、培养规格和基本培养方式，它集中体现了高等教育的教育思想和教育观念，决定着所培养人才的根本特征”。[①] 同时，题名为《关于深化教学改革，培养21世纪需要的高质量人才的意见》的大会文件也对人才培养模式进行了界定：“学校为学生构建的知识、能力、素质结构，以及实现这种结构的方式，它从根本上规定了人才特征并集中地体现了教育思想和教育观念”[②]。

综上所述，目前学界对“研究生培养模式”的研究主要集中于对我国研究生培养模式整体探讨，而关于某一具体学科研究生培养模式现状及优化问题探讨得相对较少，对于汉语国际教育硕士培养模式优化问题探讨的文献更为罕见，可见，“汉语国际教育硕士培养模式及优化研究”课题是在已有研究基础之上的深入、细化探讨。当然，关于研究生培养模式的已有研究成果，已从多角度揭示了培养模式所具有的共通特征，这些成果为进一步深化理论研究和实践创新提供了有益参考。

（二）“汉语国际教育硕士培养模式”综述性研究

汉语国际教育硕士专业学位作为一个新兴专业学位类别，开

① 周远清，改革高校人才培养模式，提高我国高等教育质量，第一次全国普通高校工作会议会议发言，武汉，1998年3月。

② 高远清，关于深化教学改革，培养适应21世纪需要的高质量人才的意见，教育部第一次全国普通高校教学工作会议文件，武汉，1998年3月。

设历史较短，相关研究成果较少。关于汉语国际教育硕士培养模式的研究成果更是少之又少，仅散见于《国际汉语教育人才培养论丛》第一、二、三、四辑中的部分文章和其他期刊的部分文献。已有研究成果主要集中于对以下两个问题的探讨：

1. 关于汉语国际教育硕士培养模式的整体性研究

朱瑞平（2011）、李泉（2011）、盛双霞（2011）、孙立峰（2011）、王立新、刘春兰、董淑慧（2012）、杨同用（2012）、朱志平（2012）、张捷鸿、常庆丰（2012）、萧国政（2012）、王薇（2012）等均曾发表有关汉教硕士培养模式文章，这些文章从宏观角度探讨了目前汉语国际教育硕士（中国学生）培养模式存在的问题以及未来发展的方向。

（1）汉语国际教育硕士培养模式存在问题研究

在培养汉语国际教育硕士过程中，部分汉语国际教育专业的专家、学者以其敏锐的眼光和独特的视角洞察出了汉语国际教育硕士在培养过程中存在的诸多问题，这些专家、学者将问题在论著中一一指出并给出了部分解决问题的意见和建议。

经归纳整理，目前汉语国际教育硕士在培养过程中主要存在以下问题：第一、汉语国际教育硕士培养与本科生培养衔接方面存在问题，比如，本硕学习阶段不对本专业培养定位不清晰，课程设置不合理，实践环节不突出，师资力量缺乏，管理保障不力等问题。（杨同用，2012；张和生，2011）第二、对汉语国际教育硕士所处的具体环境了解不够，对汉语国际教育的实质在认识上存在问题。（朱瑞平，2011）第三、就业是汉语国际教育硕士培养过程中面临的最大挑战。（张和生，2012；韩曦，2013）目前，汉语国际教育硕士毕业生就业率较低，主要原因是我们对国外就业情况了解不够，尤其是对世界各国大学、中小学、幼儿园教师要求了解不足。“我们不得不指出的是，在开设这一专业、大规模培养汉教硕士的同时，却没有考虑到，国外的中小学教师培养是有一套严格程序和规定的。尽管我们的汉教硕士是为去国外中小学教授汉语而开设，但就实际情况来看，这个专业的毕业生毕业后并没有站在多少国家讲台上长期上课。这并不是说汉硕专业不成功，只是暂时还没有找到接口，还没有探索出一个正确的输出通道”。① 第四、生源专业背景复杂，语言学功底薄弱。“仅有30%左右考生具备汉语汉字和中国文化知识，70%左右考生缺乏汉语汉字和中国文化方面的知识。而这30%左右所谓具有汉语汉字和中国文化知识的考生，最多也不过是本科程度上的‘现代汉语’、‘语言学概论’、‘古代汉语’，以及语言文学等专业学习过程了解到的中国文化方面的基本知识。而另外70%左右其他专业背景的考生，恐怕连这样程度的语言和文化知识也不具备。”②（李泉，2010；李春玲，2015；张捷鸿、常庆丰，2011；江傲霜，2013）（王海兰、宁继鸣，2013）。第五、教学实践管理和评估标准不够完善。教学实践管理缺失，是较多学者在不同文献中均谈到的一个问题，目前教学实习形式多样，有海外实习、国内实习两种。海外实习又可分为海外高校实习、中小学实习、幼儿园实习、孔子学院实习等多种形式。国内又分校内实习和校外实习两类。每一种实习形式面临的教学环境和实际困难均不同，要求学生解决问题的能力也不同。如何培养学生适应环境并出色完成教学任务，尚未形成有针对性的管理办法和评估标准。（杜健，2012；徐丽华、孙春颖，2012）第六、汉语国际教育硕士对自身所学专业认识不足。汉语国际教育硕士作为一门外向型较强的专业，要求学生具

① 韩曦，积极探索“汉教硕”输出渠道，《海外华文教育》，2013（4）：369。

② 李泉，汉语国际教育硕士培养原则与实施重点探讨，《华文教学与研究》，2010（3）：4。

有较强的在海外从事汉语教学的意识。汉语国际教育硕士应树立终身致力于海外汉语教学的理想和目标。在学习和实习过程中，汉语国际教育硕士应该具有包容的态度、广阔的胸怀，应该能够接纳不同文化的交融和碰撞，具有较强的跨文化交际意识。在海外实习过程中，还应具有合作、竞争与独立开展工作的意识，具有成功就业、创业意识。与此相反，目前汉语国际教育硕士对自身所学专业认识不深，战略意识不强。（吴成年，2012）

面对汉语国际教育硕士人才培养过程中存在的各种问题，部分专家、学者深入研究、认真思考，提出了汉语国际教育硕士培养模式亟待优化的观点。

（2）汉语国际教育硕士“培养模式”研究

关于汉语国际教育硕士培养模式问题，笔者研究发现，学界目前讨论最多的是以下三种培养模式：“定向培养”模式；“理–学–研”一体化模式；“重实践”模式。

①“定向培养”模式

关于目前汉语国际教育硕士在海外就业率低的问题，专家学者一致认为主要原因在于我们对海外就业市场了解不够、研究不足。海外各国政治、经济、教育制度各不相同，各国汉语教学发展情况也不同，国内很难通过单一培养模式培养出适合海外各国、各年龄段学生的汉语教师。为提高汉语国际教育硕士的就业率，也为提高海外汉语教师的教学效果、教学效率，部分专家学者提出“国别培养”（江傲霜，2013；韩曦，2013；李如龙，2012）、“区域培养”（朱瑞平，2011）、“订单培养”（刘振平，2012）等观点。实现“国别培养”、“区域培养”、“订单培养”等“定向培养”的主要手段是中外联合培养。

“国别培养”、“区域培养”和“订单培养”是指汉语国际教育硕士培养单位首先根据自身院校实际情况、区位优势、办学特色等确定海外汉语师资输送对象国、对象区域。然后，派出汉语国际教育硕士生导师或专家深入师资输出国汉语课堂，充分调研有关汉语教学的各种问题，明确优秀国际汉语教师应该具备的素质、能力、资质。充分调研、深入了解输出国各方情况之后，再回国为本校汉语国际教育硕士设计针对性较强的培养目标、课程设置、实习实践安排。

实现“国别培养”、“区域培养”和“订单培养”的手段之一是中外联合培养。汉语国际教育硕士培养单位与师资输出国某高校合作，努力实现“中外联合培养”，学制时间方面可采用“1+1”或“1+2+X”（吴应辉，2011）等形式实现。“中外联合培养”方式通过一年或一段时间在输出国学习，帮助学生提早熟悉、了解就业国的政治、经济、文化情况，较快熟悉实习和工作环境。从另一个角度分析，师资需求国教师最清楚自己期待的汉语师资具备何种素质、能力，熟悉自己学生毕业前需要提早考取哪些资格证书，有了师资需求国高校参与汉语国际教育硕士人才培养，能够使汉语国际教育硕士的培养更具针对性。孙立峰（2011）关于汉教硕士培养转型问题提出了“针对目的国”培养的主要观点，并具体提出了“面向德国开设汉语国际教育硕士课程的建议”。江傲霜（2013）在《汉语国际传播背景下汉语国际教育硕士培养新尝试》一文中指出了汉教硕士培养模式转型方向：第一、有针对性地培养专业化国际教师；第二、加强实践环节，为学生职后培训提供帮助；第三、充分发挥“种子教师”作用；第四、加强培训师资对国外情况的了解。总之，“定向培养”模式是目前学界讨论较多的转型模式之一。

②“理－学－研”培养模式

关于汉语国际教育硕士培养模式选取问题，部分学者遵从教育学中人的全面发展观。认为汉语国际教育硕士与其他专业学生一样，首先应该具有开阔的视野和胸襟。其次，对汉语和中华文化有深刻认同感。再次，要具有从具体知识推理出学理知识的能力，具有将知识转化为实践的能力，具有在实践中验证和反思具体知识的能力。（魏慧萍，2012）持该观点的学者认为对于汉语国际教育硕士的培养，从专业学位的性质考虑，固然需要强调能力的培养，但同时也不可忽视汉语基础的夯实。“就能力来说，不光要有熟练的教学技能，还要有良好的研究素质。作为高层次的汉语国际教育专门人才，不该仅是只会教书、不会思考和研究问题的“教书匠”，而应是“知”“能”兼备、能“教”能“研”的行家”。[①] 倡导“理－学－研”培养模式的学者将学生的思想教育和语言学、汉语基础知识视为第一位，要求汉语国际教育硕士首先必须掌握扎实的语言本体知识。同时强调教学和交际技能的培养，要求学生具有熟练的汉语作为第二语言教学技能、传播中华文化的技能和跨文化交际的技能。该模式区别于其他模式最鲜明的特色是对学生科学研究能力的培养，要求具有一定的汉语言文化及教学研究能力，具有汉语国际推广项目的管理、组织与协调能力，具有一定教育管理能力。由此可见，“理－学－研”培养模式更注重对学生科研能力的培养和训练，更注重对学理的反思和运用。

③“重实践”培养模式

“重实践”培养模式认为汉语国际教育硕士培养工作的重点为学生教学能力的培养，教学能力是学生能力结构的核心。汉语国际教育硕士教学能力的培养应突出实践性。持“重实践”培养模式观点的专家主要分为“实践体系建立说”、“案例说”、“1＋1＞2培养模式说”三类。

① 汪国胜，对汉语国际教育硕士培养相关问题的反思，《湖北大学学报》（哲学社会科学版），2011（7）：21。

“实践体系建立说”强调将汉语国际教育硕士的“实践能力”培养放于人才培养首位。这种“实践能力”在培养之前，首先培养单位应该搭建出科学、合理的“实践体系”（吴春相，2011；林秀琴，2012），这种“实践体系”包括静态体系和动态体系两个层面：静态层面分为硬件和软件两部分，硬件部分指学生实践平台，包括国内、外实习基地等相关组织机构，软件包括实习计划、实习规则等相关管理文件；动态层面包括对学生实践活动的具体引导、监督、管理和评估。这种“实践体系”搭建步骤如图0–1：

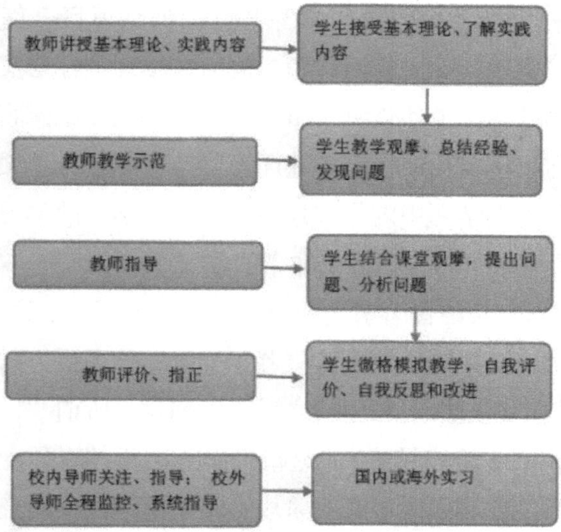

图 0–1 “实践体系”的搭建步骤

搭建起“实践体系”之后，再开展实践活动，才能有条理、高效率。此外，“实践体系建立说”强调实践具体环节的创新。比如“让学生实习先从个别开始，逐渐过渡小组教学，最后再登上讲台教学”（杨晓黎，2009）；“将固定单一课堂讲授方式变为灵活多样的语言文化教学实习”（汝淑媛，2011）等。

“案例说”强调“以案例库建设为主的实践型国际汉语教师培养模式”。[①] 它强调国际汉语教师实践型培养，主张师资培养起于实践，终于实践，而且兼顾学历教育与短期培训两种培养方式。“以案例库建设为主的实践型国际汉语教师培养模式”基本内涵包括培养目标的实用性、教学案例的真实性、发展定位的明确性、多方文化的兼容性和课堂教学的互动性。这一培养模式强调国际汉语教师知识和能力两方面的实践性，主张打破学科界限，以全面、系统而真实的案例库建设和应用为枢纽，以专题形式将汉语国际教育涉及到的教与学等各方面训练项目全面展示。目前，汉语国际教育硕士核心课程应同时兼顾理论性与实践性，均应采用案例教学法（孙晓明，2014），“教师利用案例将相关理论知识讲解与教学实践结合起来进行教学”非常实用，“案例教学法注重突出学生在学习中的主体地位，在培养学生的学习能力、实践能力和创新能力等方面效果非常明显。”[②]

“1＋1＞2汉语国际教育硕士培养模式说”属于“重实践”培养模式的典型案例。该模式借鉴了传统对外汉语方向学术研究生培养经验，经过探索和创新之后得以创建。所谓“1＋1＞2汉语国际教育硕士培养模式”，是指把汉语国际教育硕士培养分成既互相联系又各有侧重的两个阶段：第一阶段是指研究生第一年在国内培养阶段，简称为“1”，学生在该阶段学习语言学、教学法、二语习得、跨文化交际等诸多理论和部分技能；第二阶段

① 李卫国，汉语国际教育人才培养储备前瞻性研究，《河南大学学报》（社会科学版），2013（7）：126。

② 孙晓明，汉语国际教育硕士培养模式的创新，《中国成人教育》，2014（22）：77。

是指学生第二年在海外走进课堂的教学实践阶段，简称为第二个“1”；“1＋1＞2”中的“2”是指研究生两年都在国内学习阶段。那么，“1＋1＞2”是指“第一年理论、方法等学习和部分技能的获得+第二年海外教学实践所获得知识和能力大于两年均在国内学习所获得的知识和能力”。[①] 作为“重实践”培养模式的一类，“1＋1＞2汉语国际教育硕士培养模式说”是汉语国际教育硕士培养专家、学者不断探索、创新的结晶。

总之，诸多专家从不同角度论证了“重实践”培养模式的重要性和科学性。

2. 关于汉语国际教育硕士培养模式具体环节的研究

更多专家、学者针对汉语国际教育硕士人才培养的某一环节提出问题、分析问题并给出解决方案与对策，具体研究动态如下。

（1）培养目标问题探讨

汉语国际教育硕士培养目标，各培养单位主要依据《汉语国际教育硕士（MTCSOL）专业学位研究生指导性培养方案》而设立。在确定和实现培养目标的过程中，部分专家和学者提出了“培养目标”设立和实现过程中存在的问题。主要问题有两个：一是部分专家学者认为《汉语国际教育硕士（MTCSOL）专业学位研究生指导性培养方案》中对于生源专业背景要求与培养“高层次、复合型、国际化专门人才”培养目标之间“落差”较大，致使培养难度较大。《汉语国际教育硕士（MTCSOL）专业学位研究生指导性培养方案》对于生源的要求是“具有国民教育序列大学本科学历（或本科同等学历）的人员”即可，学生本科专业要求较低，在实际培养过程中较难实现培养目标设定的培养

① 李春玲、王素梅、董萃，论汉语国际教育硕士培养的实践模式 —— 以沈阳师范大学为个案，《沈阳师范大学学报》（社会科学版），2012（5）：97。

要求（王若江，2011）。二是，部分专家指出《汉语国际教育硕士（MTCSOL）专业学位研究生指导性培养方案》仅是用于指导，绝非照搬。但是，较多院校在设计自身汉语国际教育硕士培养目标时，并未充分调研和考虑自身办学特色、优势和不足，并未在《汉语国际教育硕士（MTCSOL）专业学位研究生指导性培养方案》指导下设计自身汉语国际教育硕士专业具体培养目标，而是将《汉语国际教育硕士（MTCSOL）专业学位研究生指导性培养方案》提到的培养目标作为自己院校汉语国际教育硕士的培养目标。这样导致培养目标不具体、不明确，实施时指导效果受限。"'汉语国际推广工作'、'海外教学任务'在不同国家和地区的实际需求和具体操作中差异较大，没有普适性，没有共同标准。即使在同一国家也存在差异。根据学生对象年龄层次，有成人汉语教学与儿童等低龄学习者的教学；根据学校性质，有高校、孔子学院（课堂）、社会办学机构、华侨学校等。而同样是中学汉语教学，东方国家的需求与西方国家的需求也大不一致。与此类似，高校里的汉语教学，也要区分作为中文系的必修课与作为二外等选修课的不同。"[①] 因此，教职委说明的培养目标只是用于宏观指导，因为其具有宏观指导性，但不能用于照搬，因为其同时具有模糊性特征。各高校在设定汉语国际教育硕士培养目标时应在需求调研基础上具体设定。

（2）课程设置问题探讨

汉语国际教育硕士在培养过程中，关于课程设置问题讨论相对较多，主要围绕两个问题展开讨论：一是课程设置权重问题；二是课程设置灵活性、实用性问题。

关于课程设置权重问题，主要观点可归纳为"技能说"、"本

① 盛双霞，以需求为导向：关于汉语国际教育专业学科建设的思考，《国际汉语教育人才培养论丛》（第二辑），北京：北京大学出版社，2011年，82页。

体说”和“技能、本体并重说”、“文学说”、“教育说”等观点。“技能说”强调汉语国际教育硕士课程中应加大“教学技能”类课程，因为汉语国际教育硕士是为海外培养汉语教师的专业硕士，职业性、专业性较强，必须在教学技能方面多加训练。“本体说”则认为汉语国际教育硕士的培养，必须加大汉语本体知识的学习与了解。汉语国际教育硕士课程设置应包括汉语知识、中国文学文化、教学法和外语四部分内容，且四类课程权重应按汉语知识、教学法、中国文学文化、外语顺序安排。“技能、本体并重说”强调教学技能和语言本体是一枚硬币的两面，是汉语国际教育硕士未来职业要求必须具备的两方面知识要求，缺一不可。“文学说”则认为《汉语国际教育硕士（MTCSOL）专业学位研究生指导性培养方案》中指导性课程缺失“文学课”。“文学说”建议各培养单位在汉语国际教育硕士培养过程中加大中国古典文学、现当代文学等文学课程比重。“教育说”是田艳等专家学者在比对英国和中国MTESOL课程设置差别之后提出的主要观点。“教育说”指出“英国MTESOL课程体系呈现五大特点：一是教育类课程比重较大；二是国际视野类课程比重较大；三是教师专业发展和培训课程比重较大；四是经营管理类课程占有一定比重；五是选修课中体现了多学科交融特征。中国MTCSOL课程修订建议：重视特设项目的课程；扩大学生选课范围，注重学科内容的交叉；注重学习者的个体差异，加大学生选课的灵活性；适当增设方法类、国际主题类课程。”①

关于课程设置灵活性、实用性问题，不少专家学者认为课程设置需要根据不同教学目的和教学对象安排，尤其选修课程，应该给予学生更多兴趣自由。其次，也有专家提出汉语国际教育硕

① 田艳，基于英国MTESOL课程体系对汉语国际教育硕士课程设置的思考，《世界汉语教学》，2012（2）：282。

士培养单位还应该根据自身办学特色、地理优势等资源开设特色课程（杨刚，朱珠2013）。专家在文献中提到云南大学、云南师范大学、云南民族大学已经开始以就业为导向调整汉语国际教育硕士课程设置，培养目标较为明确，主要服务于东南亚和南亚汉语教学师资培养，所以课程设置也相应地较具针对性，比如，将南亚或东南亚某国家语言学习列为专业必修课程供汉语国际教育硕士生学习。由此可见，部分专家、学者提出并鼓励针对性、特色课程的开设。

（3）教学实习问题探讨

关于汉语国际教育硕士实习问题同样引起部分学者讨论。学者们主要围绕两点展开探讨：一是实习方案、方法问题；二是实习评价体系问题。

①关于汉语国际教育硕士实习方案、方法问题的探讨

目前，诸多学者认为汉语国际教育硕士实习存在管理环节松散、实习效率不高现象，应该深入研究、积极改进。关于改进方向和方法，主要有三类研究方式和相应研究结果：一是借鉴国外第二语言教学专业实习管理模式，“引入美国近几十年发展起来的“专业发展学校”PDS（Professional Development School）模式，即强调由大学和中小学合作培养师资，使广大教师和行政人员与大学教师合作研究，进而改进师范生的教与学。该模式常见的方式是组建工作组或行动小组。一组由4—5名有经验的教师，2—3名大学教授和5—10名研究生组成。在PDS实施过程中，参与人员无论是实习教师、学校教师还是大学教授都要承担相应角色。汉语国际教育硕士的海外实习也应借鉴该模式，组织建立一个个实习小组，集合国内的培养单位、实习所在院校等相关机构

力量，共同促进海外实习活动的有效开展”[①]二是结合自身院校办学经验，探讨汉语国际教育硕士专业实习、实践新模式。比如北京大学的刘颂浩，曹巧丽，李真华（2011）等专家在文中详细介绍了北京大学汉语国际教育硕士培养采用“模块组合”实习方案，该实习方案具有内向性、组合性和灵活性特点，值得学习和借鉴。此外，该方案的提出和实施也丰富了汉语国际教育硕士实习的方式和途径。为便于管理海外实习生，李炜东提出“建立跨区域网络平台”[②]的建议，该平台利于国内导师与海外实习生之间，海外实习生彼此之间沟通交流。三是部分学者从理论角度探讨实习新模式。王红艳提出“浸润式实习模式”观点较为新颖，[③]“浸润式实习模式”的提出对汉语国际教育硕士实习方式、方案的探讨具有启发意义。“浸润式实习模式”特点主要表现在两个方面：一是实习时间。学生第一年在大学完成理论学习，第二学年第一学期浸泡在实习学校，全面参与并融入学校事务中，最终实现完整地了解教育教学过程、体验课堂和班级管理工作的复杂性，进而学习并掌握一手教学和育人经验；二是实习方式。该模式是一种“基于共同体的实践教学模式”，高校和承担实践教学的中小学结成“共同体”，全日制教育硕士与“双重”指导教师结成“共同体”，以及全日制教育硕士同伴之间构成“共同体”。这些“共同体”共同发挥考核与监督、指导与示范、支持与协助作用，进而促使实习生在实践体验中形成理性的教育教学意识和较高的从教能力。由此可见，“沉浸式实习模式”不同于“顶岗实习”，该

① 李炜东，从教师专业发展角度看汉语国际教育专业硕士的海外实习，《国际汉语教育人才培养论丛》（第二辑），北京：北京大学出版社，2011年版，242页。

② 李炜东，从教师专业发展角度看汉语国际教育专业硕士的海外实习，《国际汉语教育人才培养论丛》（第二辑），北京：北京大学出版社，2011年版，242页。

③ 王红艳，全日制教育硕士培养的“沉浸式实习模式”之辨，《全球教育展望》，2014（11）：62。

实习模式给实习生一种“合法的边缘性参与”身份，使他们可以安心站在“学徒”的立场上去体悟，同时，浸润式实习模式也不同于“突击式（或分散式）实习”方式，其组织型和指导性较强。总之，关于汉语国际教育硕士实习方案、方法问题，学者从不同角度均指出了改进方向，现实意义和理论价值较高。

②关于汉语国际教育硕士实习评价体系问题的探讨

汉语国际教育硕士实习环节松散，效率不高的主要原因之一是评价体系不健全，所以，目前学界关于汉语国际教育硕士实习评价系统的研究，同样是热点。

首先，各位专家学者指出目前学界关于汉语国际教育硕士实习评价关注和研究不够，“在教职委培养方案中，未涉及对实习的评价，只是规定实习合格，可见，目前对实习评价的关注仍显不够”[①]。面对这一问题，有学者从理论角度构建教育实习评价体系，比如吴方敏、李晟宇（2012）从发展心理学理论、发展性教育评价理论、反思性教学理论以及“大教育实习”理论等不同角度，论证了发展性教育实习评价的理论基础，并在文中构建了发展性教育实习评价体系，该模式在运用于汉语国际教育硕士生实习评价时，经过实践的检验、修正定能逐步完善。其次，不少汉语国际教育硕士培养单位，在学生培养过程中逐渐摸索出一套实习评价体系，值得兄弟院校了解、借鉴。天津师范大学汉语国际教育硕士生实践环节分外事与组织管理能力综合实践（校内外）、见习（校内）、教学实践（校内）、教学实习（校外）四个基本阶段。其中，外事与组织管理能力实践部分贯穿整个学生培养过程始终，而见习、实践和实习分布于第二、三、四学期。从难易程度上看：初级体验阶段即课堂见习、校内小范围教学实践、校

① 吴方敏、李晟宇，关于建立汉语国际教育硕士实习评价体系的思考，《国际汉语教育人才培养论丛》（第三辑），北京：北京大学出版社，2012年版，406页。

外分散实地教学实习和校内外外事与组织管理能力综合实践四个方面。四个方面的实习实践环节从内容上可分为两部分：一是教学部分，包括课堂见习、教学实践和教学实习。二是综合素质部分，包括外事与组织管理能力。可见，天津师范大学汉语国际教育硕士实习实践活动，从时间分布和难易程度上逐步递进，相互关联，交互作用。由此可见，已有研究成果为汉语国际教育硕士实习实践评价体系的建立、完善提供了理论指导和经验借鉴。

（4）就业问题探讨

汉语国际教育硕士目前毕业后就业情况并不乐观，主要原因有二：一是学生就业观念保守、陈旧，毕业后更愿意留在国内，回到家乡。二是考取海外教师资格证，尤其是公立中小学教师资格证较难，法律上的障碍使得部分汉语国际教育硕士毕业生较难在国外长期工作、生活（龚圆，2014）。面对以上问题，部分专家、学者讨论了解决对策：一是适度控制招生规模，保证培养质量；二是招生向外国生源倾斜，加大培养“本土化教师”力度；三是设立海内外联合培养项目，课程与海外教师资格证书衔接，拓展学生海外就业渠道；四是国家出台相应的汉语教师储备政策，解决汉语教师志愿者的后顾之忧（张和生，2012）。五是努力改变学生就业观，提前规划好职业方向，培养其“走出去”的就业意识；六是利用孔子学院志愿者、国际合作办学等渠道，给予毕业生更多海外实习和工作机会，为学生就业拓宽渠道；七是建议汉办选拔有能力且有志于从事海外汉语教育的优秀教师，聘为长期专任教师，进而解除教师后顾之忧，以稳定师资队伍（陈信哲，谢仁敏，2012）。总之，就业是汉语国际教育硕士培养的成果体现，也是目标之一，面对就业难现状，必须认真分析国内、外形势，找出影响汉语国际教育硕士生就业的症结和原因，进而提出解决对策。

三、已有研究成果存在局限性分析

关于汉语国际教育硕士培养模式的研究已取得一定成绩，值得肯定，但同时也存在一些问题与不足。

（一）以“培养模式”作为研究对象的综合性研究匮乏

在以往研究中，多数学者将培养模式中的某一具体环节作为研究对象，孰不知，培养模式中各个培养环节是一个紧密相连、不可分割的整体，将培养模式作为整体性研究意义与价值更大，但此前的研究恰恰相反，将“汉语国际教育硕士培养模式”作为研究对象的综合性、整体性研究成果匮乏。将“汉语国际教育硕士培养模式”作为整体性研究的成果仅散见于部分硕士学位论文，且遗憾的是，这些硕士论文多以某一所高校汉语国际教育硕士培养作为调研对象，样本单一。

（二）培养环节研究呈现不均衡发展现象

在已有研究成果中，多数学者主要集中于对汉语国际教育硕士培养模式中某一具体环节进行研究，前文已述，而对已有研究成果进一步分析后，笔者发现，已有研究成果还呈现出“不均衡”现象，这种“不均衡”现象主要表现在对“课程设置”与“实践实习”两个培养环节探讨的成果较多，对于生源状况、招生方式、培养目标、管理制度等培养环节讨论的文献较少。事实上，培养模式的每一个构成要素和培养环节，彼此均是相互制约、环环相扣关系，我们需要以“系统论”的视角，对其每一要素、每一具体培养环节做全面、系统、细致、深入研究，方可找出汉语国际教育硕士培养模式优化规律。

本书在前人研究的基础上，积极探索汉语国际教育硕士培养模式的完整体系，认清培养模式构成要素间的关系以及核心要素与非核心要素间的制约关系，在总体培养目标的指导下，使各个相关要素相互协调，各自发挥其最大功效。

四、研究主要内容

国内研读汉语国际教育硕士专业学位的学生有两类：一是中国汉语国际教育硕士生；二是外国留学生。由于时间有限，本书仅选取第一类汉语国际教育硕士（中国学生）作为研究对象，因此，书中提及的“汉语国际教育硕士”仅指中国汉语国际教育硕士，简称“汉硕”。

（一）研究目的

本书主要研究目的如下：第一，梳理国内汉语国际教育硕士专业十二年发展历程。第二，提炼出汉语国际教育硕士主流培养模式，分析各种培养模式的特点、优点和缺陷。第三，找出目前汉语国际教育硕士培养过程中存在的问题。第四，利用泰勒课程目标确定理论，借鉴国外第二语言教育硕士培养经验，结合汉语国际教育硕士实际问题，提出针对性解决对策。第五，对汉语国际教育硕士培养模式优化规律进行探讨。

（二）研究思路

笔者采用“分层目的性抽样”方法选取研究对象。在运用这种抽样方法时，研究者首先将研究对象按照一定的标准进行分类，然后根据不同类别进行目的性抽样。该抽样方法便于“了解每一个同质性较强的层次内部的具体情况，以便在不同层次中进行比较，进而达到对整体异质性的了解”[①] 首先，笔者确定调研对象，即汉语国际教育硕士专业学位第一批、第二批被授予培养单位，共计81所。在收集分析该81所课程设置、培养方案等纸质材料基础上，整体了解该81所培养单位培养现状。其次，根据

---

① 陈向明,《质的研究方法与社会科学研究》，北京：教育科学出版社，2015年6月版，107页。

81所汉语国际教育硕士专业学位培养单位培养状况进行分类，大致分为两类：定向培养与非定向培养。再次，分别研究定向培养模式、非定向培养模式两类不同类型的培养模式内部具体情况，根据具体差别进行二级分类，每一类选出典型案例客观描述。最后，在典型案例分析基础上，对不同层次培养模式进行比较分析，进而达到对汉语国际教育硕士专业学位整体异质性的了解。

（三）研究内容

汉语国际教育硕士培养模式的研究是在方法论的指导下，运用培养模式研究中的各种研究方法，将汉语国际教育硕士培养模式作为一个不断发展的动态系统，对培养模式的各个要素及各个要素之间的关系进行研究。汉语国际教育硕士培养模式研究扎根于人才培养实践，在方法论方面，主要指导思想是质的研究、系统论和动态发展观。

该书主要分为两部分，第一部分是关于汉语国际教育硕士培养模式的描述；第二部分是关于汉语国际教育硕士培养模式优化的探讨。

第一部分主要对汉语国际教育硕士开设背景、十二年发展历程进行梳理，同时，对汉语国际教育硕士培养现状进行深入而全面地研究，以第一批、第二批获批建设的81所汉语国际教育硕士培养院校作为研究对象，通过实地调研，访谈，参与式观察，跟踪体验，收集培养方案、课程设置、就业信息、课堂教学录像等相关资料的方式，采用案例分析、比较分析等方法提炼出汉语国际教育硕士培养模式的构建框架，并对培养模式内部构成要素及构成要素之间关系进行论证。通过前期资料分析和访谈分析，初步确定培养模式中的五个层面作为重点调研内容：一是培养价值层面，主要包括培养目标和特色意识两个角度；二是培养内容层面，主要包括课程设置、实践环节两个角度；三是培养行为层面，主要包括教学方式和培养方式；四是培养实施层面，主要包括师资状况和管理保障；五是培养结果层面，主要包括获奖情况和就业情况。对以上各个层面要素进行整体摸底调查之后，通过归纳整理和数据对比，找出目前汉语国际教育硕士培养过程中的几种典型模式，描述各种典型模式的特点、优点和缺陷，归纳出目前汉语国际教育硕士各种培养模式存在的共性问题并分析成因。最后，利用泰勒“课程目标选取理论”，借鉴国外第二语言教育硕士培养经验，结合汉语国际教育硕士实际问题，提出针对性解决对策。

第二部分，针对汉语国际教育硕士培养模式优化问题进行理论探讨。美国著名教育学家拉尔夫·泰勒在其《课程与教学的基本原理》一书中提出了“课程目标选取理论”，并指出了具体目标确定步骤：第一，学科专家对专业性质界定分析。第二，学习者需求分析。第三，社会需求分析。第四，运用哲学筛选目标。第五，运用学习心理学选择目标。依据泰勒的“课程目标选取理论”，笔者提出“以需求为导向确定汉教硕士具体培养目标”的基本观点。解决汉语国际教育硕士培养模式中存在的共性问题，优化汉语国际教育硕士培养模式，笔者提出“五位一体培养目标选取理论”。“五位一体培养目标选取理论”主要包括以下内容：第一，首先对汉语国际教育硕士专业界内专家进行深度访谈，结合教育部、汉语国际教育硕士专业学位教学指导委员会文件，深入研究该专业的专业性质、培养方向和要求。第二，对海外汉语教学用人单位深入调研，摸清用人需求。第三，对已毕业汉语国际教育硕士生进行深度访谈和调研，了解学生需求。第四，哲学筛选汉语国际教育硕士培养目标。第五，利用学习心理学研究成果筛选汉语国际教育硕士培养目标。总之，需求分析是汉语国际教育硕士具体培养目标设定的重要途径。最后，书中试图构建培养模式优化理论。

培养模式优化是一个动态发展过程；培养模式优化的结果是多元化模式；多角度需求分析是培养模式优化的逻辑起点；确定具体、明确的培养目标是关键。本书主要研究思路如图：

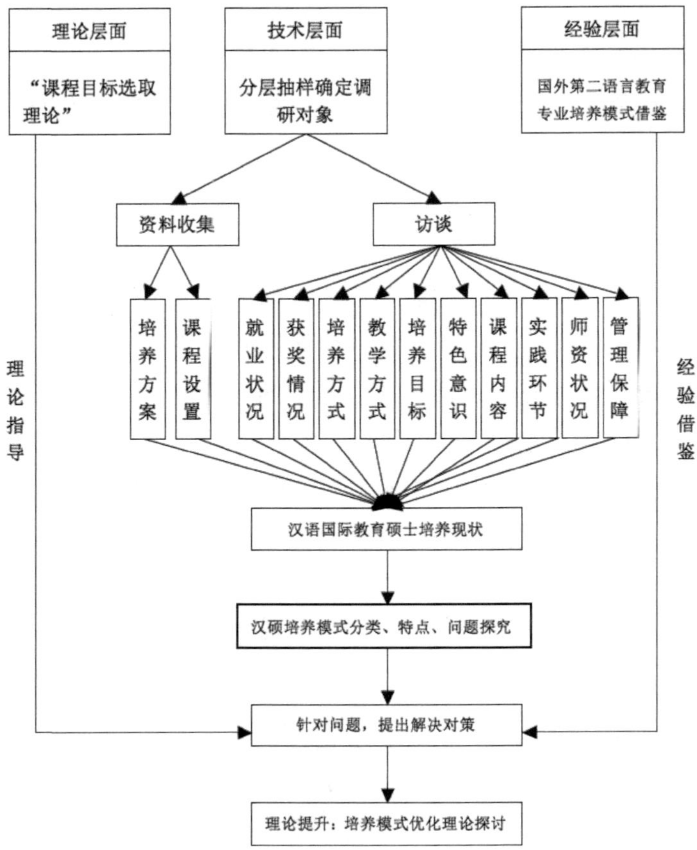

图 0–2　研究思路

五、研究意义

陆俭明（2014）在《汉语国际教育专业的定位问题》一文中谈到“在汉语教师培养上，当前面临两大问题：一是培养规格问题；二是培养模式问题。在这两方面目前意见不尽相同，但大家都在不断思考与探索。”[①]“汉语国际教育硕士培养模式及优化研究”这一选题正是试图对陆先生提到的这两个热点问题进行深入研究与探讨，因此，它是一个既具有一定理论价值，又具有一定现实意义的课题。

（一）现实意义

人才培养模式服务于人才培养事业，为培养出更多高质量合格人才，培养模式的研究一方面寻求理论依据，另一方面，为实践提供切实可行和可模仿的实施程序。汉语国际教育硕士培养模式研究以培养出适合海外汉语教学需要的合格、优秀人才为目的，现实意义较大。

第一，该课题的研究利于高等院校认清汉语国际教育硕士培养现状、存在问题、发展方向。对汉语国际教育硕士培养模式的建构最终落实到各办学单位的培养实践。培养模式越科学、合理，汉语国际教育人才培养的效果越好、质量越高。所以，该研究具有较强地实践指导价值。

第二，该选题将结合世界各国汉语教学的具体环境和对汉语教师的具体需求，反思当前我国汉语国际教育硕士培养模式单一现状。通过对培养模式的界定、对其构成要素及各构成要素关系的剖析，在汉语国际教育硕士“五位一体培养目标选取理论”指导下，借鉴国外第二语言教育硕士培养经验，提出优化目前汉语国际教育硕士培养模式的具体对策，具有较强的应用价值。此

① 陆俭明，汉语国际教育专业的定位问题，《语言教学与研究》，2014（2）：11。

外，汉语国际教育硕士培养模式研究，这一选题既涉及到汉语国际教育专业内部有关人才培养方面特定问题的研究，又涉及对高等院校研究生教育普遍性问题的探讨，所以，该选题的研究成果，也可为我国高等院校研究生教育，尤其是专业硕士研究生培养工作提供借鉴。

（二）理论价值

第一，在汉语国际教育硕士人才培养方面，我国部分高校已经积累了一些宝贵经验，但就总体而言，我国针对汉语国际教育硕士的培养与满足世界各国对高层次汉语师资需求之间的关系研究不够，适应海外汉语师资需求的汉语国际教育硕士培养模式探讨尚待深化。几年前，关于汉语国际教育硕士的培养存在一个误区，认为海外“汉语热”必然需求大量汉语教师，汉语国际教育硕士生的就业前景广阔，汉语国际教育硕士的培养在数量上不会出现“过剩”问题，在质量上也不大可能出现就业竞争的问题。事实与此相反，汉语国际教育硕士专业开办不足十二年，就已逐步暴露出学生就业难、培养质量不高、培养模式单一等种种问题。本书试图将这些问题进行深入研究，故选作”汉语国际教育硕士（中国学生）培养模式”作为论文研究对象。本项研究将有利于深化对我国汉语国际教育硕士培养模式的本质认识。此外，详细梳理汉语国际教育硕士专业学位十二年发展历程，也有利于探究我国汉语国际教育硕士培养模式形成和发展的状态、动因、趋势，有利于理解和认识汉语国际教育硕士培养规律。教育与就业是教育经济学研究的基本问题之一，目前汉语国际教育硕士正面临较为严峻的结构性就业问题。本研究重点调查海外汉语教学院校、机构对汉语教师的具体要求与目前我国汉语教师培养现状，找出二者存在的结构差异，进而探究培养模式优化问题。

第二，将汉语国际教育硕士培养模式优化作为论文的研究对象，对汉语国际教育专业学科发展具有一定促进作用。当前，汉语国际教育事业正处于快速发展时期，理论成果滞后于实践发展，“三教问题”日趋凸显。教师问题是三教问题的核心问题，师资培养理论尤其值得探讨。所以，加强对汉语国际教育硕士培养模式优化研究，可以丰富汉语师资培养相关理论。

六、研究方法

（一）文献分析法

系统地收集、整理和分析汉语国际教育硕士专业学位研究生培养模式的有关文献，包括国外尤其是美国、日本等国家母语作为第二语言教学专业硕士研究生培养模式的有关文献。文献来源渠道较多，既包括与汉语国际教育硕士专业学位研究生培养模式有关的法律、法规、文件，也包括学术论文、硕博论文和论著，还包括国内外高等教育学、研究生教育、专业学位、培养模式以及需求分析理论、发展心理学理论等等。

（二）访谈法

根据所从事的职业不同，书中被访谈群体可分为三类：一是汉语国际教育硕士生；二是海外汉语教学用人单位相关负责人；三是国内汉语国际教育硕士培养单位领导、教师。通过访谈，旨在进一步深入了解与汉语国际教育硕士培养有直接关系的培养者、被培养者和聘用者三者对当今汉语国际教育硕士生培养现状的态度、意见和未来改进和优化的希望。

（三）宏观系统分析法

本书旨在探讨汉语国际教育硕士培养模式优化问题，该问题涉及各国国家政策、培养院校决策、专家意见、学生需求、用人单位要求等问题，综合性强，因此，在研究中主要采用了汉语国际传播研究中的“宏观系统分析法”，[①] 从汉语国际传播事业师资培养的高度去审视汉语国际教育硕士培养模式如何优化问题，进而从宏观角度进行把握，从不同层面加以论证，最后加以综合，最终得出研究结论。

（四）全球视野比较法

国务院2008年才正式设立汉语国际教育硕士专业学位，起步较晚，而类似第二语言教学的硕士专业学位在德国、美国、日本等国家早在二十世纪七八十年代就已开设，相对历史较长。他山之石，可以攻玉。通过调研了解德国、美国、日本等国家第二语言教学专业硕士培养模式、培养经验对汉语国际教育硕士生培养模式优化具有启发意义。通过比较获得借鉴和启示，这是一种全球视野。所以，本书采用“全球视野比较法”。[②]

七、创新点

已有研究成果多以某一所高校作为调研对象，探讨该高校汉语国际教育硕士培养状况、培养特点和缺陷，研究样本相对单一、研究视野相对微观；也有部分文献，仅是针对目前国内汉语国际教育硕士培养模式进行理论探讨，并未对培养单位进行深入调研；再有，部分研究成果仅是针对汉语国际教育硕士培养模式某一具体环节进行研究，缺乏系统性和宏观比较视野。书中在研究对象选取方面力求创新：

一是调研对象增多。

① 吴应辉，《汉语国际传播理论与方法》，北京：中央民族大学出版社，2013年版，183页。

② 吴应辉，《汉语国际传播研究理论与方法》，北京：中央民族大学出版社，2013年版，186页。

据中国学位与研究生教育信息网（学位网）[①] 统计，目前国内招收汉语国际教育硕士的高校共有147所，其中2007年设立24所，2011年设立58所，2014年新批26所，2016年新批3所，2017年增列37所，其中中南大学退出资质。因为2014年及以后批建的院校开设时间较短，不纳入本次研究，清华大学尚未招生，亦不纳入本次研究。所以参与本次研究的高校有81所（具体院校名单详见附录1）。书中将通过培养材料收集、相关负责人和汉语国际教育硕士生导师访谈、汉语国际教育硕士生访谈等方式对81所高校汉语国际教育硕士培养现状进行整体摸查和了解，进而考察各培养院校的培养特点，根据培养特点对培养模式进行分类，提炼出各类培养模式的培养条件、优势和缺陷，进而探讨培养模式优化的方向、条件和规律。

二是调研范围扩大。

本研究不仅局限于对培养模式某一具体环节进行比较、探讨，而是将各个培养环节联系起来对培养模式整体进行研究。培养模式与培养模式中的各个构成要素是系统与要素之间的关系。一个复杂的系统由诸多要素构成，系统与要素之间是对立统一、相互联系又彼此制约的关系。世界上不存在孤立而不相互联系的事物，不存在不相互作用的要素。各个组成要素之间的关系、各要素与系统之间的联系相互作用，本质上是物质、能量、信息的传递与交换。系统的构成要素按照一定的秩序和结构形成了整体。整体的性质和功能存在于各个构成要素彼此之间的有机联系之中。要素是系统整体的组成部分，要素在整体中方可体现出它所具有的意义与价值。所以，书中将在系统观指导下，对汉语国际教育硕士每一具体培养环节进行充分调研基础上，从宏观角

① 详见中国学位与研究生教育信息网：http：//www.cdgdc.edu.cn/xwyyjsjyxx/gjjl/szfa/hygjjyss/

度，重点探讨由各个培养环节组成的整个培养模式的特征、优势和缺陷，最终探讨培养模式优化条件、优化路径、优化方向等相关问题。

本次调研静态纸质材料（生源情况、培养方案、课程设置、实习安排、就业状况、论文写作状况、学生获奖情况、汉语国际教育硕士师资状况）和动态现场调研、访谈相结合，力求调研结果真实、有效。通过本次调研，能够对我国汉语国际教育硕士培养现状有所了解，能够发现汉语国际教育硕士在培养过程中存在的问题，能够为汉语国际教育硕士培养模式优化提供现实案例和客观依据。

第一章　汉语国际教育硕士培养概况

本章首先梳理汉语国际教育硕士专业开设背景、发展历程；其次，界定“培养模式”、“汉语国际教育硕士培养模式”等基本概念；再次，提出汉语国际教育硕士培养模式构成要素；最后，根据培养模式构成要素显示出的差异特征，将81所汉语国际教育硕士培养单位采用的培养模式进行分类。

第一节　汉语国际教育硕士发展历程

一、汉语国际教育硕士开设背景

（一）时代背景

改革开放以来，中国经济迅速发展，国际地位不断提升。在政治、经济、文化等领域，中国均显现出比以往更加积极和主动的态势。教育方面也不例外。尤其在全球化背景下，我国不仅注重吸纳国外优质教育资源与文化，而且更加注重向世界宣传中国文化精髓，提升中国国际影响力。我国已将“中国文化走出去”提升为国家战略。汉语与中华文化传播是“中国文化走出去”战略规划之一。为提升中国语言文化影响力，为汉语进一步走向世界，我国自2004年开始在海外设立孔子学院。孔子学院的开设借鉴了法国、英国、西班牙、德国等国家推广本民族语言的丰富经验，经过较长时间调研和论证之后而开设的，其主要宗旨为教授汉语和传播中国文化。我国孔子学院开设初期，发展较快，短短三年时间，“截止2006年底，全球就已启动孔子学院（包括孔子学校、孔子课堂）122所，分布在49个国家和地区。”[①] 随着孔子学院的建立和发展，当时亟需大批汉语教师，用以充盈海外孔子学院的师资队伍。除此之外，自1984年至2006年，世界各国学习汉语的需求也相应增多，这对国际汉语师资提出了更高要求。世界各大“汉语热”国家，不仅要求汉语教师在数量上有所保证，还要求在专业素质和跨文化交际能力方面有所提升 。截至2006年，“全球100多个国家近3000所高等学校开设了汉语课程和专业”，[②] 很多国家已将汉语纳入国民教育体系，比如英国、韩国、泰国、越南、印度尼西亚、马来西亚等。有的国家已经实现所有大学均开设中文课，如韩国。美国新开设汉语课程的学校数和学习汉语的学生人数均大幅增加。拉美、中东和非洲国家学习汉语的人数也在迅猛增加。海外“汉语热”不断升温的形势，要求我国在原有专业基础上开设一个新专业，这个新专业的使命主要是面向海外培养高层次、应用型、复合型高级汉语教学人才。“汉语国际教育硕士专业学位”正是在这样的时代背景下应运而生。

（二）专业背景

1. 国外专业硕士发展态势良好，国内专业硕士发展已经起步

专业硕士学位在欧美国家起步较早，发展较成熟。1936年，

---

① 国家汉办年度报告（2006年），6页。网址：www.hanban.edu.cn/report/pdf/2006。

② 国家汉办年度报告（2006年），4页。网址：www.hanban.edu.cn/report/pdf/2006。

哈佛大学时任校长科南特先生在哈佛大学设置了教育硕士专业学位，这一学位的设立，标志着人类历史中出现了第一个教育专业硕士学位。随后，美国各种非研究型的专业硕士学位，如社会工作硕士、公共卫生硕士、城市规划硕士等相继出现。尤其在第二次世界大战之后，美国经济迅猛发展，社会需要大量专门人才，专业学位硕士设立并发展，目前专业学位数量已经超过学术型硕士学位数量，已经占据美国硕士研究的主导地位。与此类似，英国专业硕士[①]教育产生时间晚于美国半个世纪，但与中国相比，起步早、发展快。第二次世界大战之后，英国经济迅速恢复和发展，各行各业急需高级应用型人才，于是，专业硕士应运而生。21世纪以来，"英国专业硕士研究方向不断增加，逐步向多样化、多学科方向发展。英国教育统计机构的统计数据显示，英国每年授予的专业型硕士研究生学位数占总数比重平均为75%。"[②]与之相比，我国专业硕士开设时间较晚，但发展较快。1991年，我国从西方引进专业硕士教育，截至2006年年底，我国批准招收培养专业学位研究生的单位已多达401个，占硕士学位授予单位的56.2%，专业学位研究生招生总数已多达57万人；在汉语国际教育硕士专业学位开设之前，我国已开设专业学位16类，分别是：教育硕士、法律硕士、工商管理硕士、体育硕士、艺术硕士、建筑学学士硕士、农业推广硕士、风景园林硕士、兽医硕士博士、口腔医学硕士、临床医学硕士、会计硕士、公共卫生硕士、工程

① 英国与我国硕士学位的类型和名称稍有区别，我国硕士学位分为学术硕士和专业硕士两类，英国分为哲学硕士和课程硕士两类。学术硕士和哲学硕士均是培养研究型人才，专业硕士和课程硕士均是培养应用型人才，而且专业硕士和课程硕士的发展起因、培养目标以及涵盖的专业领域十分相近，故仅称谓有别而已。

② 张璐，中英美三国专业硕士学位发展状况比较研究，《科技信息》，2013（6）：473。

硕士、军事硕士、公共管理硕士①。由此可见，国内、外专业硕士良好的发展态势，为我国汉语国际教育硕士专业学位的成功开设奠定了坚实基础。

2. 对外汉语教学学术硕士培养经验丰富

对外汉语教学学术硕士的发展为汉语国际教育硕士专业学位的设立奠定了坚实基础。对外汉语教学方向研究生是汉语国际教育硕士的前身，汉语国际教育硕士是对外汉语教学方向学术硕士的延伸和发展。虽然目前两个专业从培养理念、培养目标、课程设置、培养方式到就业去向区别较大，但仍不能否认二者的亲缘关系，两个专业的核心理论基础均是汉语语言本体、语言学理论、二语习得和汉语教学法。

我国早在1986年就已批予北京大学、北京语言大学招收对外汉语教学方向研究生，之后南京大学、华东师范大学、南开大学等院校也陆续招收此方向研究生。为进一步调整优化学科专业结构，拓宽研究生培养口径，增强毕业研究生对社会需求的适应性，国务院学位委员会与原国家教委于1997年6月6日联合颁布了新修订的《授予博士、硕士学位和培养研究生的学科专业目录》。汉语文字学、现代汉语和汉语史三个专业在新颁布专业目录中合并为“汉语言文字学”，目录中一级学科“中国语言文学”下设立了二级学科“语言学及应用语言学”，具备条件的学校可以在此学科下招收对外汉语方向的学生。于是，各高校分别将开设在“现代汉语”专业之下的“对外汉语教学方向”进行了调整，将“对外汉语教学方向”设在二级学科“语言学与应用语言学”或“汉语言文字学”之下。由此可见，对外汉语方向学术硕士研究生培养工作经历二十年的发展之后，已经取得了较大成就。随

① 中国学位与研究生教育信息网：http：//www.cdgdc.edu.cn/xwyyjsjyxx/gjjl/szfa/267348.shtml.

着学科理论建设的不断成熟和发展，对外汉语教学学术硕士不仅认真总结研究生培养的经验、教训，而且积极吸收学位与研究生教育的各项相关研究成果，大胆借鉴国内外先进的研究生培养和管理模式，使得本学科硕士研究生的培养过程不断规范。

对外汉语教学方向学术硕士培养走过20年发展之路后，国家汉办于2006年根据汉语国际推广新形势，提出了“六大转变”：“一是从对外汉语教学向全方位汉语国际推广转变；二是从“请进来”学汉语向加大汉语“走出去”转变；三是从专业汉语教学向大众化、普及型、应用型教学的转变；四是从主要靠教育系统推广向系统内外共同推广转变；五是从政府行政主导为主向政府推动为主、加强市场运作的转变；六是从纸质材料面授为主向发展多媒体网络等多样化教学的转变。”① 新形势、新政策迫切要求新专业的产生，汉语国际教育硕士在传统对外汉语教学学术硕士发展基础上孳乳而生。

二、汉语国际教育硕士培养历程

（一）初创阶段（2007年—2010年）

1. 汉语国际教育硕士培养初创阶段概况

随着海外学习汉语人数的不断增加、海外孔子学院和孔子课堂的发展，对外汉语学术硕士较难满足海外对汉语专业教师的需求，亟需改革和完善国际汉语教学专门人才培养体系，培养适应汉语国际推广新形势需要的海外汉语教师。国务院学位委员会成员于2006年10月18日在北京召开第一次有关汉语国际教育硕士专业学位设立的论证会，将设立汉语国际教育硕士专业学位事宜提上了日程。2007年1月24日，国务院学位委员会第二十三次会

① 国家汉办年度报告（2006年），5页。网址：www.hanban.edu.cn/report/pdf/2006。

议通过决议同意设置汉语国际教育硕士专业学位。3月30日,《汉语国际教育硕士专业学位设置方案》出台。2007年5月31日，国务院学位委员会办公室下达《关于开展汉语国际教育硕士专业学位教育试点工作和推荐全国汉语国际教育硕士专业学位指导委员会委员人选的通知》，批准中国人民大学、北京大学、北京师范大学、北京外国语大学、首都师范大学、北京语言大学、吉林大学、南开大学、黑龙江大学、东北师范大学、复旦大学、云南师范大学、武汉大学、华东师范大学、华中师范大学、上海外国语大学、南京大学、浙江大学、南京师范大学、山东大学、暨南大学、华中科技大学、四川大学、中山大学24所研究生培养单位开展汉语国际教育硕士专业学位教育试点工作，汉语国际教育硕士培养工组开始起步。

2007年09月18日，国务院学位委员会办公室在北京召开全国汉语国际教育硕士专业学位教育指导委员会成立大会，汉语国际教育硕士培养工作有了专门指导。2007年10月24日,《汉语国际教育硕士专业学位（MTCSOL）研究生指导性培养方案》颁布，在该方案指导下，开展汉语国际教育硕士培养工作。2007年11月2日，汉语教学及教师培养国际讲习班于上海举行。2007年11月，国家汉办颁布了《国际汉语师资标准》，该标准的颁布使汉语国际教育硕士培养有了依据目标。同年，全国汉语国际教育硕士专业学位研究生招生录取工作会议于12月21日召开并通过了《汉语国际教育硕士专业学位研究生复试录取指导方案》，该方案为汉语国际教育硕士招生录取工作做出了具体指导。2008年，汉语国际教育硕士专业学位研究生培养试点院校工作会议于5月9日在北京召开，会中讨论了两个重要文件，一是汉语国际教育硕士专业学位5门必修课程说明；二是《汉语国际教育硕士专业学位研究生培养试点单位教学基本要求》，该会议为新专业人才培养工作做出了进一步指导。2009年6月9日，国务院学位委员会办公室下达《关于批准新增法律硕士等类别专业学位研究生培养单位的通知》（学位办[2009]35号），批准中国传媒大学、中央民族大学等39所院校新增为专业学位培养单位，扩大了汉语国际教育专业招生院校。截至2009年底，全国共有63所汉语国际教育硕士专业学位研究生培养院校。2010年9月2日，国务院学位委员会办公室下达《关于下达2010年新增硕士专业学位授权点的通知》（学位办[2010]32号），批准清华大学、云南民族大学等19所院校为新增汉语国际教育硕士专业学位授权点。截止2015年，全国共有82所汉语国际教育硕士专业学位研究生培养院校。

2. 汉语国际教育硕士培养初创阶段特点

（1）专业设置、开办论证充分

汉语国际教育硕士专业学位是在充分论证的基础上而开设的，2006年10月18日，国务院学位委员会办公室在北京召开汉语国际教育硕士专业学位论证会，论证会上专家、学者充分分析了汉语国际推广背景下汉语师资短缺现状，同时，总结海外、国内专业硕士开设经验，总结对外汉语教学几十年办学经验，借鉴英国设立TESOL（Teaching English to Speakers of Other Languages）专业学位、日本开设日本语教育专业、法国开设法语作为第二语言教育专业、德国开设对外德语专业等办学经验，论证专家一致认为汉语国际教育硕士专业学位的设立顺应历史潮流，是汉语国际推广事业发展的必然。

论证成果以国务院学位办[2007]10号文件《汉语国际教育硕士专业学位设置方案的通知》呈现，该《通知》由两部分组成：第一部分是《汉语国际教育硕士专业学位设置方案》，该方案对该专业培养目标、名称、性质、要求、培养方案、考核标准等均给出了详细说明；第二部分是《汉语国际教育硕士专业学位设置方案》说明，该部分论证了汉语国际教育硕士专业学位开设的必要性和可行性，论据详实、可靠。由此可见，汉语国际教育硕士学位的开设是在充分调研和反复论证基础上开设的。汉语国际教育硕士专业学位设立之后，关于课程如何设置，实践、实习如何安排等问题，培养单位、培养教师一直在摸索、探讨，为此，“国家汉办还利用暑期专门举办了培训班，由国内24所开设专业硕士的院校与加拿大UBC大学的专家共同参与，其主要目的之一就是借鉴国外，尤其是北美地区第二语言教师培养的经验，探讨汉语国际推广新形势下的专业硕士培养模式”，[①] 解决汉语国际教育硕士培养过程中存在的问题。总之，该专业从开设之前到开办之后，相关专家、学者一直在不断探索、论证，每一步发展均建立在充分调研基础之上，可谓论证充分。

（2）专业发展指导到位

汉语国际教育硕士专业开设以后，国务院学位办、国家汉办、汉语国际教育硕士专业学位指导委员会密切关注、指导该专业发展状况，曾先后两次颁布《汉语国际教育硕士（MTCSOL）专业学位研究生指导性培养方案》（以下简称“指导性培养方案”），第一次主要针对在职生，第二次主要针对全日制学生。两个《指导性培养方案》均为汉语国际教育硕士培养工作起到了规范作用。2007版《指导性培养方案》对MTCSOL培养目标界定相对明确，专业重点发展相对突出，对培养单位和学生要求较为明确，国际化和外向型特点鲜明。该《指导性培养方案》既“突出注重对人才的能力培养，也体现汉语作为外语教学的学科特点；既反映汉语教师的职业要求，又兼顾汉语国际推广工作的客观需求；既对人才质量和培养规格要求明确，界定清晰，又

① 冯丽萍，论汉语国际教育专业硕士培养中的若干问题，《长江学术》，2009（1）：114。

对MTCSOL提出了在中华文化素养、跨文化交际、外语能力等方面的相关要求。”[①] 2007版《指导性培养方案》成为汉语国际教育硕士专业学位开设初期人才培养的依据。该专业经过两年的发展，2009年，汉语国际教育硕士培养专家、学者总结两年来的教学、管理经验并经过多次科学论证出台《全日制汉语国际教育硕士（MTCSOL）专业学位研究生指导性培养方案》，该方案较之2007版更加突出对学生实践能力培养特点。这种特点主要体现在两个方面：一是实践训练环节学分有所增加；二是实践类课型有所增设。2009年之后，汉语国际教育硕士人才培养在2009版《指导性培养方案》指导下，专业特点越发突出，课程设置越发科学，学生实践教学能力逐渐增强。

（二）探索阶段（2011年—今）

1. 汉语国际教育硕士培养探索阶段概况

2011年以后，汉语国际教育硕士专业进入了探索阶段。81所（清华大学未招生）培养单位积极摸索和优化汉语国际教育硕士培养模式，国家汉办、学位办、教指委等领导机构不断关注、指导和推进该专业的健康发展。汉语国际教育硕士在探索阶段成绩突出，主要表现在以下几个方面。

（1）综合改革试点工作开展顺利

为贯彻落实《国家中长期教育改革和发展规划纲要（2010-2020年）》，进一步推进研究生教育改革与发展，促进专业学位研究生教育更好地适应经济社会发展对高层次应用型人才的需要，2010年10月13日，教育部下发了《教育部关于实施专业学位研究生教育综合改革试点工作的指导意见》，在部分高等学校开展专业学位研究生教育综合改革试点工作。2010年11月各试

① 李泉，汉语国际教育硕士培养目标与教学理念探讨，《语言文字应用》，2009（8）：107。

点院校上报改革实施方案，2011年——2013年开展工作。汉语国际教育硕士专业同样被列入该综合试点改革之列。北京师范大学、华东师范大学、天津师范大学和中山大学被教育部列为汉语国际教育硕士专业学位研究生教育综合改革试点高等学校。经过三年实践，四所院校汉语国际教育专业学位综合改革取得了丰硕成果。经笔者现场调研和对主管院长的访谈，笔者了解到其成果主要表现在以下几个方面：一是生源方面。四所院校均较为注重对生源选拔的改革，其中，北京师范大学生源选拔改革的重点是加大面向对海外本土教师的招生，增加海外生源比例。二是课程改革。四所试点院校均在课程改革方面有所创新。其中，北京师范大学在课程改革方面力度较大。北京师范大学采取了“中国学生与外国学生部分课程分离，中文专业与非中文专业背景学生部分课程分离的设课方式，使所有不同学科背景的学生都能在有限的教学时间取得最优的学习效果。”[①] 此外，华东师范大学、中山大学在课程改革中较为注重将课程改革与学科建设相结合。华东师范大学汉语国际教育硕士专业的师生们研制了《国际汉语教育案例规范》，制定了《国际汉语教育案例标记系统》，搭建了具有管理和查询功能的案例库网络共享平台（training.ecnu.edu.cn/casebase），建立了国际汉语案例库，依据该案例库，“国际汉语案例教学”课程进行了相应改革和创新，形成了“研讨、观摩、计划、模拟、创新”五步教授法。中山大学的课程改革同样立足于自建“全球汉语教材库”、“中介语语料库”、“汉语国际教育案例库”、“专家讲座资源库”等资源库基础之上，效果明显。三是实践实习体系创新。天津师范大学在本次试点改革项目中，建立了“捆绑式”实践实训语伴制度，即为中国汉语国际教育硕士生

① 国家汉办资料：北京师范大学汉语国际教育硕士专业学位研究生教育综合改革试点项目成果介绍。

配备“一盯一”的留学生，使之成为固定的实践实习语伴。中外学生签订实训语伴协议，自入学起开始每周不少于5小时的实践实训活动，在导师指导、监督下，强化汉语国际教育硕士生对职业规律探索的早期发现。四是课程评价体系的创新。本次试点改革项目中，四所高校在“课程评价体系”方面均进行了探索。其中，天津师范大学搭建起了“多角度”课程质量控制评价体系，如图1-1。该立体综合教学评价方式有效控制了天津师范大学汉语国际教育硕士教师的全程教学环节，值得兄弟院校学习、借鉴。五是培养模式的创新。在培养模式方面，华东师范大学在试点改革中创造了“1+1”中外合作双学位项目。该项目是指华东师范大学的汉语国际教育硕士生第一年在华东师范大学学习，第二年在意大利都灵大学学习，毕业后取得中意双方学位，获取在意大利教授汉语资格。该培养模式较为新颖，一定程度解决学生在任教国就业难的困难。总之，2011年——今是汉语国际教育硕士培养探索阶段，在该阶段开展的综合改革试点工作成绩斐然。

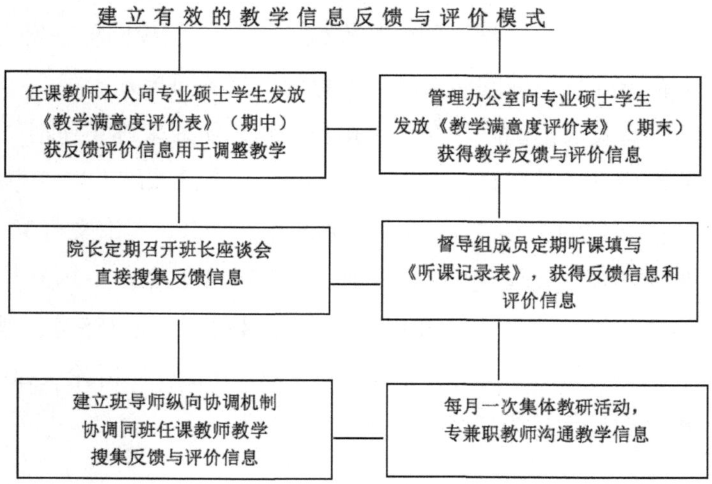

图1-1　天津师范大学的课程质量控制评价体系

（2）培养模式不断创新

据笔者调研发现，除试点院校之外，一些汉语国际教育硕士培养单位也在努力探索汉语国际教育硕士培养新模式。中央民族大学国际教育学院基于“地球村”理念，以全球化视野、国际化思维设计了外向型“1+2+X”创新培养模式。沈阳师范大学汉语国际教育硕士培养创立了“1+1>2”的汉语国际教育硕士研究生培养模式。辽宁大学汉语国际教育硕士培养针对性强，主要针对韩国、朝鲜、日本和蒙古几个国家培养汉语师资。辽宁师范大学主要针对意大利、韩国和俄罗斯培养汉语师资，正在努力探索针对性培养新模式。云南师范大学、福建师范大学、云南大学、广西大学、广西师范大学和广西民族大学等均针对东南亚培养汉语师资，逐步探索一条区域化培养的新模式。新疆大学、新疆师范大学、新疆财经大学主要针对中亚和俄罗斯培养汉语师资，其中，新疆财经大学还十分强调“通过辅修财经类第二专业学位和加大中外合作院校交换生的力度，为新疆与中亚汉语推广及文化经验交流提供高层次人才”，[①] 培养模式可谓独特新颖。由此可见，除试点单位外，汉语国际教育硕士各培养院校同样在努力探索符合自身办学条件的汉语国际教育硕士培养新模式。

（3）有关汉语国际教育硕士培养问题科研成果逐年递增

笔者检索统计发现：2007–2010年度，中国知网上以“主题”关键词检索到的关于“汉语国际教育硕士”的期刊论文有30篇，硕博论文7篇，会议论文9篇。而2011–2018年度，中国知网上检索到的关于“汉语国际教育硕士”的期刊论文有385篇，硕博论文453篇，会议论文42篇，其中，期刊论文和硕博论文2011–2017年出现逐年递增趋势，详见下图。

---

① 范晓玲，新疆高校汉语国际教育专业发展现状调查与对策探讨，《新疆师范大学学报》（社会科学版），2013（6）：110。

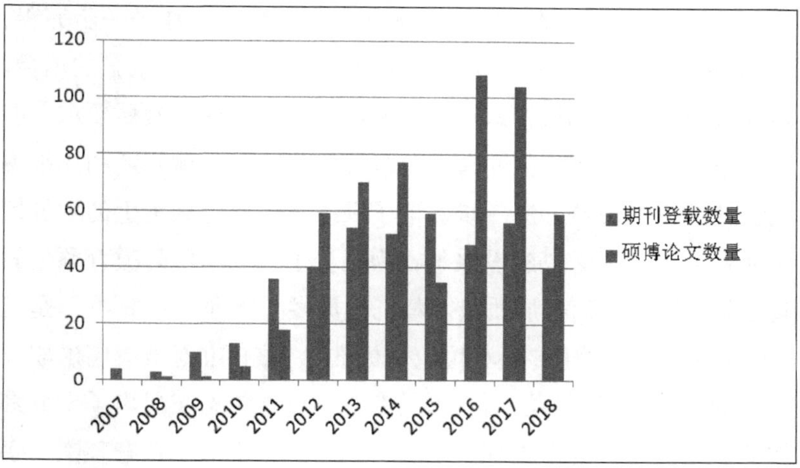

图 1–2 发文趋势

由此可见，汉语国际教育专业相关专家、学者，包括该专业博士生、硕士生越来越关注自身专业的发展问题，关注度和相关研究成果逐年递增。另外，部分学术期刊，诸如《国际汉语教育》、《华文教学与研究》、《汉语国际传播研究》、《黑龙江高教研究》、《高等教育研究》、《民族教育研究》等核心、省级刊物近些年较多刊载有关“汉语国际教育专业硕士”培养方面的论文。此外，“汉硕”人才培养问题研究逐渐细化，“输入型汉语教师”、“输出型汉语教师”、[①]“超本土汉语教师”[②]等均成为目前研究的热点问题。

（4）标准建设、评估体系逐渐完善

探索阶段出台了一要求、一标准，同时组织了一次专项评估

① 李东伟，大力培养本土汉语教师是解决世界各国汉语师资短缺问题的重要战略[J]，民族教育研究，2014（5）：53。

② 吴应辉，国际汉语师资需求的动态发展和需求差异[J]，教育研究，2016（11）：144。

工作。“三个一”行动后，汉语国教育硕士培养工作进一步完善。“一要求”是指《汉语国际教育硕士专业学位基本要求》的出台。该文件对汉语国际教育硕士专业性质、培养目标、素质要求、能力要求、实践训练、论文写作要求等均作出了具体阐述和详细说明。该文件的出台，进一步保证了汉语国际教育硕士生的学位授予质量，提高了学科建设水平，为社会了解汉语国际教育硕士教育质量标准，进而开展质量监督工作提供了依据。“一标准”是指《汉语国际教育硕士专业学位论文标准》，该标准对具有明确职业指向的专门培养国际汉语教师的专业学位学位论文提出了十分具体的要求。具体要求中既对论文形式、研究方法、选题范围、字数要求等做了具体说明，又对论文结构、论文格式、评价标准做了详细说明和指导。该标准的出台，使汉语国际教育硕士“论文写作”培养环节逐渐规范。“一评估”是指学位办[2014]42号文件下发的《2014年汉语国际教育硕士专业学位授权点专项评估工作方案》，该方案要求汉语国际教育专业学位研究生教育指导委员会组织实施，对2009–2011年获批汉语国际教育硕士专业学位的58所院校进行专项评估。该次评估有效推动汉语国际教育硕士专业学位的规范发展，确保了汉语国际教育硕士专业学位的培养质量，更好的培养出世界各国对高层次、复合型、应用型汉语师资的需求。

2.汉语国际教育硕士培养探索阶段特点

（1）改革创新意识强、成效大

随着汉语国际教育硕士培养单位的逐渐增多，部分院校积极探索汉语国际教育硕士培养模式问题，逐渐摸索出适应行业需求、适合专业发展、深受学生和家长认可的汉语国际教育硕士培养新模式。这些积极探索、不断改革的培养单位，不仅包括学位办试点单位，也包括部分非试点单位，不仅包括获批时间较早的院校，也包括第二批获批的部分院校。通过汉语国际教育硕士培养模式的改革创新，推动了培养单位转变观念，提高了对汉语国际教育硕士专业学位研究生教育重要性的认识，探索出了汉语国际教育硕士专业学位研究生教育规律。例如中央民族大学建立的“1+2+X”的培养模式，辽宁师范大学建立的“1+1>2”培养模式，广西师范大学建立的“面向东盟国家培养汉语师资”的培养模式等，均探索和创新了汉语国际教育专业学位研究生教育培养模式。其创新之处主要体现在以下几个方面：一是强调与国外汉语用人单位建立紧密的、实质性的联合培养机制；二是建立、健全了汉语国际教育硕士专业学位教育的教师选拔、激励和评价机制；三是注重吸引有丰富实践经验的专业人士担任教师，形成“双师型”的教师结构；四是注重学生的定向培养。由此可见，部分培养单位在汉语国际教育硕士培养过程中，积极探索培养规律，努力创新培养模式，积累了一定办学经验，促进了汉语国际教育硕士专业学位研究生教育水平和人才培养质量的明显提高。

（2）发展速度放缓、培养质量提高

较之初创阶段，汉语国际教育硕士专业在探索阶段发展速度放缓。在初创阶段四年中，汉语国际教育硕士专业完成了从无到有、从24所到81所的飞跃，2011年之后，并未新批设置汉语国际教育硕士专业的院校，恰恰相反，国务院学位办、国家汉办和教指委分别于2009年和2015年两次通过评估方式检查已开设院校培养状况，对评估成绩不理想院校进行停招整改，对问题严重院校，取消其招生资格。学位办、国家汉办和教指委十分注重培养质量的提高，先后出台《汉语国际教育硕士专业学位基本要求》、《汉语国际教育硕士专业学位论文标准》、《2014年汉语国际教育硕士专业学位授权点专项评估工作方案》等有关文件，正在组织编写《汉语国际教育专业硕士学位基本要求》[①]，从不同方面规范人才培养过程，保证人才培养质量。

第二节 汉语国际教育硕士培养模式概念界定

一、汉语国际教育硕士培养模式概念界定

（一）培养模式

何为“培养模式”？首先，需了解何为“模式”。关于“模式”的界定，笔者查阅了一些工具书。《现代汉语词典》中对“模式”的界定是“某种事物的标准形式或使人可以照着做的标准样式”。[②]《现代汉语词典》强调“模式”是样式，这种样式需合乎标准，需具有示范性。《汉语大词典》将“模式”界定为：事物的标准样式。[③]《汉语大词典》的界定语言简练、意义凝练，认为。《新语词大词典》认为“模式”是对现实事件的内在机制和事件之间关系的直观、简洁描述，能够展示事物结构或过程的主要组成部分及其相互关系。”[④]《新语词大词典》认为“模式”是一种简明展示，通过“模式”的展示，可以了解事件性质、事件与其他事件关系、事件本身结构、组成部分及各个结构部件、组成部份之间的关系。《史学理论大辞典》认为“模式”是以记号、画面、方程或描绘为手段建立的合乎历史研究对象特征的表象。模式首先分离出哪些切题、哪些与研究无关，进而建立有启发性的工

① 孔子学院总部：孔子学院2014年年度发展报告。

② 《现代汉语词典》（第六版），北京：商务印书馆，1996年版，1541页。

③ 《汉语大词典》（缩印版），北京：汉语大词典出版社，1993年版，2658页。

④ 韩明安，《新语词大词典》，哈尔滨：黑龙江人民出版，1991年版，329页。

具，最后使观察和综合事物的条件结果成为可能，进而尝试抽象出关于观察对象的理论。建立了模式之后，研究者可找出一系列问题并做出各种假设，于是对于对象的描述就演进为对其进行分析和解释。模式的建立是经验考察和理论思考二者结合的产物。[①]综上所述，在对“模式”加以界定时，至少要体现出以下几点：一、模式是合乎标准的简约、类比样式；二、样式具有主要组成要素；三、样式主要组成要素之间具有密切关系；四、样式与外围事件具有密切关系。那么，在对“模式”进行研究时，相应应该注意以下几个研究要点：一、研究模式不是研究事件全部，而是研究合乎标准的简约、类比样式。二、抓住样式主要构成要素进行研究，非主要构成要素可以暂且不作为研究对象。三、摸清样式主要构成要素之间的关系。四、摸清样式与外围事件关系。所以，建立和分析模式的过程一定要力求客观。研究者始终牢记：建立和分析模式的目的绝非仅是停留于模式本身结构与性质的探讨，而是通过对模式的研究，解决一些实际问题。在利用模式解决问题之时，需要更多的是理论思考。所以，对“模式”进行研究，需要经验考察和理论思考的密切结合。

“人才培养”是指在一定教育理念指导下设定人才培养的宏观目标，根据人才培养对象的特点选择适合的培养路径，不断摸索和优化培养过程，不断完善培养制度。“培养模式”是“人才培养”组成要素之一即培养过程中总结和提炼出的合乎标准的科学范式。“培养模式”是人才培养要素中最为关键的要素，因为“从当前我国高等教育改革和发展的现实来看：在高等教育人才培养系统中，培养理念的更新逐渐成为共识，培养目标已经明确指向创新型人才培养，培养主体和培养对象是相对明确稳定的要素，

① 蒋大椿、陈启能，《史学理论大辞典》，合肥：安徽教育出版社，2000年版，1185页。

培养途径的选择难度相对较小，而难度最大的则是培养模式的创新和培养制度的改革。"[①] 培养模式选择时需要考虑社会需求、学生需求、专业需求等多方需求，需考虑学生个性差异，教学方法、技能、管理选择差异等情况，所以培养模式的选择和优化相对复杂，而这种复杂性，正是"培养模式"区别于"人才培养"其余要素的本质特征。

"培养模式"是"培养"的一个关键环节，也是"模式"的一个独特类别。"培养模式"具有以下几个属性：一、"培养模式"扎根于人才培养实践，也需理论指导，所以它具有连接实践与理论的双重性。二、培养模式的选择和优化以合乎标准、人才培养规律为基本要求，所以"培养模式"具有适律性。三、"培养模式"根据事件的发展、环境的改变而不断修正和优化，所以"培养模式"具有动态发展性。四、"培养模式"的设计，首先需要设定明确的培养目标，在明确的培养目标指导下培养模式才会完整、科学，因此，"培养模式"具有目的性。五、即便在同一培养目标指导下，培养模式也会根据培养条件、培养环境等要素影响形成特点各异的培养模式，而非单一模式，所以"培养模式"具有多样性。

综上所述，该书认为"培养模式"是指在一定教育理念指导下，在特定培养目标指引下，依据培养单位主观、客观条件设计出的人才培养理论模型与操作样式，该理论模型、操作样式具有动态发展性、适律性、双重性、目的性、多样性。

（二）专业硕士学位

20世纪90年代，随着经济的迅速发展和社会结构的转型，社会对高层次专门人才的需求日益加大，而传统学术硕士学位更多为科研机构和高等院校培养科研人员，于是一定程度出现针对

---

① 王晓晖，一流大学个性化人才培养模式研究，博士研究生论文，华中师范大学，2014年5月，30页。

职业技能的高层次专门人才“断层”现象，设立专业硕士学位是社会发展的必然。1984年，清华大学等十一所理工类大学向国家教育部提交了一份《关于培养工程类型专业硕士生的建议》，之后，教育部组织开展专业硕士学位试点工作，1990年，工商管理硕士专业学位作为我国第一个专业学位开始试办，至今，我国开设专业硕士学位已有二十余年的历史。

为全面了解专业硕士学位的性质和特点，首先了解何为“专业学位”。关于“专业学位”界定问题，笔者查阅了相关资料。专业学位（Professional Degree）在《西方教育词典》中定义为“在专业学科中获得的学位，如法律、教育、会计、医学等。”[①]《学位与研究生教育大词典》中将“专业学位”定义为“学位类型之一，也称职业学位，专业学位在培养目标、教学方法、授予要求及标准等方面与学术性学位有差别，对所授予的专业学位进行高水平的专业训练，使之掌握扎实的专业理论知识，并具从事某种专门职业业务工作的能力”[②] 由此可见，我国专业学位是在学术学位之后设立的专门培养从事某种专门职业业务工作的高层次人才。中国学位与研究生网站对“专业硕士”也做了较为详细的介绍，其将“专业硕士”定义为:“针对社会某个特定职业领域的需要，培养具有较强专业能力和职业素养、能够创造性地从事某个实际工作的高层次、应用型、专门人才而设置的学位类型”。[③]目前，我国已形成学士、硕士、博士三个层次并存的专业学位教育体系，其中，学士层次专业学位有5类，硕士层次专业学位有

① 德·朗特里,《西方教育词典》，上海：上海文艺出版社，1988年，第248页。

② 秦惠民,《学位与研究生教育大词典》，北京：北京理工大学出版社，1994年14页。

③《硕士专业学位全解读》，中国学位与研究生教育信息网：http：//www.cdgdc.edu.cn/xwyyjsjyxx/gjjl/。

39类、博士层次专业学位有5类。

“专业硕士学位”作为“专业学位”的主体，具备“专业学位”的普遍特征，同时，也具备专业硕士学位的独有特点。攻读“专业硕士学位”学生要充分了解本专业理论知识，充分锻炼实践操作能力，同时，具有一定解决实际问题的能力。

“专业硕士学位”虽然与传统学术硕士学位处于同一层次，但培养规格二者各不相同。专业硕士学位和学术硕士学位共同构成现代研究生教育学位体系两大组成部分，彼此既有联系又有区别。二者区别主要表现在培养目标的不同：专业硕士学位是根据经济社会产业部门的专业需求而为特定职业培养的专业人才，其着重培养学生的应用能力，着重培养具有较好职业道德、较高专业能力和职业素养的高层次、专门人才，如翻译人才、教师、护士、律师等；学术硕士学位的培养目标则是为高校、科研机构培养从事教学和研究的专门人才，培养具有原创精神和科研能力的研究型人才，人才培养的重点是学生的学术创新能力。以上是“专业硕士学位”与“学术硕士学位”的主要区别。

（三）汉语国际教育硕士培养模式

汉语国际教育硕士专业学位研究生培养模式是指在一定教育思想、教育理论指导下，以培养高层次、应用型、复合型、国际化汉语国际教师为总体目标的教育教学过程与运行机制的总和。汉语国际教育硕士专业学位研究生培养模式构成要素包括：培养目标、课程设置、课程内容、教学方式、实践环节、培养方式、师资状况、论文写作、管理保障、就业状况。汉语国际教育硕士自设立之初至今已有十余年的发展历史，第一批24所试点院校已经积累了十二年的办学经验，第二批39所院校积极摸索办学经验，第三批19所院校刚刚起步。该书将重点对第一批和第二批获批的汉语国际教育硕士培养模式进行考察和分类比较，进而挖掘汉语国际教育硕士培养模式优化规律。

二、汉语国际教育硕士培养模式构成要素

汉语国际教育硕士培养模式是在汉语国际教育硕士培养过程中总结和提炼出的合乎标准的科学范式。研究汉语国际教育硕士培养模式不是研究汉语国际教育硕士培养的全部，而是研究合乎标准的简约、类比样式。汉语国际教育硕士培养模式的构成要素是指在汉语国际教育硕士培养过程中，对人才培养起着主要作用的要素，非主要构成要素暂且不作为研究对象。经过笔者较长时间的调研，发现在汉语国际教育硕士培养过程中有十个要素对于人才培养成败起着决定性作用，分别是：培养目标、发展特色、课程设置、实践环节、教学方式、培养方式、师资状况、管理保障、论文完成、就业状况。培养目标属于培养价值层面，培养价值定位需要反复论证，是整个培养过程的旗帜，决定着后面一系列培养要素的选取问题，决定着整个培养模式的风格和效果；课程设置、课程内容和实践环节属于培养内容层面，培养内容是否科学、充实，是否利于培养目标的实现决定培养模式的成败，培养内容是整个培养模式的主体；教学方式、培养方式属于培养行为层面，回答怎样培养的问题。明确培养规格、培养目标后，立刻需要解决的是怎样培养问题。培养行为决定着培养内容能否不打折扣的教给学生，决定培养目标能否高效实现，所以，培养行为在整个培养模式中起到加速剂的作用，教学方式科学、培养方式合理将提高汉语国际教育硕士培养效果，提高人才培养效率；师资状况、管理保障是人才培养实施层面，再明确的培养目标，再充盈的教学、实践内容，再科学的培养行为，没有人实施总是空谈。教师是汉语国际硕士培养的实施主体，教师素质、师资结构、师资梯队、师资专业背景和教学水平等均对教学效果起着重

要影响。科学有效的管理也是汉语国际教育硕士培养得以有效实施的重要保障。管理不当、管理不严均会影响人才培养效果。论文完成、就业状况是人才培养的结果层面。学生能否完成一篇体现专业特征、解决专业问题的毕业论文，毕业之后能否找到一份满意工作，能否将所学知识和技能在未来工作中得以运用，这是培养目标是否得以实现最直接的检验。总之，汉语国际教育硕士培养模式的各个培养环节环环相扣、密不可分。

本文主要从培养价值、培养内容、培养实施、培养行为、培养结果五个层面对汉语国际教育硕士培养状况进行调研。因此，培养价值、培养内容、培养行为、培养实施、培养结果是本次调研的一级指标。

（一）培养价值层面：培养目标、发展特色

培养价值层面主要包括培养目标和发展特色两个二级指标。

通过对调研院校《培养方案》的考察，与调研对象管理人员的访谈，笔者基本了解了培养院校培养目标设定情况。全国汉语国际教育硕士专业学位教育指导委员会秘书处于2011年6月颁布的《汉语国际教育硕士专业学位研究生指导性培养方案》中，将培养目标表述为“汉语国际教育硕士专业学位是与国际汉语教师职业相衔接的专业学位。主要培养具有熟练的汉语作为第二语言教学技能和良好的文化传播技能、跨文化交际能力，适应汉语国际推广工作，胜任多种教学任务的高层次、应用型、复合型、国际化专门人才”。[①] 本次调研，主要考察培养院校是否参照《汉语国际教育硕士专业学位研究生指导性培养方案》的指导，又是如何实现“高层次、应用性、复合型、国际化专门人才”培养的。

此外，发展特色也是本次调研的一个重点，属于培养价值层

① 国务院学位委员会办公室:《关于转发全日制硕士专业学位研究生指导性培养方案的通知》，学位办〔2009〕23号。

面。主要考量调研院校在《汉语国际教育硕士专业学位研究生指导性培养方案》指导下，是否客观认识自身优势，注重特色办学。

（二）培养内容层面：课程设置、实践环节

课程设置和实践环节是汉语国际教育硕士培养模式的主体。课程设置和实践环节离不开培养目标的指导。首先，确定明确的培养目标。其次，了解《国际汉语教师标准》中关于汉语国际教育专业硕士所应具备的知识和能力。最后，设置具体课程和安排具体实践环节。

培养内容层面主要考察课程设置和实践环节两个二级指标。课程设置主要考察课程结构、特色课程两个三级指标。实践环节主要分为实践活动和教学实习两个三级指标。

课程设置最基本的要求为课程结构合理。课程结构合理是指各门课程间的结构分配合理，具体包括：开设的课程科目合理，各门课程开设时间先后顺序合理，各课程彼此间衔接合理。汉语国际教育硕士实践能力的培养是汉语国际教育硕士培养过程中另外一个重要内容。“要在短时间内把这些学生培养成掌握良好技能的跨文化、复合型人才，只对学生加强素质教育、理论教育以及传授相关的教学法是远远不够的，还应牢牢抓住与实际教学相关的具体环节，突出培养实践能力，为他们日后胜任汉语国际教育和中国文化推广工作铺平道路。”① 实践环节主要分为实践活动和教学实习两部分，笔者在关于实践环节的调研和访谈中重点考察实践活动和教学实习情况。

（三）培养行为层面：教学方式、培养方式

培养行为层面主要包括教学方式和培养方式。

教学方式主要包括汉语国际教育硕士各培养单位在教学中使

---

① 杨金华，汉语国际教育硕士专业学位研究生教学实践探索，《学位与研究生教育》，2012（2）：54–55。

用教学方法情况和技能训练情况。比如，是否引入案例教学，如已使用，使用比例，使用是否得当，与课程内容、其余课型搭配是否合理等问题。技能训练重点考察课堂内容是否注重应用，是否具有较强的实践性。关于教学方式的问题自古得到国内外教育学专家的关注，卢梭强调“无知识教学”，杜威倡导“做中学”，维果斯基提出“最近发展区”，赞科夫提出“双高”教学理论，布鲁纳提出“发现法”和结构主义教学理论等均从不同方面探讨了教学方式的差异与特色。教学方式多种多样、各不相同，得法事办功倍、否则事办功半，教学方式决定着教学内容的呈现方式，决定着教学目标的实现效率，因此，教学方式将是本次笔者调研的重要内容。

培养方式相对于教学方式更为宏观，培养方式的改革和创新能够推动汉语国际教育硕士培养模式的优化。目前，我国研究生培养模式大致可分为三类：一、以导师制为主的培养模式。二、以导师制与课程制结合的培养模式。三、以课程制为主的培养模式。其中，第一点和第二点，即以导师制为主的培养模式和以导师制与课程制结合的培养模式还可以细分为单导师制和双导师制，双导师制又可细分为国内、外联合培养双导师制和校内双导师制两类。培养方式是培养行为的逻辑起点，对培养质量起着至关重要的作用。培养方式作为培养模式的构成要素，是笔者调查的重点。

（四）培养实施层面：师资状况、管理保障

培养实施层面包括师资状况、管理保障两个方面。师资状况、管理保障是汉语国际教育硕士培养模式两个构成要素。

汉语国际教育硕士生的任课教师是人才培养的实施者，在培养汉语国际教育硕士的过程中充当重要角色，任课教师队伍的质量直接影响国际汉语教育人才培养质量。汉语国际教育硕士作为仅有十二年历史的新兴专业，要求其任课教师投入更多精力、时间探究一套适合汉语国际教育专业学位研究生的教育新模式。而且汉语国际教育专业具有的高层次、复合型、国际化等特征，对导师的国际化程度和多样化程度要求也相应较高。国际化程度主要体现在国外师资比例和中国教师国外教学经验两个方面；多样化程度重点体现在汉语国际教育硕士生任课教师的学科背景和职业背景。教学目标的实现需要导师和任课教师们逐一落实，教学内容的完成需要导师和任课教师们齐力完成，只有有了素质高、能力强的教师队伍，汉语国际教育硕士生的培养任务才能真正完成。师资状况作为汉语国际教育硕士培养模式的构成要素需认真研究，总结经验、找出问题，以推动建设。

管理保障是培养模式中的重要组成要素。在汉语国际教育硕士培养过程中，完整的管理系统和严格的管理措施是人才培养的必要条件。汉语国际教育任课教师的教学行为和汉硕生的学习行为并非自发的，而是在管理体系的引导下逐渐形成的行为范式。所以管理措施得当与否，与人才培养模式的实施效果关系密切。管理体系是培养模式中不可或缺的组成要素。在汉语国际教育硕士培养过程中，管理依靠教师而进行、为满足学生的需要而开展的实践活动。任课教师和导师在管理系统中是管理主体，汉语国际教育硕士生是管理客体，管理系统中的其它要素必须通过任课教师和学生要素才能参与其中并发挥作用。作为人对人的活动，管理者和被管理者之间是双向互动的，采取什么样的管理方法、为什么要实施如此管理措施、怎样才能实现管理效益的最大化等等，所有问题均需深入研究和反复探讨。

（五）培养结果层面：论文写作、就业状况

论文写作和就业状况同样被列入汉语国际教育硕士培养模式组成要素之中，论文写作离不开导师的指导，就业状况是培养结果的最终呈现。

论文写作在整个人才培养模式中属于成果展示层面，也是人才培养的最后环节。汉语国际教育硕士既然属于专业硕士，其论文写作较为强调实践性和实用性。全国汉语国际教育硕士专业学位教育指导委员会在《汉语国际教育硕士专业学位论文撰写指导性意见》中也指出：论文写作应特别强调培养学生在教育实践中发现问题的敏感性、分析问题的科学性、解决问题的主动性和创造性，使学生获得教育反思能力。由此可见，汉语国际教育硕士专业学位的论文写作有别于汉语言文字学、语言学及应用语言学等学术型硕士，学术型硕士的学位论文更强调学术创建性、理论创新性，“汉语国际教育硕士专业学位论文更注重应用性。”[①] 汉语国际教育硕士论文写作，作为培养模式的组成部分，与培养模式中其余要素相互关联，互相配合，共同完成培养目标指出的培养任务。

就业状况虽然不再属于人才培养的组成部分，但笔者却将之放入培养模式构成要素之中，主要原因是就业状况是培养结果的最直接体现，而培养结果是培养模式组成部分。培养结果主要包括两个部分：一是汉语国际教育硕士获奖情况；二是汉语国际教育硕士就业状况。就业状况的调查、了解主要从就业率和行业相关率两个维度进行。

---

① 亓海峰，《汉语国际教育硕士学位论文写作分析与指导》，北京：华语教学出版社，2015年第1版，2页。

第三节　汉语国际教育硕士培养模式概况

通过对81所汉语国际教育硕士培养单位培养方案、课程设置、就业信息、毕业论文等纸质材料的分析，笔者发现两点：一是81所汉语国际教育硕士培养院校经历十二年的发展，在教学方式和对学生论文专业性要求、指导方面成绩显著。二是发现目前汉语国际教育硕士培养呈现多元发展趋势。本文根据培养理念和培养模式构成要素显示的内部差异，将现有汉语国际教育硕士培养模式进行分类。

一、培养模式部分构成要素成绩显著

（一）案例教学效果突出

从功能角度划分“案例”概念，大致有三种理解：作为研究工具的案例，作为教学手段的案例，以及作为一种资源形式的案例。案例作为研究工具主要指案例研究（也称个案研究）这种实证性的、定性的研究方法。案例作为教学手段是指案例教学这种教学模式。案例作为资源形式主要是指可直接用于汉语作为第二语言教学领域（包括汉语教学和汉语师资培训）的案例产品。[①]

汉语国际教育硕士专业在以上三方面均引入“案例”，并取得了一定成果。

案例作为研究方法指的是对案例这种方法进行系统理论探讨。央青的《国际汉语师资教育中的案例教学及案例库构建研究》一书对汉语国际教育专业引入案例教学的原因、方式、方法、理

① 邓杉杉，汉语作为第二语言教学案例研究，博士学位论文，武汉大学，2011年5月，1页。

据等进行了多角度分析，对汉语国际教育专业引入案例教学方法进行了系统理论阐述。黄娇瑛（2009）的《国际汉语教师专业化教育实践个案研究》、江新、郝丽霞（2010）的《对外汉语教师实践性知识的个案研究》等采用案例研究方法进行了研究。

作为教学手段的案例，已经较为广泛地运用课程教学或实践教学之中，《全日制汉语国际教育硕士专业学位研究生指导性培养方案》倡导案例教学，案例教学对“教学方法”进行指导时强调“运用团队学习、案例分析、现场研究、模拟训练等方法，力争研究生在课程期间能接触到100个以上不同类型的案例，提高教学技能和国外适应能力”。[①] 笔者收集到的20所高校《全日制汉语国际教育硕士专业学位培养方案（中国学生）》中，均在“核心课程”中开设了《汉语课堂教学案例》这门课程，2个学分，36学时。这门课程有效地采用了案例教学法，符合专业硕士“从实践中来到实践中去”的专业特征，教学效果较好。“暨南大学优化教师资源，50%的核心课程采用课程小组授课模式，运用团队学习、案例分析、现场研究、模拟训练等方法，使学生在课程学习期间能够接触到大量不同类型的案例，以提高教学技能和国外适应能力。”[②] 2015年，汉语国际教育硕士专业学位授权点专项评估同样较为重视案例教学，将其引入评估范畴。学位办[2014]42号文件《2014年汉语国际教育硕士专业学位授权点专项评估工作方案》对“课程教学”的“教学方式”一项考察中，同样将“案例教学”作为三级指标进行考察，考察分值最高为5分。可见，案例教学在汉语国际教育硕士培养中已经广泛运用。

① 学位办：全日制汉语国际教育硕士专业学位研究生指导性培养方案，《关于转发全日制硕士专业学位研究生指导性培养方案的通知》，2009年23号文件，网址：http：//www.cdgdc.edu.cn/。

② 央青，工商管理案例库对国际汉语教学案例建设的启示，《民族教育研究》，2013（5）：89。

案例作为资源也已受到汉语国际教育硕士培养教师的重视。无论是语言本体教学、二语习得教学、跨文化教学，还是教学法教学，任课教师均注重收集与各自课程相关的教学案例，作为教学资源引入课程教学之中，因为案例是教学理论与实践相结合的最佳桥梁。中央民族大学建立了《国际汉语教学案例库》，目前该案例库已处于试运行阶段，已经在中央民族大学“中外语言对比与偏误分析”、“汉语作为第二语言的教学法及案例分析”、“汉语教学技能训练”、“跨文化交际”等课程中使用。总之，汉语国际教育硕士培养行为层面的教学行为要素中，案例研究、案例教学、案例资源三者环环相扣、相互映衬，成果突出。

（二）论文写作凸显专业特征

在汉语国际教育硕士培养模式中，其培养结果层面中的论文写作构成要素成果突出。经笔者调查，各个培养院校对汉语国际教育硕士论文写作提出了一致要求，即在教育实践中发现、分析、解决问题，可以以调研报告、教学实验报告、案例分析、教学设计、专题研究等任何一种写作形式呈现，最终目的是使汉语国际教育硕士生获得教育反思能力。可见，汉语国际教育硕士论文无论是写作要求，还是写作形式均与语言学及应用语言学学术型硕士论文差别较大。汉语国际教育硕士的论文写作紧扣“高层次、应用型、复合型、国际化”的人才培养目标要求，体现了专业硕士注重实践和应用的专业特征。关于汉语国际教育硕士论文写作科研成果近些年也逐渐增多，这些成果为汉语国际教育硕士培养模式中论文写作环节提供了理论指导。马燕华（2010）、丁安琪（2011）均在文章中讨论了汉语国际教育专业硕士学位论文评价标准问题，促进了汉语国际教育专业硕士评价体系的完善和发展，也推动了汉语国际教育硕士培养模式中论文写作要素的科学发展。亓海峰、曹儒2015年出版了《汉语国际教育硕士学位论文写作分析与指导》，该书深入分析汉语国际教育硕士学位论文特点之后，分别对调查报告、专题研究、案例分析、教学设计和教学实验五种写作形式进行了概念界定、特点分析、写作方法指导、案例呈现。该书的出版，为汉语国际教育硕士论文写作逐渐规范、成熟、科学提供了参考价值和理论指导。

二、培养模式呈现定向培养、非定向培养两大类型

汉语国际教育硕士专业经过十余年的发展，其培养模式逐渐呈现出多元化发展趋势，将众多培养模式进行深入调查、研究，可大致归纳为两类：一是定向培养模式；二是非定向培养模式。

（一）汉语国际教育硕士定向培养

1.“汉语国际教育硕士定向培养”概念界定

所谓“定向培养模式是指针对某个国家、某个区域、某种语言或某个年龄段学生群体培养国际汉语教师的汉语国际教育硕士培养模式。”[①]定向培养模式可以从不同角度进行划分。首先，从地理学角度，汉语国际教育硕士培养模式可分为国别培养和区域培养两类：针对某一个国家培养国际汉语教师，可称之为国别培养；针对某一区域培养国际汉语教师，可称之为区域培养。其次，从语言进行探讨，可以划分出一语定向培养模式，比如为母语是英语国家培养国际汉语教师，可称之为一语定向培养。再次，根据学生年龄段不同定向培养汉语国际教师，即将汉语国际教育硕士分为汉语国际高等教育、汉语国际中小学教育、汉语国际学前教育等不同层次，至少不同方向学生在选修课方面有所差别，该种情况可称之为层级化培养。

定向培养将汉语国际教育硕士未来就业去向和就业状况具体

① 李东伟，我国汉语国际教育硕士培养模式现状与优化策略[J]，中国高教研究，2017（10）。

化，相应地，汉语国际教育硕士的培养目标也更为细化和明确。培养目标具体化之后，课程设置、课程内容、实习实践活动、论文写作选取内容等其余汉语国际教育硕士培养模式构成要素也将相应更为具体、明确、有针对性。

2. 汉语国际教育硕士定向培养状况

经现场调查、访谈，笔者了解到目前有十余所高校汉语国际教育硕士培养采取定向培养模式，"定向培养意识"贯穿于培养目标、特色办学、课程设置、培养方式、教学方式、实习实践等各个培养模式构成要素之中。这些院校培养模式同中有异：有的采取国别定向培养模式，如中央民族大学国际教育学院；有的采取区域培养模式，如辽宁大学国际教育学院；有的采取"层级化培养"模式，如北京师范大学汉语文化学院。

中央民族大学通过充分调研，了解到美国需要的汉语教师，不仅需要掌握汉语、中华文化基础知识，更重要的是还要了解美国语言、文化、了解美国教育制度、了解美国学生学习特点、了解美国家长的需求等传统教学内容涉猎较少的知识。于是，中央民族大学调整培养方案，针对美国培养"高层次、应用型、复合型"汉语教师。该模式中十大构成要素均进行了配套改革。一是培养目标，明确提出为美国培养汉语教师；二是特色办学，提出"2+1+X"办学模式；三是课程设置调整，设置《中美跨文化交际》、《汉英对比与偏误分析》、《美国教育概况》等针对美国培养汉语师资的特色课程；四是实践环节，为学生提供"美国中文北京"多个暑期项目实习机会，同时，也提供赴美学习、实习机会；五是教学方式，采取案例教学等新型教学方式，案例资源多源于美国汉语教学真实课堂；六是培养方式，采取"中美"联合培养方式，学生可获得"中美"双硕士学位和美国某州教师执照（资格证书）；七是师资状况，师资队伍由校内在职教师和校外聘用专家共同组成，校外专家均是美国知名大学著名汉语教学专家；八是管理保障，管理制度较为严格，为教师和学生形成良好的行为规范做出了制度保证。九是论文写作，多数学生针对美国汉语教学中存在的问题进行了研究；十是就业状况，学生留任美国从事汉语教学人数逐年递增。

辽宁大学较为成功地尝试了汉语国际教育硕士“区域培养”培养模式。辽宁大学以辽宁省及沈阳市为依托背景，凭借与东北亚诸国地理距离近，人员往来便利，历史交往密切，文化接触程度高等优势，将韩国、朝鲜、俄国、日本、蒙古五国作为汉语国际教育与推广的特定对象国。与针对东北亚五国培养MTCSOL专业人才相一致，辽宁大学国际教育学院要求学生除第一外语以外，还要选择韩、俄、日、蒙语言之一作为第二外语进行修读，办学上小语种特色鲜明。

此外，北京师范大学汉语文化学院汉语国际教育硕士“层级化培养”意识较强，主要针对海外中小学培养汉语师资，在本校汉语国际教育硕士课程中开设了《青少年儿童汉语教学》课程，学院多位教师致力于海外中小学汉语教学特点研究。

（二）汉语国际教育硕士非定向培养模式

1. 汉语国际教育硕士非定向培养概念界定

汉语国际教育硕士非定向培养模式与汉语国际教育硕士定向培养模式相对，是指在汉语国际教育硕士培养模式的各个构成要素中并未体现定向培养特点，而是笼统地针对海外培养汉语教师。坚持汉语国际教育硕士“非定向培养模式”的院校，在遵从教职委《指导性培养方案》的同时，部分院校也在探索培养模式的特色问题，只是探索的重点不是从学生就业对象国的角度，而是从学生应有素质的方面入手。采取非定向培养模式的院校与采取定向培养模式院校，培养理念有所区别，文中第二章、第三章将重点讨论。采用非定向培养模式院校大致可分两类：一是实践型，即培养院校非常注重对汉语国际教育硕士生实践能力的培养，在实践能力培养方面已经摸索和总结出一套较为科学的方法，如天津师范大学国际教育交流学院；二是科研——实践型，即培养院校较为注重对学生科研能力和实践能力的双重培养，如中山大学国际汉语学院、北京大学对外汉语教育学院。

2. 汉语国际教育硕士非定向培养状况

在调研的院校中，70%的汉语国际教育硕士培养院校采取“汉语国际教育硕士非定向培养模式”。

这些院校中部分重点院校遵从“全面发展观”，强调汉语国际教育硕士虽属专业硕士，但毕竟是高于学士学位的硕士层面，既是硕士，就不可完全忽视科研能力培养，于是采取科研—实践并重培养模式。

中山大学国际汉语学院较为注重资源建设，努力为学生提供更多教学、科研资源。在资源建设过程中，中山大学国际汉语学院将资源建设与课程设置相结合，部分课程与资源建设相关度较高。中山大学国际汉语学院还请汉语国际教育硕士课上学习完相关理论之后，课下与任课教师或导师一起参与资源建设。同时，与教师一起利用资源进行科学研究。

北京大学对外汉语教育学院赵杨院长向笔者介绍了北京大学汉语国际教育硕士培养理念，认为学生的科研、教学等综合素质、能力的提高才是人才培养的重要目标。世界一流大学不该以就业为导向，而应以人的全面发展作为人才培养的理念和目标。北京大学汉语国际教育硕士培养特色体现在两个方面：一是师门读书会的建立。汉语国际教育硕士生导师与学生定期举办读书会，每人介绍近期读书体会，大家讨论。同时，学院办有学术沙龙、国际汉语学术讲堂、国际汉语学生学术讲堂等多种学术活动。二是对于教师科研水平要求较高。教师在申请新课之前，首先经过学术委员会的讨论，新课除进行必要性、可行性论证之外，还要求申请教师具有一定与该课相关的科研成果，如若缺少相应科研成果，或是成果较少，不可开设新课。由此可见，虽然是对于专业硕士的培养，但北京大学注重学生实践能力培养的同时，也十分强调对学生学术水平的培养。

还有部分高校，紧扣教指委《指导性培养方案》培养“高层次、应用型、复合型、国际化专门人才”要求，将汉语国际教育硕士实践能力培养作为培养模式优化的重点。经笔者调查了解，北京外国语大学中国语言文学学院注重对汉语国际教育硕士实践能力的培养，尤其在海外实习管理方面探索出了一条行之有效的管理方法，在汉语国际教育硕士培养模式构成要素之一——管理保障方面做出了创新性尝试。天津师范大学国际教育交流学院同样十分重视对学生实践能力的培养，将实践贯穿于学位研究生培养的全过程，实现了专业学位与职业需求之间的有效衔接。具体实现步骤是其在课程体系建设中已开始强调应用型特征，强化“见习——实践——实习（顶岗）”过程培养，注重职业能力培养和实践环节的课外延展相结合，注重课程与实践的对接性。

与此相反，也有为数不少院校在汉语国际教育硕士培养模式探索方面，发展缓慢，既没有走定向培养之路，也未在培养模式内部培养要素方面积极探索，只是在教指委《指导性培养方案》指导下，开设出部分核心课程和部分拓展课程。在办学过程中，当受到自身条件限制或在培养过程中遇到瓶颈问题时，并未努力探索解决方式。

第四节　本章小结

汉语国际教育硕士学位自2007年开设至今，经历初创阶段，目前正处于探索阶段。经过十二年的努力，该专业综合改革试点工作成绩斐然，培养模式不断创新，科学研究成果逐年递增，标准建设、评估体系逐渐完善。面对已经取得的成绩，如何实现汉语国际教育专业持续高效发展？关键在于人才培养模式的优化与创新。优化与创新汉语国际教育专业硕士人才培养模式，首先需要界定清晰“模式”、“培养模式”、“汉语国际教育专业硕士培养模式”、“人才培养模式构成要素”等基本概念。其次，需要梳理并挖掘已有汉语国际教育硕士培养模式，并尝试进行分类。

本章对汉语国际教育硕士成立背景、发展历程进行了梳理，在相对全面、客观论证“培养模式”、“汉语国际教育硕士培养模式”、“培养模式构成要素”等基本概念基础上，通过深入培养单位进行调研和访谈、通过对培养方案、课程设置、实习方案、就业状况等纸质材料的全面剖析，基本摸清了目前汉语国际教育硕士人才培养现状。在此基础之上，笔者根据不同培养单位培养模式构成要素显示出的差异特征，将81所汉语国际教育硕士培养单位采用的培养模式进行了分类。关于不同类型培养模式形成理据、表现特征、优点和缺陷等相关问题将在本文第二、三章详加阐释。

第二章　汉语国际教育硕士定向培养模式

汉语国际教育硕士定向培养模式已经在部分院校试行，且取得了一定成效。笔者在采用“定向培养模式”单位深入调研、访谈，了解了关于汉语国际教育硕士定向培养的动态信息。同时，收集到汉语国际教育硕士培养方案等纸质静态资料，以便辅助了解人才培养全貌。调研、访谈活动利于多角度、全方位了解培养模式实际操作情况；培养方案则集中体现出办学单位的教育目标和办学特色。培养方案作为培养单位的正式文本，对汉语国际教育硕士培养总体目标、修业年限、课程设置、学分要求、论文要求、实习要求、评定标准等均做出了详细说明。因此，笔者通过现场调研、访谈和对培养方案文本分析，已经基本掌握培养单位定向培养模式整体情况。

第一节　定向培养模式形成理据、特点、分类

通过对81所学校汉语国际教育硕士培养方案、课程设置、实习状况等纸质材料的分析，发现云南大学、云南民族大学、新疆大学、中央民族大学、沈阳师范大学、沈阳大学、浙江师范大学等诸多培养单位采取汉语国际教育硕士定向培养模式。在随机抽

取案例基础之上，通过现场调研、硕导访谈、汉硕生访谈等手段，深入了解部分采用“定向培养模式”培养单位培养状况。通过对多组典型案例的分析，最终提炼出“定向培养模式”形成理据、特点，并针对采用“定向培养模式”培养单位内部差异性进行了二级分类。

一、“定向培养模式”形成理据

（一）国别差异性

汉语国际教师被派往世界各地从事汉语教学时，遇到的宏观问题大致相同，诸如对象国语言了解有限、跨文化交际能力欠缺等，但落实到具体问题时，差异较大，比如具体对某个国家语言运用能力不足，对象国语言与汉语之间对比能力有限，对象国文化与中华文化区别了解不够等。不同国家的中国外派汉语教师面临着各不相同的问题。

1. 语言、文化不同

世界上多数国家都具有自己独特的语言和文化，即便是一种通用语在多个国家使用，这几个国家之间也存在细微的语言差异问题、存在语言承载的文化差异问题。汉语国际教育硕士生只有真正了解对象国独有的语言和文化特点，才能在汉语语言教学时游刃有余地进行语言对比教学、文化对比教学，才可切实提高课堂管理能力和跨文化交际能力，否则，不懂当地语言，如何与家长深入沟通？不了解当地文化，何谈跨文化交际？

吴应辉指出“不同国家的汉语师资需求虽然可能存在一些共性，但无论在‘量’还是‘质’的方面都会存在鲜明的国别差异性，因此，我们对国际汉语师资需求的研究不能只见森林不见树木，即不能只谈目前全球汉语师资需求是多少，还必须深化到国别。应该重视国别需求调研。充分研究汉语师资需求的国别差异性，对于提高国际汉语师资培养的针对性具有重要参考价值”。①李东伟也谈到“随着汉语热不断升温，一些发展中国家的国际汉语教师需求量仍然在不断增加。但在欧美等发达国家，国际汉语教师的绝对数量却日趋饱和，这些国家目前急需的是大量优秀国际汉语教师”。②

2. 汉语教学发展状况不同

随着“汉语热”不断升温，重视汉语教学的国家逐年递增，但由于受到政治、经济、文化、历史等诸多原因影响，各国汉语教学发展状况各不相同。即便同是亚洲国家，差别也较大。比如，泰国汉语教学走在世界前列，发展较快，从幼儿园、中小学到大学均出现学习汉语的热潮，政府较为支持、鼓励国民学习汉语。越南出现“汉语断层”现象，主要在大学开设汉语课程，中小学开设汉语课程较少。缅甸汉语学习尚未合法化，主要是华侨子女以参加汉语补习班形式学习中文和中华文化。汉语发展状况不同，对国际汉语教师提出了不同要求。

经调研，在不同国家从事汉语教学工作的汉语国际教育硕士面临的挑战各不相同。被派往泰国幼儿园、小学和中学的教师面临最大问题是对象国语言水平低、课堂管理能力差；被派往俄罗斯的汉语教师即便不懂俄语或俄语水平有限，语言障碍和课堂管理问题也影响不大，因为在俄国，开设汉语课的学校多数在大学，而且中国汉语教师一般被安排讲授大三、大四学生课程，所以被外派至俄罗斯的汉语国际教育硕士实习生一般在校园和课堂中不会存在太多语言问题和课堂管理问题；被派往缅甸的汉语教

---

① 吴应辉，论国际汉语师资需求的动态发展性与层次递进性——兼谈“超本土”汉语教师对国际汉语师资培养目标的新超越，第十二届汉语国际教学研讨会大会发言报告，哈尔滨，2013年7月。

② 李东伟，国际汉语教师专业发展中的问题与对策探究[J]，黑龙江高教研究，2015（7）。

师需要具备较为深厚的中华文化功底和汉语语言学功底，因为汉语教学在缅甸尚未实现合法化，学习中文的人多数是华侨子女，她们的中文从小已经跟从父辈习得，所以缅甸学生的中文课要求教师不仅讲授语言知识，还要讲授语言学知识。

面对这种差异，“国别定向培养模式”能够提高人才培养的针对性，进而提高汉语国际教育硕士人才培养的效果和效率。朱瑞平对该问题持以下观点：“现阶段对汉语国际教育专业硕士培养工作的探索总体上是卓有成效的，但鉴于世界各地区语言文化背景具有地域性特征，且其汉语教育水平呈阶段性差异，为不同地区和国家培养适应现阶段汉语教学工作需求的人才，实际上也存在适应这种阶段性和地域性特征的问题。作为培养单位，应该充分利用走出去、请进来的方法，了解世界各地的实情，通过了解地域性、阶段性特征来加强人才培养的针对性。”[①] 因此，不同国家汉语发展现状不同，对汉语教师具体教学能力和素质要求不同，“国别定向”针对性培养能够有效解决以上问题。

（二）通才、专才教育相互交融

通才教育在不同历史时期经历了不同发展阶段，但与专才教育相比，通才教育有其独特的思想内涵。通才教育的目标是培养具有高级思维、高深学问、能够实现自我发展的人才。通才教育即博雅教育，注重培养学生理智思维和高尚情操。专才教育与通才教育有所区别，专才教育是指培养专门人才的教育，专才教育的目的是通过系统地讲授某一学科专门知识，培养学生掌握一定专业技能的教育。汉语国际教育硕士的培养，属于硕士层面的人才培养，十分突出高层次、复合型，且汉语国际教育硕士毕业之后更多在海外从事汉语教学和中华文化传播活动，工作环境较为

① 朱瑞平，略论汉语国际教育人才培养的针对性问题，《国际汉语教育人才培养论丛》（第二辑），北京：北京大学出版社，2011年版，50页。

特殊和复杂，工作内容较为精深和庞杂，因此，要求汉语国际教育硕士生具有扎实的语言学功底、较强跨文化交际能力、灵活多样的教学方法之外，还应具有高深的文化素养，较强的自我反思和自我发展志向、能力，需要接受一定的博雅教育。但汉语国际教育硕士毕竟属于专业硕士，要求培养对象经过系统、科学专业学习和训练之后能够掌握一定的专业技能，因此，汉语国际教育硕士的培养也该属于专才教育。因此，汉语国际教育硕士的培养应是通才教育与专才教育的融合。汉语国际教育硕士“非定向培养模式”强调加强汉语国际教育硕士综合素养，用以应对未来变化多端的工作机会和环境；“定向培养模式”还强调人才培养的精细化水平，精细化人才培养目标可以通过有针对性的人才培养手段实现。

（三）社会需求 —— 人才培养的逻辑起点

关于高等教育的人才培养目标存在两种价值观取向：第一、个人本位价值观；第二、社会本位价值观。个人本位价值观较为强调高等教育的目的在于促进作为个人的每个学生在个性和理性方面的发展，即培养和谐发展的个人；社会本位价值观强调培养的人才主要是为国家和社会服务的。社会本位价值观认为高等教育的价值首先在于促进国家和社会的发展，强调人是社会的产物，教育的目的就是把学生培养成为社会需要的、能够维护社会稳定和促进社会进步的人。汉语国际教育硕士“定向培养模式”所持价值观是社会本位价值观，社会需求是汉语国际教育硕士人才培养的逻辑起点。

笔者利用国家汉办在北京工业大学耿丹学院（北京国际汉语学院）组织的《2015年外国汉语教师来华研修班》学习机会，于2015年7月21—25日对该学习班部分海外本土汉语教师进行了访谈。这几位教师分别来自泰国宣素南塔皇家大学、河内师范大学、印度尼西亚（Yakobus School）、尼泊尔的尼泊尔工程大学。针对“您觉得中国籍汉语国际教育硕士在贵国从事汉语教学工作时存在最大的问题是什么，希望怎么改进”问题，不同国家本土汉语教师给出了不同答案。最后得知不同国家对汉语教师的要求存在较大差异性。

表 2–1：海外本土汉语教师访谈问题之一汇总表

国家	泰国	越南	印度尼西亚	尼泊尔
单位	宣素南塔皇家大学	河内师范大学	Yakobus School	尼泊尔工程大学
性别	女	女	男	男
问题	您觉得中国籍汉语国际教育硕士在贵国从事汉语教学工作时最大的问题是什么？希望怎么改进？			
回答	中国汉语老师不足之处有两点：一是泰语水平不太高的老师，在中小学从教时课堂管理能力欠缺。有的学校不得不安排泰国老师辅助中国老师维护课堂纪律。泰国学生较为内向，知道中国老师不会泰语后，一般不会跟老师主动交流，师生深厚感情难以建立。二是泰语水平较高的中国老师，在课堂上大量使用泰语教学，课下找泰国学生练习泰语，更想抓住更多机会提高自己泰语水平。因此，我认为来泰国中小学和幼儿园任教的中国老师应该既注重泰语学习，在课堂教学中又要讲究更多运用目的语教学的问题。	在越南学习汉语的群体较集中，主要是大学生。中国来的汉语教师一般教授有一定汉语基础的大三、大四学生，所以无论中国老师懂不懂越南语，问题都不是很大，至少在课堂上是这样。中国老师最大的问题是任期较短，一般仅一年。中国老师刚刚与同事配合默契、与学生相互了解就期满回国了。	中国老师来印尼最大的问题是不太了解印尼文化，跨文化交际能力相对较弱。比如最简单的手抓饭习俗，中国老师较难接受这一文化现象，更不会去深入了解该印尼习俗的来源问题。这不利于中国老师较快适应这里的工作、生活状况。外加印尼反外来工思想较强，多数汉语国际教育硕士不愿长期留任。	中国汉语教师最需要改进的地方是板书不规范、不系统，黑板上的字写得潦草、难认，这是我们本土汉语教师和学生普遍反映出的问题。因为在尼泊尔还没有普及使用PPT，很多中国汉语教师板书训练缺乏，甚至不习惯写板书，所以出现写字潦草、板书较乱的问题。

不同国家国情不同，汉语发展状况不同，对汉语教师的要求和期待不同。面对世界各国对汉语教师的不同需求，较难采用统一培养模式培养出满足世界各国需求的汉语教师，只能将培养工作进一步细化，“定向培养”通过扎实地调研，摸清定向培养国家或地域的政治、经济、文化、汉语发展状况和特点，制定汉语国际教育硕士“定向培养”具体目标，在“定向培养目标”指导下设置课程、设计实习实践活动，进而为就业打下坚实基础。

二、“定向培养模式”特点

（一）培养目标明确

《汉语国际教育硕士专业学位研究生指导性培养方案》（以下简称“指导性培养方案”）学位办[2009]版将汉语国际教育硕士的培养目标设定为“具有熟练的汉语作为第二语言教学技能和良好的文化传播技能、跨文化交际能力，适应汉语国际推广工作，胜任多种教学任务的高层次、应用型、复合型、国际化专门人才。”[①] 该培养目标指明了汉语国际教育硕士培养的方向。各培养单位在《指导性培养方案》提出的“培养目标”的指导下，应该根据自身培养单位人才培养理念、基础条件、师资状况、发展特色等提出更为明确具体的汉语国际教育硕士“培养目标”，因为《指导性培养方案》中并未针对如何培养学生“熟练的汉语作为第二语言教学技能和良好的文化传播技能、跨文化交际能力”，如何培养“高层次、应用型、复合型、国际化专门人才”做出具体说明，而在实际人才培养之前，如何实现这一培养目标，是需要深入调研和规划的。汉语国际教育硕士“定向培养模式”正是在《指导性培养方案》的指导下，充分调研海外汉语教学实际需

① 引自《关于转发全日制硕士专业学位研究生指导性培养方案的通知》附件1，学位办[2009]23号文件。

求，认真分析自身发展条件，设定自身发展特色，最终确定的人才培养模式。采用该模式的汉语国际教育硕士“培养目标”相对明确、具体，主要针对某一个或几个国家培养汉语教师，针对某一种或几种文化进行跨文化交际能力培养。该具体培养目标设定之后，可操作性加强、培养效率提高。

（二）课程设置开放

汉语国际教育硕士“定向培养模式”，在课程设置方面相对开放。一方面，培养单位注重关注学科特点，遵从学科专家对本专业课程标准做出的统一规定，体现出“学科中心论”下的课程统一性和规范性；另一方面，培养单位还注重课程设置的开放性，这种开放不是盲目无限制的开放，而是依据自身定向培养目标和师资情况而开设的校本课程。

相对开放的课程设置，打破以往“放诸四海而皆准”的课程设置状态，提高了教学效率，增强了学生海外竞争力。经调研，云南大学、云南师范大学、云南民族大学主要针对泰国、越南等东南亚国家开发校本课程，新疆大学、新疆师范大学校本课程主要为满足俄语母语学生汉语教学而设计，黑龙江、辽宁等东北省份又在按照韩国、日本等东北亚汉语教师的要求安排校本特色课程，着力培养、打造具有针对性的汉语教学人才。由此可见，课程设置相对灵活、开放是汉语国际教育硕士“定向培养模式”特点之一。

（三）培养方式统一

汉语国际教育硕士培养方式是指汉语国际教育硕士在学期间接受教育和指导以完成学业、获得汉语国际教育专业硕士证书的学习和培养方式。采用汉语国际教育硕士“定向培养模式”的培养单位，从培养时间长短看，主要是脱产培养；从培养单位的方式看，主要是中外联合培养（即本培养单位与定向培养国某一所或几所大学共同培养）；从导师或培养单位的指导方式看，主要是双导师或多导师制；从毕业汉语国际教育硕士生就业去向看，主要是针对性培养。

（四）培养结果高效

汉语国际教育硕士“定向培养模式”培养效果较好，培养效率较高。经调查了解，采用“定向培养模式”的院校，培养效果主要体现在两个方面：一是“显性课程”成效大；二是“隐性课程”效果显著。

显性课程是指学校有目的、有计划传授的知识，是“学生科学文化素质和专业素质的主要教育内容，是学生智能活动的基础，对知识的传授起着主导作用”。[①] 采用汉语国际教育硕士“定向培养模式”的培养单位课程设置方面围绕“定向培养”具体目标，开设了针对性较强的“定向”培养课程，课程教学内容重点突出，与社会实践和社会实际情况紧密结合。部分院校实行“校内外联合培养”，实行中外学分互认制度，汉语国际教育硕士有部分课程在海外（毕业之后实习、就业国家）学习，为其深入了解对象国教育制度、更早适应对象国生活环境提供了帮助，学生毕业时能够拿到国内和国外两所大学的学位，便于在对象国就业。还有个别院校，直接邀请具有多年汉语教学经验的对象国知名汉语教师来校讲授，教学效果较好。

“隐性课程是指在学校、班级的环境里，以无意识的方式对学生的知识、价值、行为规范、情感、态度等发生影响的全部信息的总和及其动态传递模式。”[②] 采用汉语国教育硕士“定向培养

① 杨德广、谢安邦，《高等教育学》，北京：高等教育出版社，2009年6月版，296页。

② 杨德广、谢安邦，《高等教育学》，北京：高等教育出版社，2009年6月版，296页。

模式”的院校，师资多数已具有对象国汉语教学经验，不仅对定向培养国家和地区经济、文化、教育、汉语教学等各方面较为了解，而且还对对象国和对象国人民具有一定感情。这些教师在给汉语国际教育硕士上课过程中，能够自然的流露出对对象国文化的尊重，这些感情和思想潜移默化影响即将去对象国实习和教学的汉语国际教育硕士生。由此可见，汉语国际教育硕士生在隐性课程中获得的各种经验与显性课程相结合构成了整体经验。“定向培养模式”下培养出的学生，通过显性、隐性两种课程的学习后，在国内接受有针对性的教学训练后，被派往对象国实习和教学时，适应能力强、语言和文化教学对比准确、教学方法得当，更能满足对象国对于汉语教师的要求。

三、“定向培养模式”分类

经过调研，我国汉语国际教育硕士“定向培养”大致可分为两类：一是国别定向培养；二是区域定向培养。

国别定向培养主要指汉语国际教育硕士培养目标较为明确，专为某国汉语学习者培养的汉语教师，如专为泰国或专为美国汉语学习者培养的汉语教师。当前，“国别定向培养”在国内是汉语国际教育硕士人才培养的新颖模式，对培养院校各方面条件要求较高，尝试采用“国别定向培养”院校数量相对较少，但培养效果较好。

区域定向培养是指汉语国际教育硕士培养目标相对明确，专为两个或多个国家汉语学习者培养汉语教师，该两个或多个国家一般为邻国或地理位置较为接近的国家，如专为东南亚各个国家培养汉语教师。

第二节 国别定向培养模式案例分析

汉语国际教育硕士“国别定向培养模式”是指汉语国际教育硕士培养目标较为明确，专为某国汉语学习者培养的汉语教师，如专为泰国或专为美国汉语学习者培养的汉语教师。经笔者调查，国内某重点大学（下文简称“A大学”）尝试汉语国际教育硕士“国别定向培养模式”并取得了一定成绩。关于该校“国别定向培养模式”的培养理据，该校国际教育学院汉语国际教育硕士生导师在接受笔者访谈时回答：

不同国家有不同的语言和文化，即便在某两个或某几个国家之间有通用语或共同母语，甚至有大体相近或相同的文化传统，但实际上，这些国家之间在社会生活和文化习俗方面仍会存在程度不同的差异。与此相反，同一个国家的汉语学习者大多具有共同的母语，共同的国情、历史、生活习俗和文化传统，具有相同或相近的教育体制等等。专门为某个国家培养汉语教师利于更好照顾到以上谈到的方方面面问题，可以有针对性的进行语言、文化对比教学和研究，利于高效培养出“超本土汉语教师”①。我们在汉语国际教育硕士“国别培养”方面做出了尝试，并取得了较为满意的成绩。

① “超本土汉语教师”概念由中央民族大学国际教育学院吴应辉教授首次提出，吴应辉在《第十二届国际汉语教学研讨会》中作了主题为《论国际汉语师资需求的动态发展性与层次递进性——兼谈“超本土”汉语教师对国际汉语师资培养目标的新超越》的大会报告，在报告中吴应辉将“超本土汉语教师”界定为：同时具有本土教师和母语教师优势，但又克服了二者各自劣势的汉语教师。即同时具有汉语母语者和本土汉语教师所具备的语言文化优势，基本消除了在任教国的跨文化交流障碍，是“本土化”了的“输入型”汉语母语教师（母语为华语的本土华人教师也可归入此类）。

在调查中发现A大学汉语国际教育硕士“国别定向培养”意识贯穿于培养模式各个构成要素之中，具有较强的系统性和科学性。关于A大学汉语国际教育硕士“国别培养模式”的具体情况，现介绍如下。

一、基本情况

A大学某学院于2009年设立汉语国际教育硕士专业学位点，2010年起正式招收汉语国际教育硕士生。截止2015年春，已毕业四届汉语国际教育硕士生，共计144人，目前在读的汉语国际教育硕士生为141人。学院师资状况如下：任课教师28人，其中国内教师24人，国外教师4人。国内教师中有一年及以上国外工作经历比例为17%，有中文学科背景教师比例为79%，有教育学学科背景教师比例为21%；学院汉语国际教育硕士生导师21人，其中教授4人，副教授11人，具有博士学位者17人，具有硕士学位者4人。学院硬件设施如下：学院有专属资料室1间，多媒体及网络教室20间，微格教室2间，办公场所5间，管理人员10名，海外实习基地19个。

二、“国别定向培养模式”介绍

经调查，笔者了解A大学汉语国际教育专业“国别定向培养模式”是在“社会需求决定论”思想指导下形成的，主要针对美国培养国际汉语教师。美国汉语教学环境与东南亚汉语教学环境区别较大，最主要的区别是对汉语教师的需求不再是量的需求，而是质的提高。美国教育理念、美国学校管理制度、美国学生学习特点、美国汉语教师教学方法等方方面面的问题与亚洲国家区别较大，很难用统一规格培养出适合美国学生的汉语教师。面对现状，A大学经过多次赴美考察和调研，最终制定对美培养汉语国际教师的培养计划，经学院学术委员会多次论证后通过，开始实施。培养模式的具体构成要素如下。

（一）确立“国别定向培养”目标

学位办下发的《指导性培养方案》(2009版)“培养目标”中对汉语国际教育硕士生外语水平提出的要求是“能流利地使用一种外语进行教学和交流，具有跨文化交际能力”。[①] A大学汉语国际教育专业汉语国际教育硕士培养目标中则将外语能力要求描述得较为具体、明确，表述为“能流利地使用英语进行教学和交流，具有跨文化交际能力”，详见表2-2。A大学汉语国际教育专业“国别定向培养模式”在“培养目标”构成要素中已有体现，既然是针对美国的国别培养，对汉语国际教育硕士生英语要求较高。在对A大学汉语国际教育硕士生访谈中了解，报考A大学汉语国际教育硕士专业的学生大多已参加过托福或雅思考试，托福成绩在80分以上者占一定比例，个别考生在入学之前已取得托福成绩100分以上的好成绩。在读期间，学院对学生外语水平要求同样高于其他同等院校，部分专业课程全英文授课。

① 国务院学位委员会办公室:《关于转发全日制硕士专业学位研究生指导性培养方案的通知》，学位办〔2009〕23号。

表 2-2："培养目标"对照表

A大学《汉语国际教育硕士专业学位研究生培养方案》"培养目标"	《指导性培养方案》(2009版)"培养目标"
主要培养具有较高的汉语和英语水平，具有扎实的专业基础和良好的理论素养，具有熟练的汉语作为第二语言教学技能和良好的文化传播技能与跨文化交际技能，适应国际汉语教学工作，胜任多种汉语教学任务的高层次、应用型、复合型、国际化专门人才。具体要求为： (一)掌握马克思主义基本理论，具备良好的专业素质和职业道德。 (二)热爱汉语国际教育事业，具有奉献精神和开拓意识。 (三)汉语作为第二语言教学技能，能熟练运用现代教育技术和科技手段进行教学。(四)具有较高的中华文化素养和传播能力。 (五)能流利地使英语进行教学和交流，具有跨文化交际能力。(六)具有语言文化国际推广项目的管理、组织与协调能力。	汉语国际教育硕士专业学位是与国际汉语教师职业相衔接的专业学位。主要培养具有熟练的汉语作为第二语言教学技能和良好的文化传播技能、跨文化交际能力，适应汉语国际推广工作，胜任多种教学任务的高层次、应用型、复合型、国际化专门人才。具体要求为： (一)掌握马克思主义基本理论，具备良好的专业素质和职业道德。 (二)热爱汉语国际教育事业，具有奉献精神和开拓意识。 (三)汉语作为第二语言教学技能，能熟练运用现代教育技术和科技手段进行教学。(四)具有较高的中华文化素养和传播能力。 (五)能流利地使用一种外语进行教学和交流，具有跨文化交际能力。(六)具有语言文化国际推广项目的管理、组织与协调能力。

(二)开设"国别定向培养"课程

A大学汉语国际教育专业"国别定向培养模式"在课程设置中特色鲜明，"定向培养意识"在以下三方面均有体现：一是课程学习时间改革；二是研究生英语课和政治课改革；三是专业课改革。

汉语国际教育硕士一般培养年限为2—3年，A大学汉语国际教育专业硕士培养时间为1+2+X，"1"是指一学年在校学习，"2"指利用暑假时间开设两个暑期小学期，即正式入学前暑期和第一学年后暑期，“X”指至少一学期的海外学习或实习，即从第二年开始，学生可申请赴海外学习，套读美国高校硕士学位、申请教师资格证，进行海外实习（含汉语教师志愿者项目）。课程时间改革之后，该学院利用第一个小学期时间，聘请在国外工作多年的汉语教学专家对学生进行约两个月的全英专业课程教学，让学生从入学即沉浸在全英语境中学习美国教学模式和教学方法，熟悉相关专业术语的英语表达，为第二学年赴美国学习和实习奠定基础。A大学汉语国际教育专业2012届毕业生在接受访谈时谈到：

我们2011年7月就开学了，当时跟我同时考上研究生的其它院校同学还在家里享受成功的喜悦之情，我们学院就正式开课了。感觉6月15号刚刚拿到本科毕业证，只休息了两个星期时间，马上就进入硕士阶段学习。通过小学期课程的学习，我们了解了专业知识和技能，提高了英语听说读写能力，最重要的是开拓了视野且树立了赴美从事汉语教学的志向。

在“国别定向培养”意识指导下，A大学汉语国际教育专业大胆尝试“研究生英语”和“研究生政治”两门公共必修课程改革。A大学汉语国际教育专业将“研究生英语”开设为《第一外国语》，该门课以若干专题形式呈现，这些专题包括“英汉对比”、“美国外语教学标准、原则、应用”、“托福考试指导”等，内容实用、新颖，较受学生欢迎。研究生政治课程名称是《中国特色社会主义理论与实践研究》，该门课授课形式同样是讲座形式，课程内容丰富，不仅有中国政治体制、经济发展状况、邓小平理论、三个代表思想及科学发展观概述、中国文化体制改革政策等传统内容，还开设了诸如西藏问题的过去与现状、新疆问题的过去与现状、中国的计划生育政策和实施、中国外交政策、中国生态问题等新颖内容。政治课程内容调整和创新的原因是美国学生对上述问题较感兴趣，汉语国际教育硕士通过学习相关内容，未来能够以更科学、合理和得体的方式向美国学生介绍当代中国。

此外，部分专业课也依据教指委《指导性培养方案》进行了改革和创新，充分体现出"国别定向培养"特色。《指导性培养方案》中建议开设学位核心课《跨文化交际》，学分2学分。A大学汉语国际教育硕士专业依据《指导性培养方案》的指导，同时考虑自身"对美定向培养"特色，将《指导性培养方案》中建议开设的《跨文化交际》课程具体开设为《中美跨文化交际》，学分2学分。该门课通过跨文化交际理论的讲解有针对性的教授给学生未来在美国工作、生活如何面对和解决跨文化交际障碍问题。再有，《指导性培养方案》拓展课汉语教学类，建议开设《汉外语言对比与偏误分析》，学分2学分，A大学汉语国际教育硕士专业根据自身"国别定向培养"目标，具体将该门课命名为《汉英对比与偏误分析》，该门课有针对性探讨汉语与英语在语音、词汇、语法方面的差异以及美国学生学习汉语偏误产生的原因、特点等。再有，拓展教育与教学管理类，该大学汉语国际教育专业开设了《美国教育概况》课程，更是"对美定向培养"在课程设置中的最佳体现。经调研了解，该门课详细介绍了美国教育理念、美国教学管理情况、美国教育中师生关系、美国教师任职资格要求、美国教师基本素质、美国汉语教学情况等内容。

经调查，A大学汉语国际教育硕士专业70%左右学生有对美从事汉语教学的实习机会，该实习机会分为两类：一类是在中国国内参与哥伦比亚大学、密西西比大学、美国各大学联合会中国汉语学校、华语之桥等多个汉语项目的教学，接受目前北美最为流行的汉语教学模式训练；二是赴美国从事海外实习。总之，实习对象国同样是以美国为主，可见，其"美国定向培养"定位也落实在了实践实习环节之中。

（三）教学方式、培养方式注重“国别定向培养”

该大学将“案例”教学方式成功引入了各门课程。汉语国际教育硕士专业依据《指导性培养方案》要求，运用团队学习、案例分析、现场研究、模拟训练等方法，力争研究生在课程学习期间接触100个以上不同类型的案例，同时要求研究生自己撰写案例，建立了学院的国际汉语教学案例库。A大学汉语国际教育硕士主要采取中国美国联合培养方式，聘请美国汉语教学专家来学校授课、讲座，学生赴美实习期间，聘请美国汉语教学专家在美指导。

A大学汉语国际教育专业与美国的布兰戴斯大学、南佛罗里达大学、西东大学、波特兰州立大学、罗德岛大学、马里兰大学、西肯塔基大学、乔治华盛顿大学等院校，联合培养汉语国际教育专业硕士。A大学汉语国际教育专业在核心课程的设置与教学内容等方面与美国高校接轨，美国高校承认该大学部分学分，学生可以利用第二年赴美学习学位课程和教师资格证课程，毕业后可同时获得A 大学和美国某高校的硕士学位，并可考取美国某州的教师资格证，为学生在美国从事汉语教学职业铺平道路。

（四）外聘美国汉语教学专家充盈师资

经调研，笔者了解到A大学汉语国际教育硕士专业师资状况如下：该专业硕士研究生导师21人，其中教授4人，副教授11人；具有博士学位者17人，具有硕士学位者4人。2012年至2014年三年期间，专任教师主持国家社科、教育部社科等科研项目21项，参加“国家汉办”、“世界汉语教学学会”、“北京市高等学校师资培训中心”等单位组织的培训九次，累计培训天数273天。近三年专任教师获奖七项。此外，A大学汉语国际教育专业还聘请美国汉语教学专家、学者来校讲课或讲座，近三年，曾聘请美国教授43人举办了74场讲座。由此可见，A大学汉语国际教育专业师资队伍梯队合理，总体水平较高，教学、科研成果丰富。此外，该专业外聘教师人数较多、授课课时数和讲座场次较多，实现了“中美联合培养”培养方式的创新。

管理保障方面，A大学汉语国际教育硕士专业施行校级、院级、专业三级管理，奖惩机制科学、合理，内部质量保障机制健全，为汉语国际教育硕士人才培养提供了制度保障。

（五）论文写作、就业国别针对性强

该校2012年至2014年汉语国际教育硕士专业已毕业学生论文144篇，其中调查报告57篇，专题研究77篇，教学设计10篇。根据毕业论文题目及内容详细统计出了与美国教学、美国学生习得、英汉语言对比有关的调研报告、专题研究、教学设计共计88篇。由此可见，A大学62%汉语国际教育硕士生毕业论文选题与“美国汉语教学”相关，可见，“对美定向培养”意识在学生论文写作要素中也有所体现。

关于学生就业状况，经笔者调查了解和统计，2012年至2014年汉语国际教育硕士已毕业144人，从事国际汉语教学相关工作学生84人，行业相关率高达58%。A大学国际教育学院院长介绍：

我院汉语国际教育硕士外向型培养模式的特色及效果逐渐显现出来，每一级汉教硕士中都有一定数量的学生赴美国套读第二学位、担任汉语教师志愿者或在美国学校实习。从2012年开始，陆续有在美国套读第二学位的汉语国际教育硕士生毕业后在美国中小学找到正式工作，实现了在美国就业。2015年，我们大学汉语国际教育硕士在美国各类院校就业、套读第二学位、担任汉语教师志愿者、实习、攻读博士学位的学生总数共计63人，面向美国培养特色日趋鲜明。

由此可见，A大学汉语国际教育硕士“国别定向培养”意识贯穿于培养模式各个构成要素之中，具有较强的系统性、科学性。

第三节 区域定向培养模式案例分析

汉语国际教育硕士“区域定向培养”是指汉语国际教育硕士培养目标较为明确，专为两个或多个处于同一区域的国家汉语学习者培养汉语教师，如专为东北亚或专为东南亚各国培养汉语教师。经笔者调查，国内某重点大学（下文简称“B大学”）尝试汉语国际教育硕士“区域定向培养模式”。关于该校“区域定向培养模式”的培养理据，该校汉语国际教育硕士生导师在接受笔者访谈时回答：

我校汉语国际教育专业硕士开办之初，学院诸位院领导通过深入调研，充分论证，提出了面向东北亚培养汉语国际教师的发展目标。我校与东北亚诸国地理距离近，人员往来便利，历史交往密切，文化接触程度高，我校汉语国际教育专业充分利用了这些优势，践行着“区域定向培养”的目标。于是，我院将韩国、朝鲜、日本、蒙古等国作为汉语国际教育和推广的特定对象国。我院主要针对这几个国家汉语学习者培养汉语教师。

调查中发现B大学汉语国际教育硕士“区域定向培养”意识贯穿于培养模式各个构成要素之中，具有较强的系统性和科学性。关于B校汉语国际教育硕士“区域定向培养模式”的具体情况，现介绍如下。

一、基本情况

B大学某学院于2009年设立汉语国际教育硕士专业学位点，2010年起正式招生。2010年—2014年五年共计招生209人，已毕业学生人数为108人。学院师资状况如下：任课教师40人，其中国内教师22人，国外教师18人。国内教师中有一年及以上国外工作经历比例为88%，有中文学科背景教师比例为76%，有教育学学科背景教师比例为8%。学院汉语国际教育硕士生导师有22人，其中教授2人，副教授15人，具有博士学位者4人，具有硕士学位者18人。专职教师中精通俄语者2人，精通日语者2人，精通韩语者2人，精通英语者3人。学院硬件设施如下：学院有专属资料室2间，多媒体及网络教室43间，办公场所1间，管理人员2名，海外实习基地10个。

二、"区域定向培养模式"介绍

B大学某学院汉语国际教育硕士培养之所以采取"区域定向培养模式"，主要原因如下：一是地理优势。东北亚，按照地理概念加以界定是指俄罗斯联邦的东部地区（萨哈林岛等地）、中华人民共和国的东北和华北地区、日本国、大韩民国、朝鲜民主主义人民共和国、蒙古国。B大学地处我国东北地区，与东北亚其余诸国位置较近，利于进行汉语需求调研，利于了解汉语学习者的学习特点和要求。二是区域一体化发展的需要。东北亚地区由于历史原因和现代政治原因，区域组织化程度尚待加强，但超越意识形态和政治局限的日益活跃的经济关系早已显示出区域一体化的发展方向。加强区域合作，促进共同发展，构建和谐东北亚已成为东北亚人民的共同目标。汉语成为东北亚人民较受欢迎的外语之一。B大学某学院正是在这样的时代背景下提出为东北亚诸国汉语学习者培养汉语教师的目标。

（一）确立“区域定向培养”目标

B大学某学院汉语国际教育硕士培养目标在教指委《指导性培养方案》指导下，提出了更为具体的培养目标，即主要为东北亚诸国汉语学习者培养汉语教师，实现汉语国际教育硕士的“区域定向培养”。在谈到发展特色时，B大学某学院院长介绍：

与针对东北亚五国培养MTCSOL专业人才相一致，我校明确要求学生除第一外语外，还要选择韩语、俄语、日语、蒙语之一作为第二外语进行修读，原则上要求每个学生必选一种，多选不限。第一学期结束时进行考核，要求具备较为流畅的口语表达能力和基本的口头翻译能力，合格者可获得两个学分。而且，我校还充分发挥综合性大学外语师资力量雄厚的优势，全力打造优越的教学和学习环境，MTCSOL与来自74个国家的留学生同楼上课，互动频繁，小语种能力培养成效较好。

由此可见，B大学某学院办学小语种特色鲜明。语言是文化的载体，语言本身也是一种文化。汉语国际教育硕士生只有了解对象国的语言，才能在跨文化理论指导下实现跨文化能力的真正提高，否则仅是纸上谈兵。此外，只有学习且学好对象国语言，汉语教师在国际汉语教学的课堂上才能运用语言对比、文化对比教学技巧，提高教学效率，激发学生学习兴趣。

（二）设置“区域定向培养”特色课程

在课程设置方面，B大学某学院为突出与蒙古、朝鲜、韩国、日本等周边国家的近缘优势，开设了面向东北亚地区的有针对性的特色课程，分别是《东北亚国别史》《文化体验》《汉语教学案例分析》《汉外语言对比及偏误分析》《跨文化交际》等。通过对以上课程《教学大纲》的认真研读和对B大学某学院汉语国际教育硕士生的深度访谈，了解以上课程的设置，集中体现出“区域定向培养”的基本特征，课程内容针对性强。现将其中一门特色课程详加介绍。

表 2–3：B 大学汉语国际教育硕士专业《东北亚国别史》课程简介

课程名称	东北亚国别史
课程学分	2
教学目标	通过本课程学习，掌握东北亚各国发展历史、文化根源，为汉语国际教育硕士赴对象国从事汉语教学提供理论基础。
重点和难点	掌握东北亚各国历史发展脉络
教学对象	汉语国际教育硕士
教学方式	教师讲解、案例分析、小组研讨
教学时数	18学时
第一章	学习东北亚地区区域特征以及东北亚各国间关系。
第二章	学习日本历史、近况，了解日本文化及中日关系。
第三章	了解韩国历史及其发展现状，学习韩国文化以及中韩关系下的汉语学习情况。
第四章	了解朝鲜历史以及中朝关系，学习朝鲜政局的变革趋势，掌握朝鲜经典的艺术文化。
第五章	学习俄罗斯概况及文化特色，掌握中俄关系，了解远东地区汉语学习情况。
第六章	学习蒙古国概况及文化特征，掌握中蒙关系，了解蒙古汉语学习情况。

管中窥豹、略见一斑，与《东北亚国别史》课程相似,《文化体验》课程侧重讲授东北亚诸国文化特征。《汉语教学案例分析》大多数案例选自针对韩国、日本、蒙古、朝鲜等国进行汉语教学时出现的问题及解决对策。《国别汉语教学调查分析》也有重点章节详细介绍了蒙古、朝鲜、日本、韩国汉语教学发展的历史

及现状。《汉外语言对比及偏误分析》更多将中文与日文、中文与俄文、中文与蒙文、中文与韩文进行语音、词汇、语法对比并释例，针对性较强。《跨文化交际》课程同样在讲授跨文化交际理论的同时，通过大量中日、中俄、中韩、中蒙、中朝跨文化交际案例来提出问题、分析问题并最终解决问题。由此可见，B大学某学院“区域定向培养模式”在课程设置中特色鲜明。

（三）教学方式、培养方法注重“区域定向培养”

B大学某学院“区域定向培养模式”在教学方式方面，通过大量案例教学和高密度专业技能训练，提升学生综合素质和专业能力。B大学某学院汉语国际教育硕士生导师接受笔者访谈时介绍：

我院十分注重案例教学这种教学方式，除专门设有案例分析课之外，其余课程我们都融入案例教学方式，而且案例类型多样，有各种经典案例和原创案例。我校还组织有海外教学经历的教师和海外专家学者给学生以案例的形式做相关报告。教师在教学中能够仅仅围绕教学目的选取恰当案例，选取的案例具有广泛性、规范性、典型性等特征。在已有案例中，多数是关于对日、对韩、对蒙、对朝汉语教学中遇到的经典案例。

关于培养方式，B大学某学院主要采取师生互选方式确定导师，指导教师参与研究生培养全过程，帮助学生制定学习计划，指导学生选择研究方向。同时，导师指导与集体培养相结合，指导教师与国内外专家（主要以兼职形式参与汉语国际教育硕士指导）联合培养，国内外专家通过担任部分课程、开设专题讲座等方式参与汉语国际教育硕士的指导。国外兼职导师多数由“区域定向培养”对象国的汉语教学专家组成。

由此可见，“区域定向培养模式”在教学方式和培养方式中有所体现。

（四）汉硕导师具有“东北亚”教学或学习经历

据笔者调查了解，B大学某学院88%的专职教师具有一年及以上在日本、蒙古、韩国、朝鲜等国从事汉语教学的经历，对日、蒙、韩、朝等国汉语教学经验丰富。此外，该学院有九名较为娴熟掌握外语的教师：两名教师擅长日语、两名教师擅长韩语，三名教师擅长英语，两名教师擅长俄语。B大学某学院外聘18位国外汉语教学专家，国外外聘专家主要来自日本、韩国和俄罗斯。自2010年以来，外聘教师先后举办专题讲座32场，内容涵盖语言学、语言教学、文化学、跨文化交际和教育学等不同学科，讲课时间总计120学时。由此可见，B大学某学院师资储备与素质为该学院开展汉语国际教育硕士“区域定向培养模式”提供了必要条件。

（五）在东北亚国家建立海外实习基地

B大学某学院十分重视学生实习、实践能力的培养，在海内外建有多家实习基地。B大学分别与俄罗斯伊尔库茨克国力大学、立陶宛维尔纽斯大学、塞内加尔的达喀尔大学合作建立了三所孔子学院，此三所孔子学院也是B大学的海外实习基地。同时，B大学在韩国建有四个海外实习基地，分别是韩国光州中国语学校、首尔中国语学校、韩国富川大荣汉语学院、韩国首尔汉荣（外国语高中）。除上述海外实习基地之外，B大学还与国内校外多家教育机构签订协议成立国内校外实习基地，建立了战略合作伙伴关系，国内校外实习基地有沈阳朝鲜族第一中学、沈阳韩国国际学校等学校。总之，B大学多数海外实习基地建立在东北亚，大部分国内校外实习基地与东北亚国家汉语人才培养有关。由此可见，B大学实习基地的建设，同样是在针对东北亚“区域定向”培养培养目标指导下建设和运行，人才培养具有较强的科学性和系统性。

（六）论文写作多与“东北亚”汉语教学有关

笔者通过调研了解到B大学某学院2010级——2012级共有108名中国学生毕业，学生毕业论文主要是在调查分析的基础上对汉语国际教育各领域相关问题进行的研究。既有关于中外语言对比、教学法、汉语习得、教材、测试等方面具体问题的研究，也有针对韩国、日本、俄罗斯、立陶宛、越南、朝鲜等国家或地区汉语国别化教学情况的调查分析。其中，中外语言对比研究、汉语习得研究较多是关于汉语与东北亚诸国语言对比研究和东北亚各国汉语学习者汉语习得研究。现将B大学汉语国际教育硕士毕业论文部分选题列表如下。

表 2-4：B 大学汉语国际教育硕士专业部分论文选题列表

序号	姓名	论文题目
1	刘璐	谈韩国高中教材“把”字句的编排问题
2	郭娜	初级阶段韩国学生语气词“吧”、“呢”教学设计
3	郭倩	俄罗斯留学生的汉语语用失误研究
4	刘元佳	基于TPR理论的对外汉语听说训练设计
5	刘平	韩国学生初级汉语语法的交际化教学设计 ——以结果补语教学为例
6	邱晨	对俄汉语教材研究
7	杜晓媛	中级阶段韩国学生汉字教学设计
8	李薇	如何回应韩国学生提出的有关东北亚历史的敏感问题 ——从汉四郡到高句丽的历史释疑
9	郑晓静	汉语课堂教学的朗读停顿训练 ——以韩国中学汉语教学为例
10	刘晓丽	韩语汉字词与汉语词语的对比研究及在教学中的应用
11	吴忌	基于对比分析理论的对日汉语敬语教学研究

续表

序号	姓名	论文题目
12	王俏妮	韩国高中汉语课堂中的游戏教学研究
13	白杉	浅析对俄罗斯学生汉语声调教学
14	黄璐璐	韩国高中中韩汉语教师协同教学模式研究 —— 以京畿道地区为例
15	崔阳	支架理论在对外汉语中级口语教学中的应用
16	周欣悦	基于任务型教学法的韩国高中汉语课堂教学设计
17	张颖	中高级阶段日本留学生离合词教学研究
18	林墨	韩国初中汉语语音教学分析及课堂活动设计 —— 以清州女子初中为例
19	吕琳琳	俄罗斯留学生习得“了”的偏误分析与教学启示
20	董楠楠	初级阶段日本留学生汉语语音偏误现象分析
21	贾霄霄	“体演文化”教学法在对外汉语口语教学中的应用
22	王娜	韩国轮流主导式汉语课堂教学案例分析 —— 以釜山南川中学为例
23	赵涵元	TPR 教学法在韩国小学汉语教学中的应用
24	宇晴	韩国语汉字音与汉语声韵对应研究 —— 兼论其对韩汉语教学便利性
25	于蓝雪	汉语中级口语教材课文的语境适切性问题审视
26	李欣雨	移情理论应用于对外汉语一对一教学的探索与实践
27	韩丹	基于“竞争模式”的英、韩母语者“把”字句和被动句习得偏误分析
28	张红	韩国中学生能愿动词“能”的任务型教学设计 —— 以韩国光州第五中学为例

续表

序号	姓名	论文题目
29	陈辰	面向零基础韩国小学生的汉语教学策略研究 ——以仁川化田初等学校为例
30	李倩	基于视听法的韩国高中汉语电影赏析课的教学设计 ——以《长江七号》为例
31	肖云生	建构主义学习理论应用于留学生口语学习主动性培养研究
32	王辰晨	日本留学生汉语心理词典构建与词汇教学研究
33	王雅	韩国汉语学习者熟语的语用失误分析及教学对策
34	陈诗文	俄罗斯留学生汉语语音习得的偏误分析与对策
35	冯越鹏	汉韩语音对比及韩国留学生汉语语音习得的偏误分析

从《B大学汉语国际教育硕士专业部分论文选题列表》可以看出，B大学汉语国际教育硕士生论文写作同样注重“区域定向”研究。论文写作是B大学“区域定向培养”成果之一。

综上所述，B大学汉语国际教育硕士专业“区域定向培养模式”将“区域定向培养意识”贯穿于人才培养模式各组成要素之中，特色鲜明，值得推广和借鉴。

第四节　定向培养模式所属类别实施条件探讨

一、“国别定向”与“区域定向”培养模式实施条件

（一）“国别定向”培养模式实施条件

经过对汉语国际教育硕士国别定向培养模式的调查和研究，

国别定向培养对象一般具有以下特征：

1.对象国汉语学习者人数众多

国别定向培养对象国汉语学习者数量一般较多，相应地，对于汉语教师需求量较大。国别定向培养对象国对于中文教师的需求形式丰富、层次多样。所谓形式丰富是指既有主流教育体系对于汉语教师的需求，又有民间教育机构对于汉语教师的需求；所谓层次多样，是指既有幼儿园、中小学又有大学甚至研究生、博士生对于汉语教师的需求，比如泰国、韩国、日本等，均属于汉语学习者人数较多的国家，这些国家较为适合成为国内院校国别培养对象。

2.对象国汉语教学发展成熟

国别定向培养对象国汉语教学事业一般能够得到当地政府的支持，受到当地民众的欢迎，近十年发展较快。对汉语教师的需求不仅表现在“量”的需求，更有“质”的要求。具体“质”的要求表现，泰国宣素南塔皇家大学语言学院汉语主任王妙运在访谈中提出：

随着泰国本土教师的增多和中国政府外派教师、志愿者的增多，目前泰国对于中文教师的要求不再是十年前的量的要求，更急需能够在泰国长期从教的高水平中文教师。目前的中文教师，主要指汉语国际教育硕士，工作热情高、才艺水平高、汉语本体运用和研究水平较高，这是优点。但是不足之处依然存在，比如泰语水平一般或者较差，难以与学生、家长进行深入沟通，难以与同事深入研讨问题；泰国文化了解不多，对泰国学生学习特点研究不够，完全照搬在中国教学和班级管理方法，出现了师生代沟较大问题；任教时间较短，频繁更换中文外教，不利于学校管理。

由此可见，国别定向培养对象国对于汉语教师要求已经不再是科班出身、学历较高的要求，而是语言、文化、能力甚至任教时间等诸多方面更专业、更深入、更有针对性的要求，这些要求正是汉语国际教育硕士国别定向培养优化方向。

3. 对象国经济发展水平较高

国别定向培养对象国一般经济发展水平较高。因为采用国别定向培养模式的培养单位培养目标是将汉语国际教育硕士培养成能够满足某个国家汉语师资特定需求的汉语教师，不仅要求汉语国际教育硕士生在对象国实习，而且希望汉语国际教育硕士生毕业之后能够长期甚至终身留任对象国从事汉语教学工作和中华文化传播工作。因此，在选取定向培养对象国时也要考虑汉语国际教育硕士生本身的思想状况，如若选取条件过于艰苦国家作为对象国，可能汉语国际教育硕士招生时会出现生源不足问题，而诸如美国、德国等发达国家，对于汉语国际教育硕士生而言，吸引力会更大。因此，对象国经济发展水平也是运用“国别定向培养模式”时需要考虑的条件之一。

（二）“区域定向”培养模式实施条件

1. 区域内各国汉语需求量有限，需实现资源整合

一般情况下，区域内诸国汉语学习者数量有限，不足以被培养单位选定为汉语国际教育硕士国别培养对象。但是区域内诸国如若实现资源整合，其汉语学习者数量便会大幅增加，对于汉语教师需求的数量也会相应增加。汉语国际教育硕士培养单位往往选取距离本校所在地区较为接近的区域，将区域内两个或两个以上国家作为汉语国际教育硕士培养对象国，形成汉语国际教育硕士“区域定向培养模式”。

2. 区域内各国家和地区经济、文化交融度高

区域培养对象国之间不仅地缘关系密切，经济、文化交融程度也一般较高。区域内各个国家尽管有不同的语言和文化，但由

于地理位置接近、自然环境相似和彼此往来密切，人们的饮食、习俗、文化相似之处相对较多。而这些相似之处正是汉语国际教育硕士培养单位采用“区域定向培养”的原因和理据，同时，也是选取对象国时需要考虑的重要因素。

二、“国别定向”与“区域定向”培养模式实施要求

两类定向培养模式对象国特征各自有别，但两类定向培养模式实施要求相同，主要表现在以下几个方面：

（一）顶层设计，赢得政府、校方支持

定向培养模式选取之前，首先需要弄清汉语国际传播顶层设计，遵循顶层设计优先选择。“顶层设计是指在国家层面上与本国语言的输出传播和别国语言的输入传播相关的政策措施、体制机制、战略规划、财政安排、项目策划、传播渠道、标准制定、资源建设等进行决策和规定。语言国际传播中的顶层设计具有明确政策、规范标准、编制预算、组织实施、检查监督、褒贬惩罚等功能，对语言国际传播具有决定性作用。”[①] 因此，汉语国际教育硕士培养模式选取之前，首先了解和研究清楚目前汉语国际传播顶层设计情况。

（二）调研充分，深谙对象国汉语需求

在选取汉语国际教育硕士培养模式之前，首先应该根据自身优势选取汉语国际教育硕士培养准对象国。选取之后，需要对准对象国充分调研，摸清准对象国汉语需求。这里谈的汉语需求既

---

① 吴应辉，《汉语国际传播研究理论与方法》，北京：中央民族大学出版社，2013年版，38页。

指宏观层面的“输入需求”、“输出需求”,[①] 也指中观层面的政治、经济、文化制度，还指微观层面的教育政策、汉语教学整体状况、汉语教学特点、汉语学习者学习特点、对中国汉语教师的具体要求等。“需求是语言传播中的关键因素，没有需求的传播是徒劳无效的。在语言国际传播中要以需求为导向，不能无视需求强加于人，有关需求的调研研究十分必要。”[②] 详细了解准对象国对汉语教师的具体需求之后，充分研讨、反复论证，满足准对象国汉语师资需求培养的困难是什么、如何解决。最后，进行汉语国际教育硕士人才培养整体设计，选取最优化方案，确定汉语国际教育硕士具体培养目标。

（三）师资保障

使教育目标转化为现实的人是教师，教师是教育发展中最为重要的因素。1963年，G.Bereday在教育年鉴序言中写道：教育系统之优劣，主要依赖于在这个系统中服务的教师。没有良好的师资保障，再完美的人才培养模式也仅是空中楼阁，不能真正实施。汉语国际教育硕士定向培养模式的实施，对汉语国际教育师资提出了较高要求，要求师资队伍中不仅有擅长语言本体教学、中华文化教学的教师，还要有懂得对象国语言、文化的教师，即便是教学法、二语习得等课程的教师，也要求一定程度了解对象国语言、文化、对象国学生学习汉语特点和难点，在课堂中将理论与有针对性的案例结合教学。通过调研，调研发现采用定向培养模式的院校一般均具有较为多元和充足的师资储备，部分院校

① 输入需求，输出需求：该概念由吴应辉教授首次提出。吴应辉教授在《汉语国际传播研究理论与方法》一书中将“输入需求”界定为：语言输入方具有学习使用一门语言的需求即输入需求；“输出需求”是指：在输入需求不明显或没有输入需求的情况下，由语言输出方主动输出语言的需求是输出需求。

② 吴应辉,《汉语国际传播研究理论与方法》，北京：中央民族大学出版社，2013年版，33页。

还以外聘对象国汉语教学专家形式充实教师队伍。

（四）学生、家长支持

定向培养模式在选取对象国之前，也要对学生和学生家长进行调研，摸清学生和家长的心理期待。一般发达国家和发展中国家问题较小，学生家长同意孩子毕业之后去相应国家长期或永久工作，但经济欠发达地区，生活环境相对艰苦，较难得到学生和家长的支持。基于以上情况，培养单位在选取定向培养对象国时需要全面、充分调研。

第五节 本章小结

汉语国际教育硕士专业开设十二年来，各培养单位在人才培养方均做出了积极贡献。但较之传统专业，汉语国际教育硕士专业仍需清醒认识不足之处，积极改进优化。通过对我国汉语国际教育硕士培养模式优化状况的考察，可以做出以下概略性评价：

第一，从汉语国际教育硕士培养模式优化来看，部分高校开始探索汉语国际教育硕士培养模式优化方式、方法，在实践过程中亦初步取得了一些较有价值的经验，但尚未取得整体性突破，许多探索依然处于尝试性阶段，并未在汉语国际教育硕士培养实践中大面积推广。

第二，从培养环节来看，汉语国际教育硕士培养的“定向模式”和“非定向模式”，除个别院校外，大多数院校的优势尚仅仅体现于培养目标、课程设置等部分培养环节，尚未贯穿于整个培养过程。这种局部性的探索实践对于汉语国际教育硕士培养而言，虽然可以取得一定的积极成效，但往往难以充分发挥“特色模式”的培养价值要素、培养内容要素、培养行为要素与培养实施要素、培养结果要素之间的协同效应，也难以使“特色模式”优化的整体功效最大化。

第三，从培养模式优化的内容看，对学生知识体系建构的目标较为清晰明确，重视程度较高。而对于第二语言针对性培养、跨文化交际能力针对性培养、依据教学对象而决定的层级化培养、专业精神、个性品格等方面的培养目标则笼统模糊，且一般缺乏专门的实施计划和措施。重智力培养、轻品性陶熔，重“普适性”知识灌输、轻“针对性”能力锻造的传统弊端在汉语国际教育硕士培养实践中尚未得到根本改观。

第三章　汉语国际教育硕士非定向培养模式

在全面了解81所汉语国际教育硕士培养单位基本情况基础之上，针对培养目标、课程设置、实践实习、论文写作等培养模式构成要素显现出的不同特征，将汉语国际教育硕士培养模式分为定向与非定向两类。笔者选取部分采用“非定向培养模式”培养单位进行了深入调研，结果发现：采用非定向培养模式培养单位之间培养特色同中有异，根据“非定向培养模式”内部差异性，笔者将“非定向培养模式”进一步划分为两类：科研 — 实践型培养模式、实践型培养模式。本章在对“非定向培养模式”各个二级分类整体了解基础之上，提出“非定向培养模式”产生理据、特点、分类，并针对每一类“非定向培养模式”进行典型案例介绍。最后通过对各类“非定向培养模式”案例的比较分析，得出结论：“非定向培养模式”各个二级分类各具不同的使用背景和运用条件。培养单位需从人才培养自身条件出发，针对不同培养模式使用要求和条件，选择最佳培养模式。

第一节　非定向培养模式形成理据、特点、分类

汉语国际教育硕士培养单位多数院校采取非定向培养模式。

本研究对采用“非定向培养模式”单位进行调研、访谈，了解了关于汉语国际教育硕士非定向培养的动态信息。同时，收集到汉语国际教育硕士培养方案等纸质静态资料，以便辅助了解人才培养全貌。通过现场调研、访谈和对培养方案文本分析，已经基本掌握培养单位定向培养模式整体情况，将在已有材料基础之上提炼出汉语国际教育硕士非定向培养模式的形成理据、特点和分类，进而选出各类典型案例进行介绍剖析。

一、“非定向培养模式”形成理据

（一）人的全面发展学说

马克思主义创始人在继承前人思想精华基础上，运用历史唯物主义观点创立了“人的全面发展学说”。该学说核心观点是人的体力与智力得到充分和自由的发展和运用。在“人的全面发展学说”指导下，高等教育目标由知识、能力、品德、体育四个基本要素组成。知识目标是指学生需要掌握必要知识并形成合理知识结构；品德目标是指正确世界观、价值观、人生观的树立，坚持正确的政治信仰和政治态度，形成良好的道德品质与道德行为，拥有健康的情感与心理等目标；体质目标是指要有健壮的体力、体质，还要掌握一定健身知识和运动技能；能力目标是指可分为三类：一般能力、特殊能力、创造能力。一般能力是指完成活动任务需要的能力。特殊能力是指完成特定活动任务需要的能力，即专业能力。创造能力是指一般能力与特殊能力的最佳结合，也是能力的最高层次。一般能力是特殊能力和创造能力的基础，只有掌握好一般能力，才有可能具备后两种能力。能力的本质属性之一是“适应性”，即能够根据外界环境的变化作出及时反馈和应变。[1] 汉语国际教育硕士综合素质和优秀品质的培养是第一位的，当其具备相应能力之后，可以在不同国家从事汉语教学甚至可以在国内相关行业工作。因为学生具备相关工作能力之后，可以根据具体工作问题调整工作思路与方法，进而完成工作任务。

（二）个人本位价值观

“个人本位价值观”认为高等教育的目的是促进学生在个性和理性方面的健康发展，即培养知识、能力等各方面协调发展的个人。在设计人才培养目标时，应立足于个人需要和个人发展，教育是为人自身生活需要而服务的。“个人本位目的观一般较为关心个人价值，关心人的身心健康发展和生活的美满幸福及健全的人格等，主张实施自由教育、人文教育和普通教育。”[2] 个人本位价值观强调个体利益、兴趣和社会参与的自我实现。“个人本位价值观”认为在高等教育的实践中应注重促进人自身的理智发展，注重个人品质的形成、个人潜能的发挥，教育目的中应更多体现受教育者的自身要求。“个人本位价值观”应该“更多采用普通教育的模式，对学生实施一种共同的理智训练，使青年人获得思想踏实、表达合理、随即判断、明辨是非的品质，课程安排围绕训练心智展开，使个体的未来发展建立在一个良好的广泛的认识基础之上。”[3] 汉语国际教育硕士“非定向培养”较为注重对学生进行通识教育和“宽口径”培养，希望学生能够在统一理论指导下解决不同具体问题。

---

① 杨德广、谢安邦,《高等教育学》，北京：高等教育出版社，2015年1月版，103页。

② 谢安邦,《高等教育学》，北京：高等教育出版社，2014年7月版，55页。

③ 谢安邦,《高等教育学》，北京：高等教育出版社，2014年7月版，58页。

（三）普适性优于针对性观念

部分专家学者认为汉语国际教育硕士培养的普适性优于针对性。“普适性与针对性的关系，可以这样概括：普适性是第一性的，针对性是第二性的；普适性属于基础层面，针对性属于提高层面；普适性要满足普遍要求，针对性是满足特殊要求。”[①]虽然汉语国际教育硕士毕业后面临汉语教学中诸如学习者母语背景、本土教材、特殊教学对象与环境乃至特殊国情等差异，但通过普适性教学原则、方法、手段培养出的汉语国际教育硕士具备根据教学环境的改变而调整自身教学手段的能力，能够适应特殊情况。关于针对性问题可通过短期培训完成。汉语教师的培养首先完成普遍认知能力的培养，具备普遍认知能力的教师可以实现“放之四海皆可用”的效果，而非仅用于某种特殊环境与适用某种特别对象。调研中发现，不少学者同意此观点。普适性是基础，没有普适性就不会有针对性。“在一般状态下，我们只能按照普适性原则培养汉语教师，在此基础上根据特殊需求来培训和培养针对性师资，前者是常态的、按部就班的、长期的，后者则是非常态的、定向的、短期的。”

二、“非定向培养模式”特点

（一）充分挖掘自身优势

“非定向培养模式”与“定向培养模式”相比，最大区别是“向外”与“向内”之差异。“定向培养模式”在确定具体培养目标之前，首先向外远视，调研海外汉语教学环境、特点和需求，其次对内反思自身条件如何改善进而满足海外汉语师资培养需求。确定培养目标和发展特色的技术路线是“由外至内”；“非定

① 潘先军，汉语国际教育硕士培养的普适性与针对性，《学术研究》，2015（3）：131。

向培养模式”恰好相反，在确定汉语国际教育专业硕士具体培养目标之前是“向内”。充分分析自身培养单位办学层次、办学传统和办学特点，充分摸清师资结构、学生特点，然后，选择最佳培养方案。

“非定向培养模式”充分挖掘自身优势并以自有的资源享赋为条件，通过办学过程能动地与社会环境以及与其他高等教育相互作用进而形成相对有利的发展空间。所谓自身优势及自有资源享赋主要包括两个层面：一是学校层面；二是学院层面。采用“非定向培养模式”的培养单位首先找准所在大学的办学层次和办学特色（如下图），其次，分析承担汉语国际教育专业硕士培养任务的培养学院办学状况（包括师资状况、硬件设施、管理制度等），最终选取办学目标和发展特色。确定培养目标和发展特色的技术路线是“由内至外”。由此可见，充分挖掘自身优势，根据自身办学实际情况确定汉语国际教育硕士培养模式是汉语国际教育硕士“非定向培养模式”的特征之一。

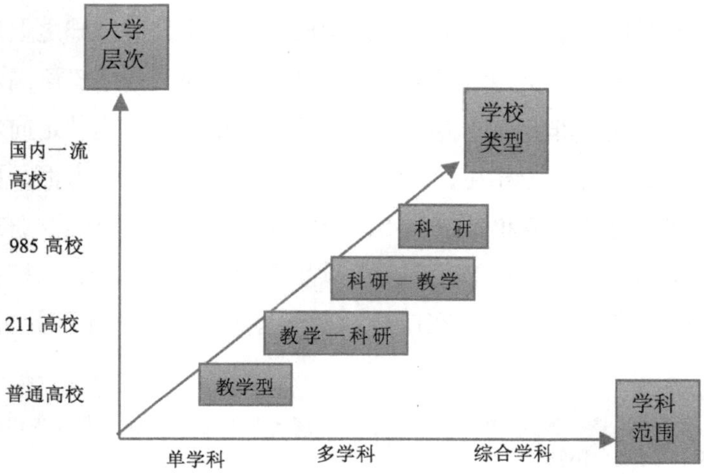

图 3–1 高校办学层次示意图

（二）注重学生综合素质培养

素质是一个较为复杂和宽泛的概念。《现代汉语词典》对“素质”的解释为“①事物本来性质。②心理学上指人神经系统和感觉器官上的先天特点。”[①]《全面素质教育手册》将“素质”解释为：“人们从事活动前所具有的较为稳定的、内在的、基本的品质，是人们先天自然性与后天社会性的一系列基本特点与品质的综合……，它包括：生理素质、身体素质、文化素质、心理素质、政治素质、思想素质等”。[②]由此可见，素质具有心理性、遗传性和综合性等基本属性。个人素质包括知识、能力和非认知因素三部分。知识包括程序性知识、陈述性知识、思想方法性知识、事实性知识等；能力包括数字能力、空间能力、行为能力和语言能力四方面；非认知因素包括性格、意志、情感、兴趣和动机等五种基本心理因素。个体的知识、能力和非认知因素相互影响和渗透，共同作用于个体行为。通常素质分为两类：基本素质和特殊素质。前者是普适性的素质，是个体作为一个社会自然人具有的最为基本的思想道德素质、心理素质、文化素质和身体素质，它是特殊素质的基础。特殊素质是在基本素质基础之上形成的，是为完成某个特定任务需要而具备的素质。采用汉语国际教育专业硕士“非定向培养模式”的培养单位，与采用“定向培养模式”的培养单位相比，在基本素质和特殊素质培养方面，更注重前者。这些培养单位一般不以就业为导向，不以单纯职业技能培养为目标，而是更为注重对汉硕生普世素质的培养，以扩宽就业渠道，把为社会培养宽口径、复合型人才作为人才培养目标。

① 李国炎、莫衡、单耀海、吴崇康,《现代汉语词典》，北京：商务印书馆，2013年第1版，1002页。

② 方建文、丁祖诒、武宝瑞,《全面素质教育手册》（上卷），北京：中国物资出版社，5页。

所以，注重学生综合素质培养是“非定向培养模式”特征之一。

（三）学生就业目标多元

在访谈过程中发现，汉语国际教育硕士生在“非定向培养模式”培养下对就业行业与专业相关率要求不高。更多学生认为能够顺利硕士毕业并拿到硕士学位，在国内找到一份相对体面工作即可，不一定要出国实习、出国从事汉语教学活动，甚至有部分学生认为自己根本不愿毕业从事教学工作，国内中小学教师也不是自己的理想选择。当问及当初为何报考汉语国际教育硕士时，被访谈学生回答：

因为这个专业是专业硕士，相对容易考取。通过这个专业的考入为自己争取来名校学习深造机会，毕业后名校毕业证给我带来的光环和学校对我们综合素质的培养，足以让我在国内找到一份薪水高或是体面安稳的工作，所以我才来报考。我们已经毕业的师兄和师姐也是一样，真正留在国外从事汉语教学工作的人数相当少，多数是回国考公务员或是进了外企，在国内从事中小学汉语教师的人数也相对较少。

与此相反，在实施“定向培养模式”院校进行汉语国际教育硕士生访谈时发现，接近七成学生就业目标是赴海外从事汉语教学活动，而且就业对象国或地区基本明确。可见，与“定向培养模式”相比，“非定向培养模式”培养出的毕业生就业目标较为多元。

三、“非定向培养模式”分类

经调研，目前我国汉语国际教育硕士“非定向培养模式”大致可分为两类：一是科研—实践型培养模式；二是实践型培养模式。

科研—实践型培养模式是指在汉语国际教育硕士培养过程

中既注重学生实践能力培养，又注重学生科研训练，在课程设置、论文写作等培养环节对学生科研水平具有一定要求。采用该培养模式的培养单位多为科研型或是科研教学型大学，一般该大学既开设汉语国际教育硕士专业学位，也开设汉语国际教育学术硕士方向，汉语国际教育专业一般设立在文学院或单独设立学院。

实践型培养模式是指在汉语国际教育硕士培养过程中注重学生实践技能培养，且将学生技能培养创新作为人才培养的首要目标，这一目标在人才培养模式各个组成要素中均有所体现。采用实践型培养模式的培养单位将汉语国际教育硕士点多设立在留学生教育学院，该学院一般仅培养汉语国际教育专业硕士，不再招收汉语国际教育学术硕士方向研究生。

第二节　科研－实践型培养模式案例分析

目前关于汉语国际教育专业硕士的专业性质存在争议，多数学者认为该专业属于专业硕士，着重强调实践性、职业性，应该将其与学术硕士区分开来；也有部分学者认为汉语国际教育专业硕士既然属于硕士，除了加强“术”之训练，也要注重“解道”能力的培养，汉语国际教育工作性质也决定不可放松对汉语国际教育专业硕士的科研要求。比如，汉语国际教育专业硕士与护理学专业硕士虽同属专业硕士，但工作环境区别较大。护理学专业硕士毕业后多数在医院担任护士工作，与护士朝夕相处的同事是医生。护士的职责主要是扎针、抽血、测量血压等技术层面的工作，当遇到特殊情况时，比如某一位病人病情突然加重，需要进行药物、药剂调整或会诊时，护士只需请医生研究、决定并下医嘱即可，护士所做的仅是按照医嘱规定程序性完成护理任务，换言之，护士需要完成的更多是程序性任务。汉语国际教育专业硕士不同，其毕业后被派往世界各地从事汉语教学工作，教学环境十分复杂，“国外曾有研究报告显示，教师每小时做出与工作有关的重大决定为30个，在一个有20-40名学生的班级中，师生互动每日为1500次”[①] 可见，汉语国际教师随时可能遇到全新的汉语教学问题，其身旁并无学术硕士同事指导，也较难短时间内找到相应汉语语言学家或是汉语教学法专家给出解决问题的办法，换言之，其旁边没有类似医生的角色进行诊断、分析、研究和决定，只能靠自己查找已有科研成果，甚至自己进行深入研究。“科研促教学”同样适用于汉语国际教师。所以，汉语国际教育专业硕士虽属专业硕士，同样应具有一定科学研究的意识和能力，具有一定教学反思能力。坚持第二类培养观的培养院校多为科研型高校，现选取一典型案例，进行客观描述介绍。

一、基本情况

C大学某学院2007年设立汉语国际教育硕士专业学位点，2009年正式招生，每年招生30人左右，学制为两年。C大学某学院现有汉语国际教育硕士生导师53人，其中教授10人，副教授24人，具有博士学位者31人，具有硕士学位者18人。截至2015年春，已毕业四届汉语国际教育硕士生共计123人，目前在读汉语国际教育硕士生90人。学院硬件设施如下：多媒体及网络教室80余间，专属资料室1间，办公场所60余间，管理人员在职、外聘十余人。

① 王添淼，成为反思性实践者：由《国际汉语教师标准》引发的思考，《语言教学与研究》，2010（2）：27。

二、“科研－实践型培养模式”概况

经笔者调研，C大学之所以提出汉语国际教育硕士“科研—实践型培养模式”，其原因如下：一是充分挖掘培养单位办校优势、学科发展优势。C大学是我国211、985重点大学，属于科研型大学。该大学较为重视基础研究和理论研究，具有“兼容并包、自由民主”的学术传统。二是师资问题。C大学汉语国际教育专业师资与本学院对外汉语教学学术硕士师资相同，因此，“即便有分类培养指导思想，老师们的学术取向和教学风格还是会比较一致地显现出来，为两类硕士生的培养注入更多相似因素”。[①] 三是生源特点。C大学汉语国际教育专业每年招收30名学生。学生专业背景多数为对外汉语和中文专业，近三年对外汉语和中文专业学生在总人数中所占比均在80%左右。生源整体素质较高，语言学、文学和中华文化功底相对深厚。相应地，入校后学生的新知识接受能力和对课程的期望值较高。学生希望教师在课堂讲解过程中加强理论讲解，渴望对问题“知其所以然”式地探讨。面对以上客观情况，C大学对外汉语教育学院经过十二年的探索，逐渐形成了汉语国际教育专业硕士“科研—实践型培养模式”。

（一）设立“科研、实践并重”培养目标

C大学该学院院长在谈到本校汉语国际教育硕士专业学位培养目标时说：

世界任何一所一流大学均不是以“就业为导向”的，而是以人才综合素质、综合能力的提高为目标。就业“对口”是中国特色的观念和考核，众多外语中没有“对口”这个词，也没有对毕业生就业“对口率”的考量。我们大学汉语国际教育硕士专业学

① 刘颂浩，汉语国际教育专业硕士培养：经验与反思，《汉语国际教育人才培养理论研究》，2012（4）：2。

位的培养目标更为注重“宽口径、复合型人才”的培养，更为注重学生综合素质和综合能力的提高。

关于发展特色，C大学汉语国际教育专业硕士生导师接受笔者访谈时谈到：

我们十分注重对学生个人职业发展能力和自我反思能力的培养。我们通过“教师发展及成长”最新理论的讲解指导学生了解国际汉语教师工作的本质和特点，提早明确个人职业发展方向；此外，我们十分注重对学生成为“反思性实践者”的培养。

由此可见，“科研－实践型培养模式”其培养理念、培养目标均与定向培养中几种培养模式迥然有别。

（二）课程设置注重科研与实践

1.课程设置注重对学生科研能力的培养

C大学汉语国际教育硕士课程较为突出学术性。这种学术性主要表现在四个方面：

一是对任课教师的学术考察。“对于新开课或新的任课教师，都要满足一些基本要求，在相关领域发表过论文，对课程有自己的思考等。老师们提出的课程申请，需要在学术委员会上报告，经学术委员会讨论通过，上报学校批准后才可上课。”①

二是课程内容需具学术性。汉语国际教育专业硕士虽强调对学生实践能力的培养，但该大学并未放松对学生学术能力的培养要求。学生也在教师课程评教中多次提出教师讲课内容“加强学术性”的要求。“在C大学这样一个研究型大学中，汉语国际教育硕士同样需要重视理论修养的提高，这是提高学生课堂教学能力

---

① 刘颂浩，汉语国际教育专业硕士培养：经验与反思，《汉语国际教育人才培养理论研究》，2012（4）：3。

的关键。”[①] 该大学每一门课程均有一定时间理论讲解，且任课教师准备充分，课程教学内容具有一定深度。

三是课下学术活动多样，提升课程教学效果。与课程相呼应的是课下学术活动。C大学汉语国际教育硕士定期组织各种学术活动：一、国际汉语讲堂活动。在该活动中，学院邀请语言学界与国际汉语教学界国内外著名学者来学院讲座，学生可以及时了解本专业最新研究动态。二、师生读书会。师生读书会由导师与自己同门学生组成，一般每周一次，一次3至4小时。活动主要分为“共读文献研讨”、“学生自选文献介绍”和“国际汉语教学实践经验介绍”三个环节。三、汉语国际教育硕士学生讲堂。该活动由学生自发组织、参与，学生就自己最新研究成果在讲堂中以讲座形式讲解，同学之间相互学习，或者是提出自己论文写作设想，请同学提出宝贵意见和修改建议。

C大学汉语国际教育硕士课程学术性突出的第四个表现是特色课程的开发。C大学汉语国际教育硕士课程有两门课程是指导性培养方案中未列出课程:《特殊目的语言教学》和《教师发展概论》。《教师发展概况》通过介绍教师发展及成长的最新理论，指导学生对教师思维方式和行动方式进行深入探究和教学反思。《特殊目的语言教学》重点处理如何为特定教学项目设计语言教学项目。该两门课的教学内容理论新颖，体现出硕士层面课程的教学深度、广度和新度。

2.课程设置注重对学生实践能力的培养

C大学同样注重对汉语国际教育硕士实践能力的培养。“学生从第一学期即开始接触教学实践，采取多种方式进行，包括听课、观课、试讲、承担一部分教学任务等；学生应在国内外完成

① 刘颂浩，汉语国际教育专业硕士培养：经验与反思，《汉语国际教育人才培养理论研究》，2012（4）：3。

一学年教学实习任务。全部教学实习活动累计达到120学时及以上教学工作量，计6学分。教学实习过程（包括海外实习）由导师负责。学生在教学实习任务结束两周之后提交实习报告。实习报告主要内容为教学计划、教案、试题、对教学的反思和导师评语。教学反思以3000－4000字小论文形式上交，这篇小论文也是实习报告的主体。这几部分材料装订成册后交至研究生教研室，方可得到实习学分。”[①] 学院开设了诸如《汉语教学案例分析》《汉语语言要素教学》《文化与跨文化交际》《现代化技术与语言教学》等实践课程，同时，学院要求学生组织和参加学院各种学术活动，其目的是锻炼学生组织协调与人际沟通能力。此外，学院还利用暑期时间为学生提供短期实习机会，为保证实习质量，“语言教学负责人和研究生培养负责人一起对实习学生进行岗前培训，研究生教研室在实习过程中为学生提供及时的专业指导，学院其他部门则提供教学相关服务”，[②] 经多方努力，C大学已形成一套行之有效的学生实习指导机制。C大学注重培养学生科研能力的同时，也十分注重对学生实践能力的锻炼。

（三）导师科研成果丰富

C大学汉语国际教育硕士生导师科研成果十分丰富，具体统计如下：2010年以来,《世界汉语教学》《语言教学与研究》《语言文字应用》等专业核心期刊刊载C大学汉语国际教育硕士生导师文章百余篇；该学院硕士生导师承担国家哲学社会科学基金项目6项；承担教育部人文社科研究项目3项；承担全国教育科学“十一五”规划青年基金项目2项；承担国家汉办重点项目24项；

① 具体见《C大学某学院中国学生全日制汉语国际教育硕士专业学位研究生培养方案（2013年7月修订版）》。此材料由该学校董老师提供，在此对董老师表示感谢。

② 刘颂浩，汉语国际教育专业硕士培养：经验与反思,《汉语国际教育人才培养理论研究》，2012（4）：6。

承担“新世纪优秀人才支持计划项目”1项；承担全国社会科学规划办公室国家社科基金后期资助项目1项；承担教育部、国家语委科研重点项目5项；承担北京市社会科学规划项目1项；承担北京市高等学校青年英才计划项目1项；承担北京市高等教育精品教材立项重点项目1项。由此可见，C大学某学院师资力量雄厚，科研氛围良好，这为汉语国际教育硕士“科研实践型”培养提供了良好的师资保障。

（四）管理制度完善

C大学某学院从2010年起，依据汉语国际教育硕士已有培养经验，先后制定了各种管理制度。笔者在调研中发现《指导教师分配方案》得到了C大学该学院汉语国际教育专业硕士生的欢迎和认可，一改以往由于沟通不足导致“学生分到不太心仪教师、教师分到不太认可学生”的弊端。此外,《研究生开题须知》《研究生答辩注意事项》《研究生学位论文格式要求》等规章制度的制定，对汉语国际教育硕士提出了与科学硕士相同的要求。可见，严格的管理、完善的制度是汉语国际教育硕士“科研-实践型培养模式”得以实现的重要保障。

（五）论文写作凸显学术性

《指导性培养方案》中对学位论文的选题要求具体描述如下：应紧密结合汉语国际教育实践，选择有应用价值的选题；学位论文形式多样，可以是专题研究、教学实验报告、典型案例分析、调研报告、教学设计等。C大学2013—2015三届汉语国际教育专业硕士毕业论文101篇，均采用专题研究形式，无一篇选取调研报告、教学实验报告和教学设计形式，详见附录5。而且，该101篇论文中有51篇论文主题与汉语本体或汉语教学有关。从毕业论文选题和内容看，C大学较为注重对学生科研与实践双重能力的培养。

C大学某学院采取的“科研—实践型培养模式”是目前部分汉语国际教育专业硕士培养单位的代表。采取该模式的培养单位培养学制一般为2–3年。

第三节　实践型培养模式案例分析

注重对汉语国际教育硕士“实践”能力培养是107所汉语国际教育硕士培养单位的共识。但汉语国际教育硕士“实践能力”该如何培养才科学、有效，无前人经验可以借鉴，无相关研究用以指导，培养单位只有在汉硕培养过程中不断探索、改进。

汉语国际教育硕士经过十二年的发展，部分院校已经在汉语国际教育硕士“实践能力”培养方面大胆创新。调研发现，上述培养院校培养目标较为明确，“对接职业需求，全程贯穿实践”，“实践创新”理念落实到每个培养环节之中，将具有上述特征的培养模式界定为“汉语国际教育硕士实践型培养模式”。现将随机抽取的汉语国际教育硕士“实践型培养模式”案例介绍如下。

一、基本情况

D大学某学院2009年设立汉语国际教育硕士专业学位点，2010年正式招生，每年招生45人左右，学制为两年。D大学该学院现有汉语国际教育硕士生导师21人，其中教授6人，副教授6人，具有博士学位者11人，具有硕士学位者9人，有1年及以上国外工作经历者18人，占比86%。截至2015年春，近三年已毕业汉语国际教育硕士生135人，目前在读汉语国际教育硕士生86人。学院硬件设施如下：多媒体及网络教室25间，专属资料室2

间，办公场所12间，管理人员7人，外聘教师10人。

二、“实践型培养模式”概况

D大学“实践型培养模式”与C大学“科研—实践型”培养模式均未强调对汉语国际教育硕士生的定向培养，而是根据自身院校的办学层次、学科特点挖掘汉语国际教育硕士培养的新亮点，这是“实践型培养模式”与“科研—实践型”培养模式的相同之处。但是，尽管二者均属“非定向培养模式”，二者在办学认识方面却存在差异。比如在汉语国际教育专业硕士与学术硕士关系问题上，二者观点迥然有别 。C大学汉语国际教育专业硕士生导师谈到汉语国际教育专业硕士与学术硕士（汉语言文字学专业对外汉语教学方向）关系时所持观点是“这二者都属于汉语第二语言教学这一学科，它们的共同点要大于不同点。”① 与此相反，D大学国际教育交流学院负责人在接受笔者访谈时却认为：

D大学汉语国际教育专业硕士培养强调专业硕士与学术硕士之区别，只有认清二者的区别才能为培养高层次、应用型、复合型、国际化专门人才确定标尺和边界。我院在整体规划设计上着重突出专业学位教育区别于学术型硕士研究生教育的应用型人才培养特色，以职业需求为导向，针对汉语国际教育教师特有要求，确定培养规格、标准，突出实践环节创新培养。

D大学国际教育交流学院在以上培养理念指导下提出了“贯穿全程实践培养”的具体目标，并在该目标指导下，将实践培养创新落实到了培养模式个别要素之中，具体表现如下。

（一）培养目标明确——全程实践

笔者通过对D大学实地调研和对D大学汉语国际教育专业负

① 刘颂浩，汉语国际教育专业硕士培养中的若干问题，《华文教学与研究》，2013（4）：45。

责人、硕士生导师访谈，了解到D大学汉语国际教育硕士培养目标相对具体，即“全程贯穿实践，对接职业需求，通过打牢基础、专家讲授、双向评价质量监控、见习-实习-顶岗-就业四环节实现国际汉语教师的新型人才培养目标”。培养目标较为明确和具体，指导性和可操作性较强。

（二）课程设置注重实践能力培养

D大学汉语国际教育专业硕士课程设置体现出着重“实践能力培养”特色，具体表现在以下三个方面：

一是课程内容相对丰富，紧跟海外需求。

D大学针对海外汉语教学实际情况，在教指委《指导性培养方案》基础上增设了多门有助于学生未来职业发展的新课程，笔者旁听了部分新增课程，课程内容均较为贴近海外工作实际。新增课程有《课堂管理》《心理调适》《事件处理》《外事素养》等。D大学通过组建国际化师资团队形式聘请海内外汉语国际教育领域的知名专家学者承担专业课程和专题讲座。此外，为培养汉硕生自身才艺和中华文化组织能力，D大学还聘请具有丰富经验的“职业人”走进课堂讲授才艺，曾聘请专业声乐教师指导训练中国歌曲演唱技巧，聘请少年宫教师讲授实用的教学游戏和教学教具使用技巧，聘请书法家教授传统和应用书法等。课程内容较为丰富，多角度提升汉硕生实践能力。

二是课程体系建设较为完善，融入了“文化实践”元素。

D大学在课程体系设计上紧紧围绕“上手快、技能强、过得硬”职业要求，精心设计出较为完善的模块式课程体系，“传授形式”改革成果突出。任课教师在《国外汉语课堂教学案例分析》、《汉语课堂观察与实践》、《汉语教学技能与技巧》、《国别汉语教学分析》等课程中结合理论讲解安排课堂观察、录像观摩、微课试讲等实践内容，践行“精讲多练”教学原则，教学效果较好。

三是引入一线教学真实案例，教学内容不断更新。

D大学着重收集海外汉语教学一线真实案例，并将之精选加工、深度分析之后及时结合课程理论引入课堂教学之中，使学生广泛了解各国汉语教学实况特点和内在规律。

以上是笔者通过在D大学国际教育交流学院调研，发现课程设置方面的特色和特点。

（三）培养方式与师资保障

D大学汉语国际教育硕士生培养方式可归纳为三个结合：课程学习与汉语国际教育实践相结合，校内导师指导与校外导师联合培养相结合，汉语国际教育与中华文化传播相结合。

D大学汉语国际教育硕士专业师资充足、多样，既有专家学者，也有教学名师，还有“职业能手”。[①] D大学某学院除本学院专职教师21人（教授6人，副教授6人，具有博士学位者11人，具有硕士学位者9人）外，还有外聘教师十余人。外聘教师既有国际汉语教学界国内著名高校专家学者，也有来自美国、泰国、澳大利亚等国的汉语教学专家，此外，还有著名书法教学专家、声乐教学专家等“职业能手”。可见,D大学某学院师资组成丰富，该学院既看重教师理论知识的掌握，也看重教师实践经验的积累。从培养方式和师资力量能够看出该学院十分注重对学生“实践”能力的培养。

（四）实践实习活动丰富，体现“实践型”特征

D大学汉语国际教育硕士实践型培养模式，其“实践型”特征体现最为明显的构成要素是“实习实践”，在实习实践环节，D大学的创新之处主要表现在以下三方面。

① “职业能手”是访谈B大学国际教育交流学院院长时听到的一个“本土概念”，主要指掌握某一技能且在该技能传承方面较具教学经验的才艺教师。

1.“见习、实践、实习、顶岗、就业”全程实践创新

D大学在汉语国际教育硕士实践培养环节大胆创新，其提出“见习、实践、实习、顶岗、就业”全程实践培养目标后，在实践环节设计时可谓前后呼应、环环相扣，系统性强。其实践特色可概括为：早、长、全、严。所谓“早”是指学生见习时间早，其一入校就分组安排在不同层次国际学生真实课堂内观摩见习，体会教学规律；所谓“长”是指实践锻炼时间长，几乎贯穿于两年培养历程中；所谓“全”是指学生得到了课堂观察、反思、实践、顶岗等逐级、逐项全方位锻炼，而且每一实践项目均在理论指导下和教师辅助、督察下完成，科学有效；所谓“严”是指各个实践环节学校管理十分严格，均在专任教师全程监控、指导下完成。

2.建立“一盯一”实习实训语伴

“一盯一”实习实训语伴实践活动是D大学为本校汉语国际教育硕士生量身打造的利用课余时间参加实践锻炼的新方式。D大学汉语国际教育硕士生导师在接受笔者访谈时，为笔者详细介绍了该活动的具体实施步骤与意义：

我校专为汉语国际教育专业硕士建立了捆绑式实践实训制度。具体做法是汉硕生入校后即为其配备“一盯一”的外国留学生，形成固定的实践实习语伴。为加强实践实习监督和管理工作，中外学生还签订相关协议，保证每周开展5小时及以上实践、实训和教学活动。我们学院还建立了每周实践实习活动登记报告制度，对常规性的实践活动进行精细化管理。开展这一实践活动的目的是汉语国际教育硕士生在指导教师的指导下，能够与留学生提早接触、了解，中外学生教学相长、对口援助，提高语言技能，摸索职业规律，真正实现实践活动贯穿全程、延伸课外。

“一盯一”实习实训语伴制度是D大学“实践型”培养模式

中实践环节的一个特色和亮点。

3. 实习实践管理严格，施行导师跟踪负责制

D大学在海外已经建立20所实习基地，为学生海外实习提供了便利条件。有了良好的实习条件，D大学十分注重质量把关，其实施了“导师全程登记跟踪负责制”。所谓“导师全程登记跟踪负责制”是指按照D大学制定的《汉语国际教育专业硕士实习登记手册》要求每位实习生实习计划明确、实习时间充足、实习质量保证。在实习开始之前，选定实习导师，需导师签字确定。在不少于6个月的实习期，导师对汉硕生给予全程实习指导、监督和评定。比如，汉硕生在实习前需提交有导师签字的详细教学教案，实习期间定期上交标有实习指导教师指导评语的实际记录，实习结束后指导教师、授课对象对实习生进行双向教学满意度评价，实习单位出具具体评价报告。学院最后依据指导教师实习跟踪整体情况、双向综合满意度评价、指导教师打分、接受实习生单位评语、教学教案及实习记录等进行综合评定，给出实际成绩。

D大学“实践型培养模式”在“实习实践”构成要素中提出的“导师全程登记跟踪负责制”是在全方位调研和长期实践经验基础上实行的，利于学生实践能力的提高。

（五）论文写作形式、内容凸显实践特征

D大学某学院近三年共计培养汉语国际教育硕士生176人，毕业论文均紧密结合“汉语国际教育实践”撰写，论文形式多样，其中，采用教学实验报告、调查报告、案例分析和教学设计的文章为174篇，占总篇数百分比的98.9%，而选取语言、文化等本体研究内容、采用专题研究的论文仅2篇，占总篇数百分比1.1%（详见附录7）。D大学国际教育交流学院建议学生论文选题“从实践中来到实践中去”，学生论文多数题目与教学实践有关，论

文写作作为培养模式构成要素之一，同样体现出“实践型培养模式”鲜明的“实践”特色。

第四节　非定向培养模式所属类别实施条件探讨

汉语国际教育硕士培养模式与自身专业性质密切相关，同时也与开办该专业大学传统、特点密切相关。一所大学汉语国际教育硕士办学模式，既反映该大学、该学院办学层次也反映该大学办学特点。培养单位既是资源的供给者和消费者，又是在与培养单位各利益相关者的互动中生存和发展。因此，每一个汉硕培养单位均希望吸纳最好、最多资源，释放最有效、最优质的资源，但在一定时间和空间范围内，任何一个汉硕培养单位的资源输入、输出能力均有限，它们仅能占据某一点或某一部分进行着重探索和实施，这一点或这一部分正是该大学汉语国际教育专业办学模式最为突出的办学特色。“非定向培养模式”包含两类：“科研—实践型培养模式”“实践型培养模式”。该两类培养模式均是在充分分析所在大学、所在学院已有资源和优势基础上寻找人才培养创新点，而且均遵循汉语国际教育硕士重“实践”特性，这是二者相同之处。两种类型之区别是对学生实践能力培养重视程度以及处理实践与科研关系上。“科研—实践型培养模式”在重视对学生实践能力培养的同时，也重视对学生科研能力的培养，这是学院的传统，也是学生的要求，更是学院教师们的一致观点；“实践型培养模式”强调专业硕士与科学硕士之区别，采用“实践型培养模式”的培养单位认为专业硕士应利用短暂的培养时间着重实践能力的培养，应不断摸索汉语国际教育硕士实践能

力培养方法和策略;“非定向培养模式”的两个分类既相互联系又各有侧重,如下图所示:

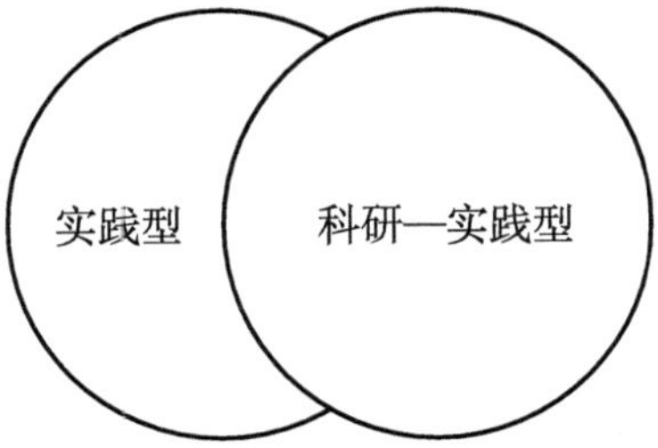

图 3-2 “非定向培养模式”两类型关系图

由此可见,汉语国际教育专业硕士“科研—实践型培养模式”、“实践型培养模式”虽同属“非定向培养模式”一大类,但两小类培养模式同中有异,各具特色。在采用两小类培养模式时需了解各类培养模式的实施条件。

一、“科研—实践型培养模式”实施条件

“科研—实践型培养模式”适合国内211、985重点高校采用,因为重点高校具有培养汉语国际教育硕士科研、实践能力的便利条件和独特优势。我国国内211、985重点高校教育理念是“精英教育”,研究能力和创新精神是研究型大学人才质量的集中体现和主要标志。虽汉语国际教育硕士属于应用型特点突出的专业硕士,但国内211、985重点高校在“精英教育”理念指导下也不会放松对学生科研意识的培养,因为培养硕士生的科研能力是研究型大学提高人才培养质量的客观要求。

其次,采用汉语国际教育硕士“科研—实践型培养模式”对师资提出较高要求。不仅要求教师具有相对丰富的汉语国际教

学经验、汉语国际教育硕士培养经验，还要具有相对较高的科研水平。此外，汉语国际教育硕士导师能够给予学生参与课题的机会，能够指导学生在自身实践基础上进行相关研究。

再次，采用“科研 — 实践型培养模式”的培养单位一般具有浓厚的学术氛围。这种浓厚的学术氛围主要表现在具有实事求是、治学严谨的学风，具有相对宽松、自由的制度环境，具有对真理不懈追求的精神，具有百家争鸣、百花齐放的人文精神。浓厚的学术氛围能够激发学生的科研灵感和研究欲望，是培养汉语国际教育硕士生科研能力不可缺少的软环境。

最后，采用“科研 — 实践型培养模式”需要严控规模。优质的学生是实施“科研 — 实践型培养模式”的必要条件。上文提到的软件、硬件等方面的优势，为吸引优质的学生打下了良好基础。此外，采用“科研 — 实践型培养模式”选择学生时定要“优中选优”，因为只有选择到具有扎实的基础知识、突出的学习能力、较大科研潜力的学生，才能为“科研 — 实践型”培养模式的实施打下坚实的生源基础。

二、“实践型培养模式”实施条件

汉语国际教育硕士“实践型培养模式”适合国内教学 — 科研型或教学型高校采用。因为教学 — 科研型或教学型高校具有重视教学改革和实践创新的办校传统，在实践教学方面投入了大量人力、物力和时间成本，为汉语国际教育硕士实践型人才培养打下了坚实基础。采用“实践型培养模式”的院校应强化专业硕士突出实践取向的培养意识，重视汉语国际教育教学中的实践取向，以实践为辐射点，在实践中培养汉语国际教育硕士生的外显行为，从实践的广度和深度出发来促进汉语国际教育硕士生努力掌握国际汉语教师职业知识和技能，使国际汉语教育教学实践活动成为汉语国际教育硕士生职前具有扎实基础的平台、职后专业发展的出发点。

其次，汉硕“实践型培养模式”的实施需要强化“顶层设计”。机制与体制、措施与政策既是教育理念与思想的反映，也是教育活动的航标。汉语国际教育硕士“实践型培养模式”的实施需要政府、校方的重视和鼓励，毕竟现行高校教师职称和考核主要指标是教师科研成果，而对学生实践能力培养和实践活动创新则需大量时间和精力反复实验和摸索，如果没有政策和制度的导向和保障，较难将“实践型培养模式”实施的科学、高效。

再次，汉语国际教育硕士“实践型培养模式”的实施还需要“懂教育、通实践”的教师队伍。选择尝试“实践型培养模式”的培养单位，需将着重实践能力培养理念落实到各门课程与教学环节之中，克服培养过程中存在的脱节现象，必须培养和造就一支适应该模式需要的既懂教育又通实践的教师队伍。所谓“懂教育、通实践”是指汉语国际教育硕士生导师具有较强的汉语国际教育教学实战经验，具有丰富的汉语国际教育硕士培养经验，而且坚持科学研究和社会服务，能够形成三者的最佳平衡。汉语国际教育硕士“实践型培养模式”要求广大汉语国际教育硕士生导师一方面结合汉语国际教育教学的实践，主动学习和研究汉语国际教育基本理论，提高自己的理论意识和理论修养，另一方面要深入到留学生教育实践中了解汉语国际新型教师的素质、能力需求，要亲自上课教学，深入体会、思考和反思，努力成为愿意而且知道如何去培养汉语国际教育师资的“既懂教育又通实践”的汉语国际教育硕士生实践型导师。

最后，汉语国际教育硕士“实践型培养模式”的实施还要创造能够实现汉语国际教育硕士实践型人才培养的实践条件和学习环境。根据实践型人才培养模式及改革试验需要，尽可能地、有意识地改造已有实践场所、教室等学习空间，如有条件的建立微格教室或是在海内外建立更多国际汉语教学实践基地，目的是创造有利于主动性学习、经验性学习、互动性学习的环境和条件。

总之，为了实施汉语国际教育硕士“实践型培养模式”，需要较长时间深入开展实践型人才培养模式的改革试验和创新研究。首先，按照汉硕“实践型培养模式”的具体培养目标、培养要求，围绕“教什么”和“怎么教”等问题，在国家和学校政策、资源支持下，努力引进和培养一批适应实践型人才培养模式的国际汉语导师队伍。其次，开展以课堂教学为中心、以培养方案和课程大纲为重点、以人才培养模式探索试验区为平台的国际汉语教育“实践型培养模式”研究。只有做到以上几点才能优化汉语国际教育专业硕士“实践型培养模式”，才能为汉语国际教师师资培养做出更大贡献。

第五节　本章小结

汉语国际教育专业硕士“非定向培养模式”在人的全面发展学说、个人本位价值观、普适性优于针对性思想的指导下，形成了立足自身办学条件、挖掘自身办学优势，注重对学生综合素质培养，实现学生就业目标多元的培养特征。汉语国际教育硕士非定向培养模式下属二级分类：科研 — 实践型培养模式、实践型培养模式各有其运用规律。本章对科研 — 实践型培养模式、实践型培养模式各自使用条件进行了初步探讨，望能引起抛砖引玉之功效，望有更多专家学者关注“非定向培养”模式不同类型发展、使用规律。最终，以供更多汉语国际教育硕士培养单位参考、借鉴。

第四章　汉语国际教育硕士定向、非定向培养模式比较分析及问题探讨

本书第二章针对“定向培养模式”及其分类进行了描述、分析，第三章针对“非定向培养模式”及其分类进行了探讨，通过前两章的研究，本章将汉语国际教育硕士“定向”与“非定向”培养模式两大类型再次比对，找出其相同点与不同点，进而提炼出“定向”与“非定向”培养模式共存问题。

第一节　汉硕定向、非定向培养模式比较分析

一、汉硕定向、非定向培养模式相同之处

（一）培养目标相同

汉语国际教育专业硕士“定向”、“非定向”培养模式均以提高汉硕生“汉语作为第二语言教学技能和良好的文化传播技能、跨文化交际能力，适应汉语国际推广工作，胜任多种教学任务的高层次、应用型、复合型、国际化专门人才”为培养目标，采用两类培养模式的培养单位均以专业硕士人才培养规律、汉语国际教育专业人才培养规律和海外汉语教师需求状况为根本着眼点

来取舍实践活动、课程教学。采用两类培养模式的培养单位均着重挖掘学科发展特点、办学特色、硬件设施、师资状况等有关因素，均努力扬长避短、大胆创新，利用和创造条件摸索和创新汉语国际新型教师的培养，可见，两类培养模式终极培养目标相同。

（二）培养本质相同

“定向培养模式”与“非定向培养模式”培养出的汉语国际教师均属于非本土教师。“定向培养模式”是为某一个或几个国家汉语学习者定向培养出的汉语教师，换言之，培养出的汉语国际教育硕士毕业后在某一个或几个国家普遍适用，称之为“相对通用型”汉语国际教师。“非定向培养模式”培养出的汉语国际教育硕士毕业后就业国家和地区相对广泛，不局限于某一个或几个国家和地区，其为“通用型”汉语国际教师。“定向培养模式”与“非定向培养模式”均培养“通用型”汉语国际教师，只是通用的范围有别，一个范围无界、一个范围有界而已，其本质是相同的。

二、汉硕定向、非定向培养模式不同之处

（一）毕业生海外工作、生活磨合期长短不同

跨文化心理学领域中早期重要理论成果是“文化休克理论（Culture shock）”。该理论认为人们突然失去长期熟悉的语言符号、社会交往信号，对于陌生的语言符合和社会交往信号不熟悉、不了解而在心理上产生的焦虑感、不适应感甚至排斥感。“文化休克”大体分为四阶段：一、蜜月期，主要表现为对新环境的新奇感。二、挫折期，新奇感已消失，逐渐产生对新环境的种种不适。三、调整期，开始对自己的状态和情绪进行调整，逐步走出情绪低谷。四、适应期，逐渐适应周边环境并对周边事物产生接纳和喜悦之感。该四个时期的心理变化状态正如“U”曲线，

逐渐进入心情低谷再逐渐恢复。这个“U”曲线的具体表现即文化冲击的轻重程度因人而异。在该理论指导下对“定向”和“非定向”两类不同培养模式培养出的汉硕生进行调研时，发现二者文化休克时间长短有别。随机抽取A、B、C、D大学汉硕海外实习生20人，每校5人进行访谈，结果发现：A大学汉硕生海外实习进入适应期用时最短；B大学次之；D大学再次之，C大学用时最长。由此可见，汉硕生海外实习、工作磨合期长短有别，定向培养模式磨合期较短，大概两个月时间即可进入适应期，而非定向培养模式用时相对较长，大概三或四个月时间才能进入适应期。

（二）毕业生语言、文化对比教学能力不同

语言是人类最重要的交际工具和思维工具，是信息和文化的载体。语言结构与文化结构存在异质同构关系。语言学家洪堡特认为，每一种语言都包含独特的世界观。世界各个民族，历史、政治、地理、文化存在个体差异，反映客观世界的视角、方法不同，反映客观世界的语言不同。

在汉语作为第二语言教学过程中，学生在学习汉语和中华文化的同时，其母语、母语文化也在发生迁移作用，汉语教师在教学过程中不仅要注重中华文化导人，也要注意学习者母语文化的负迁移影响。如何实现汉语学习者在跨文化学习中文化差异的良胜碰撞，如何为汉语教学和中华文化传播提供一个理想平台，这是汉语教师亟待思考和改进的重要问题。

解决以上问题的有效方式是加强汉语国际教师汉语与学生母语、中华文化与学生本土文化的对比能力，而在培养汉语国际教师的语言、文化对比能力方面，“定向”培养模式略占优势。在调研中发现，采用“非定向培养模式”的培养单位在课程《中外语言对比》《跨文化交际》中较为注重汉外语言、文化宏观差异介绍，较为注重历史比较语言学理论、类型语言学理论、地域语言学理论、跨文化交际理论的探讨，而采用“定向培养模式”的培养单位往往将该门课程具体到汉语与某一具体外语、中华文化与某一个具体民族或国家的文化进行深入、全面对比，如《中英语言对比》《中泰语言对比》，经过具体化的课程调整，课程内容针对性强，利于汉语国际教育硕士生深入了解汉语与某一种或几种语言在语言各个要素中存在的差异，同时，利于学生掌握中华文化与某一个或几个国家文化异同。

汉语国际教育专业硕士在从事汉语国际教学过程中，随时会遇到学生将汉语与母语语音、词汇、语法某一语言点对比问题。因为学生汉语水平有限，难以厘清所学新语言现象与母语呈现语言现象差异问题，亟待汉语国际教师指导。此外，不同语言之间确实存在语言要素有无和异同问题。例如，量词丰富是汉语词汇特点之一，也是留学生学习汉语的难点。对于不同国家的留学生而言，汉语量词学习难易程度差别较大，攻破难关的角度和方法有别。对于国际汉语教师，在教授汉语量词过程中，对于汉语和母语词汇需深入了解，既能解决有无问题，还要厘清异同关系。对于母语是印欧语系学生而言，学习汉语量词的难点是建立量词范畴和使用量词意识；而对于母语是汉藏语系的学生而言，其能够尽快凭借母语量词习得汉语中对立的、使用范围基本相同或大部分重合的量词。但汉语与学生母语量词系统并非完全对等，而是存在差异，因为语言对事物的分类与科学对事物分类不同，各个语言对某事物特征的标识不同，导致分类标准有别、分类结果差异。于是出现汉语与学生母语量词一对多、多对一、词空位等复杂现象。由此可见，汉语国际教师在汉语词汇量词讲解中既要深入了解汉语各个量词的使用范围、认知分类状况和分类标准，又要对学生母语量词使用情况进行较为深入的研究和了解。以上仅是以汉语作为第二语言教学中词汇这一个语言要素中十余类实词中的一类量词为例，以此类推，其余语言要素均存在两种语言碰撞与交融现象，作为教师，如何通过语言对比提前了解学生在学习汉语时可能遇到的困难，部分消除母语负迁移影响，利用母语正迁移作用，需要汉语国际教师在学习阶段利用较长时间系统学习、了解。为增强汉语国际教育硕士汉外对比教学能力，“定向培养”效果相对较好。“定向培养”能够拥有更多时间对具体教学对象面临的具体汉语学习问题进行针对性研究和解决。

因此，相对而言，“定向培养模式”较之“非定向培养模式”更利于对汉语国际教育硕士生语言、文化对比教学能力的培养。

（三）毕业生跨文化交际能力不同

在“定向”与“非定向”两种不同培养模式下培养出的汉语国际教育硕士生跨文化交际能力不同。通常情况下，“定向培养模式”培养出的学生班级管理能力、与学生家长沟通能力更强，在对象国社区参与度更高。原因有二：一是“定向培养模式”培养出的学生一般对对象国语言掌握相对娴熟，对对象国传统文化和当代社会、习俗了解深入，在对象国工作、生活陌生感不大。在对象国中小学、幼儿园工作的汉语国际教育硕士毕业生，其能够运用对象国语言维护课堂秩序，能够就学生学习状况与家长深入沟通，愿意利用课余时间参与社区活动。而“非定向培养模式”培养出的学生除在英语国家工作外，对象国语言能力不足是普遍存在的问题。二是“定向培养模式”培养出的学生在工作中对自身角色认识相对清晰。所谓“自身角色认识”是指在不同对象国从事汉语国际教育时，由于对象国汉语教学发展阶段、汉语教学发展水平不同，其对汉语国际教师提出的要求不同，换言之，汉语国际教师在不同对象国担当不同的责任、义务和角色。因为“任何事物的发展均可分为不同阶段，汉语国际教育也有其发展的阶段。就一个地区而言，汉语国际教育处于某个特定的发展阶段。从纵向维度看，处于不同发展阶段的地区对于相关人才需求有差别”。[①] 某些地区以前没有汉语教学，处于汉语教学初始阶段，汉语国际教育硕士毕业生面对的问题是“如何开好头、引人关注，以及如何把已经被吸引过来的学习者留在你的课堂”；[②] 汉语国际教育处于发展阶段的国家、地区或学校的汉语教学已有一定基础，汉语国际教育硕士毕业生在这些院校应该起到“骨干和师范作用，要注意师资力量的人我结合，与本土教师相互学习、取长补短，共同开创当地汉语教育新局面”；[③] 而处于成熟阶段的国家、地区或学校，汉语国际教育硕士毕业生的角色是“以人为主”、当好配角。可见，各个国家汉语教学发展阶段不同，对汉语教师的要求有别，这就要求汉语国际教育硕士读研期间充分了解未来对象国汉语教学的传统和特点。由于在“定向培养模式”下培养的学生，在读研之初已经大致了解未来汉语教学去向，自己潜意识地努力学习、搜集有关未来工作对象国相关信息加以了解，教师也会在课程设置和实践活动中融入对象国汉语教学传统、特点、发展现状和发展阶段等相关信息，让学生及早储备未来工作所需知识与技能。因此，“定向培养模式”培养出的学生跨文化交际能力相对更强。

（四）学生就业去向不同

“定向”与“非定向”两种培养模式培养出的汉语国际教育硕士毕业后就业去向不同。相比之下，“非定向培养模式”培养出的学生就业面较广，所谓就业面“广”主要包含两层含义：一

① 朱瑞平，略论汉语国际教育人才培养的针对性问题，《国际汉语教育人才培养论丛》（第二辑），北京：北京大学出版社，2011年版，55页。

② 同上。

③ 同上。

是赴海外从事汉语教学对象国数量广，笔者调研了解，D大学近些年将汉语国际教育硕士生派往美国、西班牙、澳大利亚、哥伦比亚、保加利亚、墨西哥、菲律宾、智利、厄瓜多尔、哥斯达黎加、白俄罗斯、新加坡、尼泊尔、越南、蒙古、孟加拉、印度尼西亚、泰国、文莱、肯尼亚、尼日利亚等二十余国家任教。二是指就业职业范围广。“非定向培养模式”专注于对学生综合素质的培养，培养出的学生一般汉语言和英语基础知识扎实，言语表达、写作能力、人际沟通能力较强，因此，毕业后从事国内中小学教育人数较多，其次是考取公务员，再次是在银行系统、广播电视新闻媒体、国企、外企和私企就业，其就业面十分广泛，就业率较高。与此不同，“定向培养模式”培养的学生就业后对象国相对明确，多数学生在国外、国内从事汉语国际教育相关工作，行业相关率相对较高。

（五）理论上培养效益不同

“培养效益”概念源于“经济效益”一词。“经济效益”是经济学中的一个概念，指“社会经济活动中，物化劳动与活的劳动的消耗同取得的符合社会需要的劳动成果的对比关系。”[①] 马克思指出“真正的财富在于用尽量少的价值创造出尽量多的使用价值，换句话说，在尽量少的劳动时间里创造尽量丰富的物质财富”。[②] 经济效益问题无处不在，教育领域中的“经济效益”指教育活动的成果与耗费的对比关系。以此类推，“培养效益”是人才培养单位人才培养成果与培养单位投入产出的比较。以相对少的投入产出更多合格人才是发挥教育投资效益的根本。汉语国际教育硕士

---

① 石云龙，经济效益概念探析，《山东大学学报》（哲学社会科学版），1994（1）：85。

② 石云龙，经济效益概念探析，《山东大学学报》（哲学社会科学版），1994（1）：85。

培养效益，是指对汉语国际教育硕士生的投入通过教育实施过程转化为汉语国际教师人才素质，进而生成汉语国际推广力的实际程度。从理论上讲，采用“非定向培养模式”的培养单位充分挖掘自身培养单位的优势、充分利用已有教学资源和师资团队，结合汉语国际教育专业特点形成特色培养模式，投入相对较少；“定向培养模式”人才培养的出发点是“社会需求”，因此，其需要充分调研海外汉语教师师资需求，在此基础上调整已有办学资源和办学思路，投入一定资金改进教学环境、引入特色办学新师资。而完成海外汉语师资需求调研和建立中外联合培养项目均需不少时间成本和资金投入，就整体而言，“定向培养模式”在人才培养前期投入相对较多。但在人才培养中后期，“定向培养模式”培养出的学生行业相关率相对较高，部分毕业生在定向国家、区域工作。就长期效应而言，“定向培养模式”较之“非定向培养模式”培养效益相对较高。

综上，将两类汉语国际教育硕士培养模式异同归纳如下表4–1所示：

表 4–1　定向与非定向两类培养模式共性与差异简表

	宏观目标	针对性	就业范围	效益
定向培养模式	+	++	+	++
非定向培养模式	+	+	++	+

表4–1中“人才培养宏观目标”中两类培养模式均用一个“+”表示，表明汉语国际教育硕士定向与非定向两类培养模式其人才培养宏观目标一致，即“培养具有熟练的汉语作为第二语言教学技能和良好的文化传播技能、跨文化交际能力，适应汉语国

际推广工作，胜任多种教学任务的高层次、应用型、复合型、国际化专门人才”；[①] 二者不同之处在于设立宏观目标之后，“定向培养模式”确立了人才培养的具体目标，即针对某一个或某几个国家定向培养汉语国际优秀教师，因此，人才培养针对性较强，表中用“++”表示，与此相比，“非定向培养模式”更注重对学生综合素质的培养，针对性培养意识不强，故表中用“+”表示；“非定向培养模式”汉语国际教育硕士毕业后就业范围广泛，故表4–1中非定向培养模式对应“人才培养就业范围”一项用“++”表示，而“定向培养模式”培养出的汉硕生多数在定向国家就业，就业范围有限，故表中用“+”表示；就人才培养效益而言，“定向培养模式”高于“非定向培养模式”，就业行业相关率相对较高，故用“++”表示。由此可见，汉语国际教育硕士不同类型培养模式有共性也有差异。汉语国际教育硕士培养模式的选择不仅是某个类型选择的问题，也不是“标签化”的问题，而是“思想凝练”和理念创新问题，是精心设计和实施的问题。

第二节　汉硕定向、非定向培养模式共存问题探讨

汉语国际教育专业开设十二年来，各培养单位在汉语国际教育硕士培养方面均做出了积极贡献。但较之传统专业，汉语国际教育硕士专业仍需清醒认识不足之处，积极改进优化。通过对我

---

① 学位办:《全日制汉语国际教育硕士专业学位研究生指导性培养方案》,《关于转发全日制硕士专业学位研究生指导性培养方案的通知》，2009年23号文件，网址：http：//www.cdgdc.edu.cn。

国汉语国际教育硕士培养模式优化状况的考察，论文认为其不足之处可以做出以下概略性评价：

一、考生专业限制不足

在调研中发现，无论采用“定向培养模式”还是“非定向培养模式”的培养单位，在招生简章中对报考条件的要求较低，多数院校对汉语国际教育专业硕士考生本科专业要求是“具有国民教育序列大学本科学历（或本科同等学力）的人员”。本书第三章提到的随机抽取的几个典型案例中，仅有一所大学对考生专业有限制、对考生素质有要求，其余三所对考生要求较为宽泛。相关描述详见附录8。

对生源专业背景要求不高，导致考进该专业学生近半为非汉语国际教育专业、非汉语言文学专业。该现象导致生源专业基础知识不足，多数院校汉硕学制为两年，结果培养单位较难完成“补课”任务和硕士学习、实践任务，一定程度影响汉语国际教育硕士培养质量。针对这一问题，中国人民大学文学院李泉教授在接受笔者访谈时谈到：

我觉得招生不限制专业这本身是有问题的，什么专业都招本身就是对对外汉语教学是一门学科的淡化甚至不认可。什么专业都招也可以，那就应对非汉语专业和非对外汉语教学专业的学生加大汉语教学的力度（实际上一些对外汉语专业的学校所开设的汉语汉字类课程分量也不足）。可以说，能否真正实现MTCSOL培养目标，在很大程度上与MTCSOL的生源素质有关。方案和课程都是外在因素，学生才是内在因素。

可见，由于报考汉硕学生本科专业要求过于宽泛，考取汉语国际教育硕士部分学生汉语国际教育相关基础知识薄弱，这是目前“定向培养模式”和“非定向培养模式”共存问题，亟待关注和解决。

二、培养特色系统性不强

“定向培养模式”和“非定向培养模式”的几大培养类型，各具特色，这是培养单位利用十余年时间培养汉语国际教育硕士的宝贵经验和智慧结晶。但是由于汉语国际教育硕士毕竟是一门新兴专业，在特色培养过程中仍存在“培养特色系统性不强”的缺陷，具体表现在以下两个方面：首先，从汉语国际教育硕士培养模式优化规模看，目前，虽然部分高校努力探索汉语国际教育硕士培养模式优化方式、方法，在实践过程中亦初步取得一些较有价值的经验，但遗憾的是到目前为止，尚未取得整体性突破。其次，从汉语国际教育硕士培养环节来看，“定向培养模式”和“非定向培养模式”，除个别院校外，大多数院校其优势仅体现于培养目标、课程设置等部分培养环节，尚未贯穿于整个培养过程链条。这是“定向培养模式”与“非定向培养模式”共存问题。

汉语国际教育硕士培养模式建立和优化均需建立在“系统论思想”基础上。“系统论思想”包括四个特性：整体性、相关性、有序性、动态性。整体性是指世界中的一切事物及其发展变化均处于整体之中，整体或全局由部分、局部组成，但又高于部分和局部，人们需运用整体观和全局观认识事物。汉语国际教育硕士培养模式优化意识和行动目前主要集中于部分院校，并非所有院校亟待整体性突破；培养模式的创新也仅局限于几个培养模式构成要素之中，而非培养模式所有构成部分。可见，一定程度上，目前的汉语国际教育硕士培养模式优化缺乏系统性。相关性原则是指世界上的一切事物及其过程均相互连续相互作用，事物之间的联系与作用，既表现在内在联系，又表现于外部关联。首先，构成整体的要素与要素之间相互作用、相互影响，整体构成要素结构方式发生变化，事物的整体性质也会发生相应改变。其次，任何事物均与其他事物处于相互联系之中。事物的存在与变化影响着周围环境和事物随之改变，同时，也改变事物本身存在状态。汉语国际教育硕士培养模式构成要素的优化，一定程度推动了特色培养模式的出现，为海外培养出了更适合、优秀的汉语国际教师，其成就有目共睹。但部分培养要素创新“落伍”问题，一定程度影响培养模式整体性突破；有序性是指整体与周边事物的关系、整体内部构成要素之间的关系不是杂乱无章、无规可循的，而是按照一定层次和规律存在的。汉语国际教育硕士培养要素的创新必然带来整个培养模式的变革，也是必然。但最佳方案是培养模式各个培养要素围绕人才“培养目标”有序变革，而非杂乱无章、断章取义。目前，有个别培养院校培养目标不明确，仅盲目在个别培养要素创新方面下功夫，发展速度受限。动态性是指一切事物均处于运动发展之中，都有一个发生、发展、灭亡的过程，系统也不例外。遗憾的是，目前有部分汉硕培养单位尚未积极投入进汉语国际教育硕士培养模式优化运动中，害怕失败，不敢创新，得过且过。由此可见，就整体而言，汉语国际教育硕士培养模式亟待在“系统论思想”指导下进一步优化。

三、所属学院不同，专业地位参差

81所开设汉语国际教育硕士大学中，汉语国际教育硕士专业所属学院有别，大致可分五类：一是隶属传统文学院；二是隶属传统外语学院；三是不隶属任何学院，新建某学院；四是传统文学院与新建某学院共同培养（以下简称“双学院共同培养”）；五是双学院各自培养。其中，隶属传统文学院的培养单位37所，所占比例为45.68%；隶属传统外语学院的培养单位1所，所占比例为1.23%；隶属新建某学院的培养单位37所，所占比例为

45.68%；双学院共同培养单位3所，所占比例为3.7%；双学院双培养单位3所，所占比例为3.7%。具体分类情况和分布比例详见表4–2。

将汉语国际教育硕士隶属于新建某学院的培养单位多采用“定向培养模式”，将该专业隶属于传统文学院或外语学院的培养单位多数采用“非定向培养模式”。

笔者进一步调查后了解：汉语国际教育硕士所属学院不同，该专业在学院所属地位不平等。一般隶属文学院和外国语学院的汉语国际教育硕士，学院重视程度不高，而隶属于新建某学院的汉语国际教育硕士，一般该学院仅此一个专业，通常发展较快；双学院培养单位仅是在申请汉语国际教育硕士专业时和评估时成为“文学院、某学院共同培养”，实则主要由文学院培养，与归属传统文学院培养单位相似；双学院独自培养单位存在“抢生源”、“师资重复建设”等问题。

除此之外，汉语国际教育专业硕士所属学院不同，硕士生导师师资专业背景差异较大。隶属于传统文学院的汉语国际教育专业师资背景相对单一，90%以上硕导专业背景为汉语言文字学或语言学及应用语言学，教育学专业背景教师相对较少，甚至不少学校没有；隶属于外语学院的师资中，语言学背景出身的教师不足35%，教育学专业背景教师数量也不多，而英语或外国文学专业背景教师相对较多；新建某学院的培养单位师资相对多元，汉语语言学专业背景出身的教师比例在60%至80%之间，教育学专业出身教师在10%至20%左右，其余相关专业背景出身的硕导占10%至20%左右。汉语国际教育硕士作为新设交叉学科，其师资结构应多元组合。“多元组合”包括三个维度：一是国内导师与国外导师组合构成；二是理论导师与实践导师组合构成；三是汉语语言学专业背景教师、文化学专业背景教师、教育学专业背景教师、中国文学专业背景教师等组合。但遗憾的是关于汉语国际教育硕士生导师“多元组合”问题，多数培养单位需进一步优化。

表 4—2　81 所汉语国际教育硕士专业所属二级学院状况表①

学院性质	学校名称	数量	所占百分比
新设国际教育学院	浙江大学、浙江师范大学、徐州（江苏）师范大学、南开大学、中国人民大学、北京大学、北京师范大学、北京语言大学、中央民族大学、厦门大学、西北师范大学、中山大学、暨南大学、华南师范大学、河北大学、中国传媒大学、西安外国语大学、东北师范大学、南京师范大学、辽宁大学、辽宁师范大学、渤海大学、大连外国语大学、山东大学、西南大学、青岛大学、陕西师范大学、复旦大学、华东师范大学、上海师范大学、上海外国语大学、四川师范大学、天津师范大学、新疆大学、新疆师范大学、云南民族大学、云南师范大学	37	45.68%
传统文学院	首都师范大学、北京外国语大学、河北师范大学、安徽大学、湖北大学、广州大学、广东外语外贸大学、广西大学、四川大学、广西师范大学、广西民族大学、郑州大学、河南大学、河南师范大学、黑龙江大学、哈尔滨师范大学、武汉大学、华中科技大学、华中师范大学、湖南大学、中南大学、湖南师范大学、吉林大学、吉林师范大学、南京大学、苏州大学、扬州大学、曲阜师范大学、江西师范大学、南昌大学、沈阳师范大学、内蒙古师范大学、上海大学、山西大学、西北大学、重庆师范大学、上海交通大学	37	45.68%
传统外语学院	重庆大学	1	1.23%

① 81 所汉语国际教育硕士培养单位开设该专业学院名称详见附件 1。

续表

学院性质	学校名称	数量	所占百分比
双学院独自培养	云南大学、山东师范大学、鲁东大学	3	3.70%
学院联合培养	安徽师范大学、兰州大学、福建师范大学	3	3.70%

四、毕业论文选题国际化视野不够

笔者考察了被调研汉语国际教育硕士培养单位2014级汉语国际教育硕士毕业论文撰写情况，发现多数院校近90%的论文选题与汉语国际教育专业密切相关，论文选题专业性较强。但进一步研究，却发现这些选题视角单一，多数仅从国内视角出发，研究更多的是国内留学生汉语习得、教学方法、教材对比等问题，而关于世界各国汉语教育的国别化与区域化研究选题相对较少。汉语国际教育硕士主要为海外汉语教学培养师资，故海外国别汉语教学特殊性问题，如对象国汉语教学环境、对象国汉语教学政策、对象国学习者学习理念和学习特点等问题，均是目前汉语国际教育专业亟待研究的选题，因为其研究成果可以提高汉语国际教育专业硕士师资培养效率，亦可提高汉语国际教育硕士毕业生海外汉语教学效果。吴应辉在《汉语国际教育面临的若干理论与实践问题》一文中谈到“汉语国际教育应该名实相符，充分体现‘国际’一词对专业内涵的要求。汉语国际教育中的国际化内涵可归纳为五个方面的国际化，即教育理念国际化，汉语师资国际化，教学内容国际化、教学方法国际化和研究选题国际化。”[①]关于“研究选题国际化”问题，吴教授进一步指出“所谓研究选题的国际化是指应该广泛开展关于世界各国汉语教育的国别化和区域化选题研究。中国国内的对外汉语教学研究是汉语国际教育的组成部分，但汉语国际教育研究的主要对象应该是世界各地的汉语教学问题。汉语国际教育的国际化既需要高端顶层设计也需要每一位从业者身体力行。”[②]走出国门，海外实践的同时，在海外完成一篇与海外汉语教学密切相关的毕业论文或毕业设计十分必要，但目前以海外视角完成具有国际视野的毕业论文较少。

通过访谈得知，在为数不多的以海外汉语教学状况为研究视角的毕业论文撰写过程中，同样存在一些问题。主要问题可以概括为“三多三少”：一是可选题目多，典型性题目少。二是海外论文撰写时间多，资料占有少。三是国内指导教师多，指导时间少。汉语国际教育硕士的毕业论文一般在海外实习时完成，毕业论文选取与自己海外汉语教学实践有关的选题，或者研究当地汉语教学政策、方法、特点等论文题目理论上相对容易，研究空白之处较多，但事实上，却存在选取题目典型性不强的问题，最终导致可借鉴意义不大、研究价值有限。而且，汉语国际教育硕士在海外实习的同时，虽可利用晚上、周末、节假日等休息时间撰写毕业论文，时间相对充沛，但却遇到“巧妇难为无米之炊”的尴尬。由于汉语国际教育硕士生对象国语言运用能力有限，在对象国收集论文资料时困难较大。此外，汉语国际教育硕士生在论文写作过程中，还面临导师论文指导不足的问题。由于距离和时

① 吴应辉，汉语国际教育面临的若干理论与实践问题，《云南师范大学学报》（哲学社会科学版），2016（1）：44。

② 吴应辉，汉语国际教育面临的若干理论与实践问题，《云南师范大学学报》（哲学社会科学版），2016（1）：45。

差的原因，导师与汉语国际教育硕士生见面时间有限、沟通交流受限，最终导致毕业论文导师指导不足的问题。关于毕业论文选择海外汉语教学视角的同学，还可能出现以下情况，“不同研究生论文在同一选题或内容上的重复。由于同一院校汉语国际教育硕士生的海外实习地往往相同，比如，每年都会有来自某所院校的研究生到同一个孔子学院或者孔子课堂，那么，会不会出现这样的情况：第一位研究生在论文中阐述了自己的实习阅历，第二位研究生也如法炮制，而由于导师不同，并没有人发现此事。对第一篇论文，也许我们可以宽容地说其价值在于介绍了某个新的教学点的情况，有一定新意，那第二篇呢？此事轻则可能导致硕士论文在学术上低水平的重复，重则导致“抄袭”之嫌。”①

由此可见，汉语国际教育硕士毕业论文国际化视野欠缺，在未来选题中，应该拓宽研究视野，立足海外汉语教学一线，选择与海外实际教学任务密切相关的选题。在立足海外完成毕业论文过程中，面临指导不足、材料收集语言、能力受限问题，可结合汉语国际教育硕士培养模式其余培养要素优化加以有效解决，例如调整课程结构或实施中外导师联合培养制度等。

五、汉硕“汉语传播”使命感不强

调研发现较多培养单位极其认真负责地积极通过多种渠道为本校汉语国际教育硕士提供海外实习机会，甚至个别院校实现了能够为本校每位学生提供出国实习机会的程度。但遗憾的是，面对来之不易的出国教授汉语机会，不少学生却以出国条件不好、想念亲人等各种理由拒绝海外实习，种种言行违背了汉语国际教育专业的职业要求、缺失汉语国际教育专业的职业素养。面对汉

① 朱治平，汉语国际教育专业硕士培养的若干问题，《国际汉语教育》，2012（1）：19。

语国际教育专业硕士生职业使命感、责任感不强这一问题，培养单位不该单纯失望和抱怨，而应反思，我们是否缺失对汉硕生“汉语传播使命感、责任感”教育。

使命感是一个人内在永恒的动力。一个人使命感越强，工作激情与生活热情越强，责任感也越强。孔子曰：士不可不弘毅，任重而道远。有强烈使命感之人，才可成为自觉之人，奋斗之人，百折不饶、任劳任怨、坚强不屈之人。目前，国内汉语国际教育硕士人才培养过程中，对汉硕生“使命感”教育不够重视，导致汉硕生汉语传播“使命感”不强。

中国国家汉办于2012年颁布了最新版的《国际汉语教师标准》，谈到国际汉语教师五个方面的职业能力标准：汉语教学基础、汉语教学方法、教学组织与课堂管理、中华文化与跨文化交际能力、职业道德与专业发展。在新版《国际汉语教师标准》引导下，近三年，各高校在传统“汉语教学基础”、“汉语教学方法”、“中华文化与跨文化交际能力”等板块课程内容创新的同时，逐渐重视并开始摸索国际汉语“教学组织与课堂管理”课程的开设内容、开设方式、考核方式，可谓成绩显著。但针对第五板块——职业道德与专业发展，培养单位更侧重对教师专业发展的探讨，而关于汉语国际教育专业硕士生“职业道德”重视不够，开设相关课程不足、投入不多。理论成果也一样，近两年学界关于国际汉语教师专业发展方面文章逐渐增多，但较少论及国际汉语教师职业“使命感与责任感”培养、教育问题。有关汉硕专业发展的问题，诸多学者从多角度归纳和提炼出五个方面：一、知识方面的要求。二、能力方面的要求。教师应该具有一定口语表达和传递知识的能力，能够与学生、家长有效沟通，应该具有一定课堂管理能力。三、情感方面的要求。教师对学生需要有爱心和耐心。四、知识、能力和情感建构方面的要求。教师成长需要不断建构、更新原有知识体系。五、反思和行动研究方面的要求。教师应具有“反思”意识和行动研究意识，经常反思自己的教育理念、教育行为，不断进行自我修正和调整，进而促进专业能力的提升和发展。五个方面的要求概括得精到、准确，但却缺失“责任感和职业道德”范式的探讨。在笔者看来，对于汉语国际教育硕士“使命感和责任感”的培养非常重要，甚至应该优于知识范式和能力范式的培养，因为只有真正热爱祖国、热爱母语和中华文化且愿意将汉语和中国文化传向世界者，才与汉语国际教育专业适切，否则，即便学富五车、能力超群，也难以将专业知识较好地付诸海外教学实践。

关于汉语国际教育硕士“使命感、责任感”问题，许嘉璐先生在不同场合多次强调，在《关于汉语国际教育热点问题的访谈》一文中也指出：“从事汉语国际教育这项工作要有历史责任感和使命感。数千年来，这是汉语教学第一次大规模地走向世界。我们生逢其时，又亲身参与了这项工作，这是我们的荣幸，更是我们的历史责任。向全世界传播汉语和汉文化不仅是中国的需要，也是世界各国人民的需要。这项事业的价值在于它是祖国走向富强过程中必然要完成的工程，也是为祖国继续走向富强加油应有的工作。从学校领导、学院领导到老师，甚至到从事服务性工作的人员，对这项工作的重要性都要有清醒的认识，要由衷地把这种理性认识内化为灵魂，才会为之拼命奋斗。”①

可见，加强对汉语国际教育硕士“魂”之引导和培养，是目前汉语国际教育硕士人才培养中亟待改进之处。

① 许嘉璐、石侵，关于汉语国际教育热点问题的访谈，《湖北大学学报》（哲学社会科学版），2011（7）：20。

六、就业“接口”不畅

笔者随机抽取了2012级汉语国际教育硕士10名毕业生（云南大学王哲、史晓飞、史玉欢，吉林大学王秋云、华中科技大学李亚楠，河北师范大学房琳卿，人民大学杨峥，河北大学邢聪，北京外国语大学刘丽娟，中央民族大学李瑶）进行了深度访谈。关于就业问题，几位同学一致表示海外就业机会多于国内。但最终选择海外就业学生人数并不多，回国之后从事汉语教学或与汉语教学相关工作学生人数也不多。其中，华中科技大学2012级毕业生李亚楠同学读研期间曾以志愿者身份赴泰国大城技术大学教授汉语一年，现已毕业，现就职于河北科技大学外国语学院汉语国际教育专业，教师岗编制。李亚楠同学在接受笔者访谈时说道：

我十分热爱汉语国际教育专业，我也十分荣幸能有机会赴泰国教授中文。在泰国那段时间，我教学能力、跨文化交往能力、生活自理能力、独立思考和解决问题能力都有很大提高。最让我自豪的是，我除去在泰国工作期间所有花销之外，还攒了四万元人民币，交给爸爸妈妈时，很是自豪。父母也很开心，说我尚未硕士毕业，尚无真正工作就懂得而且有能力孝顺父母，深感欣慰。现在我毕业了，在国内顺利找到了一份大学教师工作，很满足。我是我们班最幸运的了，能够进高校，还能干本专业。我们班只有极少数同学回国后进高校，进高校的也多数是学生辅导员，不是教师岗。我们班其余同学有的考取公务员，有的当中小学汉语教师，还有的完全放弃专业去了银行、公司当职员。

当问及海外有无留任机会时，她说：

有的，每一位出国实习同学，只要表现良好，均有留任机会。我也有，但我没有继续留任，我很多同学也没有留任。就我个人而言，我认为海外教学虽然更能实现自身价值，待遇更高，但毕竟属于体制外的外国外聘教师，很难真正融入泰国教育体系，自己泰语水平有限，短时间内难以考取泰国教师资格证。所以，在国外漂泊感很大、归属感缺失，所以，最终选择回国寻找工作机会了。我和我很多同学观点一致：实习和就业是两回事，实习一定要抓住一切机会去海外锻炼；到了真正工作的时候，多数选择回来。

当我问及“海外实习基本适应，工作状态、生活状态包括工资待遇都还满意，在国内又没有找到称心如意工作，为何非要回国”这一问题时，中央民族大学2012级汉语国际教育专业硕士毕业生李瑶认为：

我认为跟中国文化传统有一定关系，自古我们重视“家族观”，中国传统佳节，例如端午节、春节等均要整个家族团聚才算过节。大家已经习惯平日小聚，过节齐聚的生活方式；其次，与我国独生子女政策也有一定关系。当今汉语史无前例的大规模走向世界，而推动汉语继续走向世界的接班人主力却是一群独生子女，这个群体又出生在一个极为注重“家族观”的社会，汉语国际教育专业硕士毕业之后终身海外工作的意念难免会受阻、难免会动摇。

通过访谈和调研，笔者发现汉语国际教育专业硕士就业状况呈现以下发展态势。

（一）国内专业对口就业机会有限

国内尚且没有汉语国际教育职业体系。国内正规汉语国际教育教师职位资源均被高校垄断，而入职高校基本条件之一则是应聘者需具有博士学位（极少数个别省级院校招聘硕士），仅这一项条件已将汉语国际教育硕士毕业生拒之门外。部分一线城市重点高校，外国留学生生源充足，定期会招聘汉语国际教育专业兼职教师，课酬较高，但毕竟兼职教师不在编制体系之内，工作稳定性与福利待遇较低，很难满足汉语国际教育硕士的就职要求。国内专业对口就业机会有限。多数回国就业汉语国际教育硕士毕业生从事国内中小学教育或非教育行业，并未解决海外汉语教师紧缺现状。

（二）国外就业“接口”有待改进

从赴海外任教角度看，海外就业虽然市场较大，但汉语国际教育硕士毕业后长期留任海外教授汉语并非易事，一般国家需要毕业生获得当地教师资格证，而教师资格证的考取有一定难度，因为刚毕业的汉硕生一般对象国语言能力有限。其次，在欧美国家就业，还需完成对象国硕士或以上学位，方可提高就业机会。在海外备考资格证和读学位既需时间，也需较大数额学费，如若申请奖学金不利，高额学费并非每一个汉语国际教育硕士家庭均可支付。部分学生以海外志愿者身份出国并已留任两年或三年，在海外从事汉语教学过程中，由于难以解决身份问题，漂泊感和不安全感较为强烈，难免会产生思乡回国之想法。即便这样，能够争取出国作汉语教师志愿者的机会也并不多。况且，近些年，随着我国汉语国际传播的迅速发展，我们已经成功培育出一批数量可观的本土汉语教师，这些本土汉语教师在本国汉语教学讲台上逐渐占据主导地位，也一定程度缩减了汉语国际教师外派数量。由此可见，国外就业关卡较多，“接口”有待通畅。

第三节　本章小结

通过比对，发现汉语国际教育专业硕士“定向培养模式”、“非定向培养模式”虽均以提高汉硕生“汉语作为第二语言教学技能和良好的文化传播技能、跨文化交际能力，适应汉语国际推广工作，胜任多种教学任务的高层次、应用型、复合型、国际化专门人才”为培养目标，但其培养结果存在差异，主要表现在：毕业生海外工作、生活磨合期长短不同，语言、文化对比教学能力不同，毕业生跨文化交际能力不同，学生就业去向不同，培养效益不同。将两大类不同培养模式详细比较，利于掌握两大培养模式各自优缺点，也利于总结提炼两大培养模式共存问题。通过比较发现，汉语国际教育专业硕士定向、非定向培养模式共存六大主要问题：考生本科专业限制不足，培养特色系统性不强，所属学院多样、专业地位不平等，毕业论文选题国际化视野不够，汉硕汉语传播使命感不强，就业接口不畅。

“定向培养模式”和“非定向培养模式”共存六大问题，其中五类问题究其产生的根本原因在于培养单位设定的汉语国际教育硕士培养目标不明确、不具体。现将共存问题产生原因分析如下：

第一、关于考生本科专业限制不足的问题，原因在于培养单位对汉硕生培养目标不够明确，对汉硕生未来职业规划不够长远。于此相应，在招生时对学生素质要求模糊，导致对学生本科专业背景限制不足。

第二、关于培养特色系统性不强的问题，“非定向培养模式”相对于“定向培养模式”更为严重。主要原因在于“非定向培养模式”培养目标相对宏观，多数将教指委《指导性培养方案》中对“培养目标”的描述作为本单位汉语国际教育硕士培养目标，在人才培养过程中仅将课程设置和实习实践两个培养模式构成要素融入了本校、本学科发展优势，其余构成要素特色不显著。

第三、之所以出现“所属学院不同，专业地位参差”问题，原因有二：一是部分培养单位在申报汉语国际教育专业之前准备不足，规划不够，盲目依靠已有汉语言文字学、语言学及应用语言学或外国语语言学等学科基础和师资力量申报汉语国际教育硕士专业学位，申报成功之后，并未及时调整专业方向、明确汉语国际教育硕士培养目标和储备、培养、引进师资，导致汉语国际教育硕士专业学位申请、开设工作中出现了头重脚轻、虎头蛇尾现象。二是也有部分培养单位较为重视汉语国际教育硕士专业学位学生培养工作，将该专业开设在具有一定对外汉语教学经验的新设学院，将该专业学生培养与留学生教育紧密结合。而且，经过较长时间调研和论证，提出了相对明确的汉语国际教育硕士培养目标。最终出现“所属学院不同，专业地位参差”现象，甚至所属学院不同，发展速度不同的现象。一个专业的设立和发展，首先需要明确发展目标和人才培养目标，其次需要其余培养要素的系统优化，培养目标在培养模式构成要素中处于核心位置，优化培养模式，首先需要优化培养目标。

第四、汉硕毕业论文选题国际化视野不够的原因较多：一是部分学生在选取论文题目之前尚无国内对外汉语教学经历，更无海外汉语教学经历。二是部分汉硕导师主要从事语言本体研究，无海外汉语教学经验。在汉硕论文选题指导方面更倾向于建议学生进行传统语言本体研究。三是培养单位汉语国际教育硕士培养目标不明确，海外汉语教学研究范围过广，以至于硕导和学生难以找到和抓住研究重点。于此相反，明确汉硕培养目标之后，海外汉语教学研究范围将相继明确，汉硕结合实习实践经验和所学针对性课程知识，有能力选取与就业对象国汉语教学相关选题进行研究，进而扩宽毕业论文国际化视野。

第五、就业“接口”不畅，主要原因在于对就业对象国国家教育制度、政策了解不够，对就业对象国汉语教学发展状况和汉语教师具体需求调研不足。当今，海外汉语教学环境已经遍布五洲四海，具体到某一个汉硕培养单位，真正实现对海外汉语教学环境的深入研究和了解，需要缩小范围，缩小汉硕未来就业对象国范围。那么，首先需要明确的是汉硕培养目标中为谁培养的问题。

由此可见，汉硕培养目标不明确是汉硕不同培养模式共存问题产生的根本原因。优化汉硕培养模式，首先需要优化培养模式核心要素——培养目标。培养目标的优化需要建立在“需求分析”基础之上。

关于汉语国际教育硕士培养目标如何优化问题，文中第五章尝试提出“五位一体需求分析”原则。

第五章　汉语国际教育硕士培养模式优化理论与方向探讨

针对第四章“定向培养模式”和“非定向培养模式”共存问题及问题产生原因，本章提出汉语国际教育硕士培养模式“优化”原则。汉语国际教育硕士培养模式实现科学、有效优化，离不开科学理论的指导。本章在“需求导向”思想指导下，运用拉尔夫·泰勒教育目标选取理论提出汉语国际教育硕士培养模式优化起点、优化方法、优化步骤。最后，针对未来汉语国际教育硕士培养模式优化方向提出具体建议。

第一节　汉语国际教育硕士培养模式优化理论探讨

一、“五位一体需求分析”：汉硕培养模式优化起点

（一）“五位一体需求分析”的理论基础

“五位一体需求分析”原则是在“课程教育目标选取理论”基础上提出的。“课程教育目标选取理论”由拉尔夫·泰勒首次提出。拉尔夫·泰勒为美国教育学、课程与教学论专家。“课程教育

目标选取理论”是指深入、系统研究某个课程培养方案之前，首先需明确培养目标。课程教育目标是课程教学的向导和旗帜，无论是选择教学内容、设计教学步骤，还是准备测试内容都离不开课程教育目标的指导。教学过程的每一个环节均是实现教育目标的步骤和手段。课程教育目标的确立主要来自五个方面：一是对学习者进行研究；二是社会进行研究；三是听取学科专家对目标提出的意见和建议；四是利用哲学选择目标；五是利用学习心理学选择目标。

1.“课程教育目标”选取来源之一：对学习者本身的研究

“教育是一种改变人们行为模式的过程，这里的行为主要指广义上的行为，包括人的思维、情感以及外显的行动。如果这样看待教育的话，那么，教育目标明显代表了教育机构力图使学生产生的种种行为变化。对学习者本身的研究将试图指出教育机构想要学生完成的行为模式的变化。”[①] 对学习者本身的研究主要包括两点：一是对学习者目前状况的研究；二是对学习者当前需要的研究。对学习者目前状况的研究可通过观察、访谈、问卷、测试等手段实现；对学习者当前需要的研究主要通过将学习者现状与公认常模进行对比，其对比出的差异即为需求。所谓“需求”是指某种哲学价值标准与实际情况之间的差距，即“实然”与“应然”之间的差距。将学生“需要”作为确定人才培养目标的重要源泉，理由是：学生日常家庭、社区环境，对学生教育发展至关重要。学生已获得教育经验，学校需了解并在未来教育中不再重复涉猎，学校培养的主要精力应集中于学生现阶段发展的严重差距上。因此，那些指明差距即教育性需要的研究十分必要，它们能为选择教育目标提供基础，在学校规划中首先强调这些教育目

① 拉尔夫·泰勒，罗康、张阅译,《课程与教学的基本原理》，北京：中国轻工业出版社，2014年版，6页。

标。同时，拉尔夫·泰勒承认，目前尚无单一公式能用于从有关学生的资料中推断出教育目标来。通常，推断过程包括："研究收集到的资料以弄清其含义；将这些资料与该领域内的常模或标准做比较；最后从中提出关于学校计划能够满足学生可能的需要方面的建议。"① 当然，单纯依据学生资料尚不可确定培养目标。

2."课程教育目标"选取来源之二：对当代校外生活进行研究

培养目标确立之前，需要对当代校外生活进行研究。原因有二：一是因为当代生活十分复杂，又持续变化，教育资源十分有限，所以，仅能将教育资源集中利用关键之处，集中利用在当日生活的重要方面。只有这样，才不会浪费学生的学习时间，不会让学生学习过时的陈旧知识，也不会忽略生活中目前十分重要而学校尚无准备的内容。二是有关训练迁移的研究成果。部分学者认为学生一般能训练自己头脑及其各项官能，并且在任何条件下均可妥当运用这些官能，那么，"人才培养目标"的选取与"当代社会生活分析"关系不大。然而，对训练迁移的研究表明，"只用当学生发现现实生活中遇到的情境与学习时发生的情境有相似性时，学生才可能运用己之所学，而且学生只有在以下两种情况下才易发觉生活情境与学习情境之相似性：（1）生活情境与学习情境在诸多方面明显相似"；（2）要求学生联系寻找将校内所学内容应用于校外生活的实例。"② 训练迁移研究成果证明了确立人才培养目标之前，"分析当代生活"十分必要。只有充分分析当代生活所需，才可有针对性培养学生掌握相关知识和技能，学生也只有

---

① 拉尔夫·泰勒，罗康、张阅译，《课程与教学的基本原理》，北京：中国轻工业出版社，2014年版，14页。

② 拉尔夫·泰勒，罗康、张阅译，《课程与教学的基本原理》，北京：中国轻工业出版社，2014年版，18页。

掌握了现实生活中可能遇到的知识与技能，才可实现知识与技能在现实工作、生活中的应用和转化。

3.“课程教育目标”选取来源之三：学科专家对目标的建议

课程教育目标来源之三是学科专家对目标的建议。任何学科的专家对自身研究领域均具有相当丰富的知识储备和研究成果，专家们有能力根据学科内容、特点、训练方法等指出该学科对其他人可能做出的贡献。听取各位学科专家的意见和建议是人才培养单位确立人才培养目标之前的必经阶段。学校和学院团体准备的课程也常常由学科专家设计，这些课程也反映出学科专家试图达到的人才培养目标。因此，为实现培养目标、课程设置、实践实习等人才培养模式各个要素科学、系统优化，在确定培养目标之前，积极听取学科专家有关培养建议十分必要。

4.“课程教育目标”选取来源之四：哲学筛选

依据“学习者自身需求”、“校外生活及社会需求”、“学科专家建议”确立人才培养目标，将会出现培养目标项目较多现象。那么，在已经列出的建议目标中，存在此目标与彼目标相互冲突甚至矛盾的现象。面对该现象，培养单位可选取既彼此一致又较为重要的目标项目。学校要采纳的目标应是少量的，因为实现培养目标需要时间，换言之，需要花时间才能改变人的行为模式。如若尝试的多而完成的少，这样的培养计划没有效果。因此，关键是选择能在可利用时间内以相当高的程度达到而又确实重要的目标。此外，这一组培养目标还需高度一致，以免令学生陷入人类行为模式相互矛盾的困惑之中。 如何利用哲学选择人才培养目标？拉尔夫·泰勒认为，要选择一组数目较少、极其重要而又协调一致的目标，需将迄今所得的所有目标进行筛选，以排除不重要的和彼此矛盾的目标。学校的教育理念和社会哲学是第一道筛子，本次筛选，可以明确学校哲学所阐释的核心价值观。“哲学陈述试图界定美好生活和美好社会的本质，教育哲学的要务之一是概述出人们认为对令人满意并有效的生活而言不可或缺的价值观”。[①]“当学校接受某些价值观作为基础时，意味着这些价值将成为学校要在教育计划中实现的价值。就学生培养而言，其培养目标的确定，正是学校计划实现的各类价值与理想、习惯与实践。与这些价值相一致的目标将被纳入学校教育计划，不一致的则不予采纳。”[②]社会哲学和教育哲学是取舍培养目标项目的重要手段。

5.“课程教育目标”选取来源之五：在“学习心理学”指导下筛选

如果将“哲学选择目标”比喻为人才培养目标的“第一道筛子”，拉尔夫·泰勒指出“学习心理学”则是取舍教育目标项目的第二道筛子。拉尔夫·泰勒认为可以利用“学习心理学”相关研究成果指导教育目标取舍标准。“在最低层面上，学习心理学这门学问，能使我们分辨出人类的哪些变化是可以期望通过学习过程产生的，而哪些不可以”；[③]“在较高层面，学习心理学这门学问，使我们能够分辨出哪些目标是可行的，而哪些目标需花较长时间才能实现，或者在预期年龄段根本无法实现”。[④]拉尔夫·泰勒还举例说明了“学习心理学”对教育目标取舍的具体影响，现择其两例加以介绍：一是关于所学知识遗忘率问题。“学习心理学”研究结果表明：通过一系列针对大学生所做的研究报告发现，学生结束某门课程的学习一年之后，学生一般遗忘已学内

① 拉尔夫·泰勒，罗康、张阅译，《课程与教学的基本原理》，北京：中国轻工业出版社，2014年版，37页。

② 同上。

③ 同上。

④ 同上。

容的50%，两年内会遗忘80%。该项研究同时指出，有些条件能使学生大大降低所学知识的遗忘率，条件之一是有机会在日常生活之中运用已经学习掌握的知识。经常运用已学知识可以降低遗忘率，与此相反，还可增大学生学习相关新知识的学习兴趣。那么，“学习心理学”该项研究成果，为培养目标选取提供启示，应将最重要、学生毕业之后最可能运用的知识作为其学习首先目标。二是学习条件问题。“学习心理学”研究成果阐释：在意义上具有连贯性和整合性的学习内容，学生学习时可以将先后所学知识彼此强化，与此反之，彼此分割或互不一致的内容，学生学习时费时较长，学习效率较低。通过该项研究成果，“学习心理学”告诫我们取舍目标项目时，应该反复推敲、检查不同目标项目，确保目标项目之间彼此一致。关于如何运用“学习心理学”进行教育目标筛选问题，拉尔夫·泰勒还给出具体建议：“先写出一种可靠的学习心理学理论的重要要素，然后结合每个要点指出其对教育目标可能产生的意义。这样的陈述就可以被用作过滤已提出的那些目标的一道筛子。依照这种陈述来检查可能存在的目标，便可选出合适目标；或根据心理学方面的观点将某些目标排除，因为这些目标可能是无法达到的，或者对某一年龄段的学生而言不合适，或者太一般或太具体，或者与学习心理学相冲突。”①

通过“对学生自身研究”、“对社会生活研究”、“听相关学科专家的意见”之后确立的目标，再经过“哲学”和“学习心理学”双重筛选之后而最终确立的教育目标相对客观、科学、具体和明确了。

（二）“五位一体需求分析理论”提出缘由

拉尔夫·泰勒的教育目标选取理论最初探讨的是课程编制

① 拉尔夫·泰勒，罗康、张阅译，《课程与教学的基本原理》，北京：中国轻工业出版社，2014年版，23页。

目标选取问题，开创了课程编制的目标模式。该理论明确指出课程设置的首要目标是确定课程所要达到的教育目标，即培养目标。"这个目标是在充分分析学生、学校、社会需求基础上而确定的。拉尔夫·泰勒认为，学生、学校、社会既是课程设置的三个要素，又是课程设置过程的三个起点。"① 调研发现，"需求分析"不仅是课程目标选取的起点，也是人才培养目标确立前首要考虑的因素。汉语国际教育专业硕士人才培养目标的确立尤其需要"需求分析"。"由于汉语国际教育硕士专业学位的设置来源于海外（社会）对汉语教师的迫切需求，而海外需求的多样性、复杂性、不确定性直接导致了该专业培养目标的复合性、高层次性。此外，学习者学科背景等的巨大差异，最终决定汉语国际教育专业的人才培养应以需求为导向。"②"能否做好需求分析，对于该专业培养目标的确立、课程体系的构建以及教学内容、教学方法等的选择，起着至关重要的作用。"③ 目前，汉语国际教育硕士的培养，其培养目标的设立多在教指委《指导性培养方案》指导下结合自身办学特色和专家建议而设立，并未对海外汉语教学环境和汉语国际教育硕士生进行深度调研，尚未摸清海外汉语教学新需求和近几年学生学习、实习、就业、论文写作等方面新困境，确立出的汉语国际教育硕士培养目标不够明确和准确，其培养结果出现"四多四少"新问题："一是通用型教师多，国别化、区域化、语别化教师少，如拉丁美洲的许多西班牙语国家很难招到能熟练使用西班牙语的汉语教师。二是需求层次多，培养层次少，如目前世界各国从幼儿园到高等院校对汉语教师均存在一定数量的需

① 盛双霞，以需求为导向：关于汉语国际教育专业学科建设的思考，《国际汉语教育人才培养论丛》，第二辑，北京：北京大学出版社，2011年第1版，84页。

② 同上。

③ 盛双霞，以需求为导向：关于汉语国际教育专业学科建设的思考，《国际汉语教育人才培养论丛》，第二辑，北京：北京大学出版社，2011年第1版，84页。

求，体现出多层次需求，但目前中国高校的汉语师资培养并没有体现相应的层次针对性，基本上是一种模糊培养，似乎针对所有层次，但又什么层次都没针对好，最终导致模糊就业。三是理论课程多，实习实践少。在汉语国际教育硕士培养中，一些学校还没跳出学术型研究生培养的传统模式，课程设置中理论课程偏多，实习实践偏少，以致专业硕士培养学术化，教学能力培养被弱化。四是培养数量多，对口就业少”。① 以上问题是供给单一与需求多元矛盾所致。我国汉语国际教育硕士培养模式存在“定向”与“非定向”之别，“定向培养模式”培养目标一定程度上建立于“需求分析”基础之上，且取得了一定成效。但由于汉语国际教育硕士培养目标“需求分析”理论欠缺，“需求分析”要素不明确，“需求分析”程序和方法不清晰，故以往“需求分析”也仅停留于经验层面，尚缺乏科学指导。

在拉尔夫·泰勒的课程教育目标选取理论指导下，结合汉语国际教育硕士培养现状，提出汉语国际教育硕士“五位一体需求分析”目标选取原则。

（三）“五位一体需求分析原则”定义、分析程序

1.“五位一体需求分析理论”界定

所谓“五位一体需求分析理论”是指通过五个方面的系统研究和分析来确定科学、客观、明确的汉语国际教育硕士人才培养目标。第一、海外汉语用人单位需求分析。第二、汉语国际教育硕士生需求分析。第三、汉语国际教育硕士专业学位学科专家意见分析。综合以上三方面分析结果，列举出汉语国际教育硕士培养“可能目标”。第四、利用哲学理论对“可能目标”项目进行一重筛选。第五、利月学习心理学理论对“可能目标”项目进行

① 吴应辉，汉语国际教育面临的若干理论与实践问题，《云南师范大学学报》（哲学社会科学版），2016（1）：45。

二重筛选。通过双重筛选，最终确定某一培养单位汉语国际教育硕士科学、客观、明确的培养目标。

2.“五位一体需求分析”程序

（1）海外汉语教学需求分析

培养单位在确定汉语国际教育硕士培养目标之前，首先进行的是海外汉语教学环境分析。培养单位根据自身院校所处地理位置、办学层次、办学资源和学科发展优势等因素大致找出汉语国际教育硕士针对性培养目标，可以针对某一国家、某一地域、某一语言针对性培养，也可以针对几个国家、多个地域、甚至多个语言多元针对性培养，如北京外国语大学、北京第二外国语大学等可根据本校小语种丰富良好资源，实现对多国家、多语言针对培养目标。采用国别、地域、语别针对性培养主要目的是使“海外汉语教学环境分析”具有针对性。

选定具体某一个或几个国家、某一个或几个地域作为针对性培养目标后，开展调研。在“海外汉语教学环境需求分析”调研过程中，需在理论指导下完成。关于海外汉语师资需求问题，中央民族大学国际教育学院吴应辉首次提出“海外汉语师资需求具有层次递进性和动态发展性”观点，关于该观点，吴应辉访谈中阐释：

国际汉语师资需求的层次递进性的时空表现分为历时、共时两个方面。历时层面主要指同一国家汉语师资需求具有层次递进性；共时层面主要指全球视野下不同国家和地区的汉语师资需求存在层次递进性，例如欧美国家、东南亚国家、南美国家和南非国家汉语师资需求尚处于不同层次。所谓动态发展性是指，任何一个国家或地区，甚至全球的汉语师资需求都处于不断变化过程中。因此，当我们研究一个国家或地区乃至全球的汉语师资需求时需克服静止、片面观点，以动态眼光考察，尤其是要以超前眼光考察未来汉语师资需求，做到未雨绸缪，超前培养。既要注意量的需求，也要重视质的层次递进需求。不同国家汉语师资需求虽然可能存在一些共性，但不论在“量”还是“质”的方面均会存在鲜明的国别差异性，因此，我们对国际汉语师资需求的研究不能只见森林不见树木，即不能只谈目前全球汉语师资需求是多少，还必须深化到国别。应该重视国别需求调研。充分研究汉语师资需求的国别差异性，对于提高国际汉语师资培养的针对性具有重要参考价值。”

可见，海外汉语教学环境十分复杂，但如果具体到某一个或几个国家，研究某一个或几个国家汉语教学情况，其变量可控，其任务相对容易完成。

“海外汉语教学环境分析”内容主要包括两个层面：一是宏观层面，包括调研国家政治、经济、教育制度；文化习俗；民族构成与分布；学习汉语人口数量；汉语教学史等相关信息；二是微观层面，主要包括国家教育理念、国家教育目标、汉语教育政策、汉语教学任务、汉语教学方法、汉语教学内容、汉语教学师资要求等内容。调研的重点是后者。因为后者为汉语国际教育专业硕士培养目标选取提供了直接材料。

随机抽取了美国、泰国、越南和缅甸四个国家，并对其“汉语教学环境”微观层面要素进行了一一对应对比研究，结果发现：一、欧美国家与亚洲国家汉语教学环境微观要素差别较大，对汉语师资要求不同；亚洲国家之间，甚至东南亚国家之间汉语教学环境同样存在较大差距，对汉语师资要求有别。具体详见下表（简称“国别对比简表”）：

表 5-1　汉语教学环境、汉语师资要求国别对比简表

	美国	泰国	越南	缅甸
教学理念	为学生创造有参与感的课堂环境，以“学生为中心”，做中学；为学生提供多元视角，多元文化教育理念；学生可以根据教师讲授内容随时提问，教师现场解答。①	“寓教于乐”，重视学习者意愿、强调学习的趣味性；家长认为让孩子变快乐比变聪明更重要；教师多运用直观教学手段或通过游戏和活动等方式鼓励学生参与学习，做到动手与动脑相结合、知识与技能相结合。②	教育首先满足社会发展的要求，其次需要满足学生自我发展的需要。③教育的国际交流与合作，最重要的是处理好国际化与民族化的关系，应该注意维护、发挥民族文化特色，建设充满人文而又先进的教育体系。④	坚持“以教师为中心”的教育理念，课程气氛严肃、认真，尊师重教。主要以教师讲授为主，学生课堂疑问多在课下与老师交流。

① 潘玉华,《国际比较视野下的汉语教师标准与素质研究》，中央民族大学，2015年3月，77页。

② 江傲霜、吴应辉，泰国汉语教师志愿者教学适应能力探析,《华文教育与研究》，2012（1）：61。

③ 越南《2009-2020年教育发展战略草案》，转引自：欧以克，越南21世纪教育发展的新战略——理念、目标及策略,《外国教育研究》，2011（11）：14。

④ 越南《2009-2020年教育发展战略草案》，转引自：欧以克，越南21世纪教育发展的新战略——理念、目标及策略,《外国教育研究》，2011（11）：14。

续表

	美国	泰国	越南	缅甸
教育目标	满足不同学生的不同学习需求。	“道德教育”、“素质教育”、“生存教育”是泰国教育核心，重视学生动手能力，强调通过实践促进学习，发展创造力。课内、外活动有机结合。①	教育目标是培养出有独立思考和创造力的、有合作精神、有解决问题能力、专业知识丰富、专业技能高超的、有自主精神和公民责任心的、有民族独立和社会主义理想的越南人。②	创造一个能够产生学习型社会的教育体制，只有学习型社会才能应对知识时代挑战③
教学政策	政府重视和鼓励汉语教学事业发展	政府大力支持和鼓励汉语教学事业发展	汉语教学政府不支持、不反对	汉语学习尚未实现合法化，多为民间行为
教学层次	大学、高中、初中、小学、幼儿园和业余培训机构均开设汉语课。	大学、高中、初中、小学、幼儿园和业余培训机构均开设汉语课。	主要集中于大学开设汉语课，中小学极少。	多数为课余补习班开设汉语课，尚未进入国家教育体系

① 江傲霜、吴应辉，泰国汉语教师志愿者教学适应能力探析,《华文教育与研究》，2012（1）：61。

② 越南《2009-2020年教育发展战略草案》，转引自：欧以克，越南21世纪教育发展的新战略 —— 理念、目标及策略,《外国教育研究》，2011（11）：14。

③ 罗希，细微深处见“阳光” ——— 缅甸教育点滴,《云南财经大学学报》，2002（2）：120。

续表

	美国	泰国	越南	缅甸
教学任务	幼儿园、小学、初中和高中，多数情况是通过汉语学习学科知识。教学任务是通过汉语教授学生学科知识。	幼儿园、小学、初中和高中分两类情况：一是选修汉语，学习汉语基础知识和中华文化；二是通过汉语学习学科知识。大学主修或选修汉语。	大学汉语专业开设汉语听说读写技能课程并学习了解中华文化。	北部地区汉语教师任务：汉语语言学教学，讲授汉语系统知识和理论，以培养学生文学修养和审美能力为主；缅甸中部教学任务：在学生原有汉语水平基础上，不断规范和提高汉语言运用能力和跨文化交际能力；缅甸南部汉语教学目标：讲授汉语语言的基本知识、提高学生运用汉语基本技能。①
教学方法	沉浸式教学法；精讲多练、注重情景教学，用中学、做中学	交际法、功能法	语法翻译法、交际法	语法翻译法

① 据缅甸籍博士研究生赵紫荆《试论缅甸汉语教学现状及发展对策》文章介绍，由于政治、历史和地理原因，汉语教学呈现以下特点：北部地区华侨华裔较多，汉语作为第一语言传承；缅甸中部是华人与缅甸人民交融地带，呈现出汉语作为“二语”教学局面；缅甸南部华人华裔较少，呈现汉语作为“外语”教学局面，多数学生汉语零起点，汉语语言教学环境缺失，汉语使用机会较少。

续表

	美国	泰国	越南	缅甸
教学内容	讲授学科知识为主	讲授汉语和中华文化为主	讲授汉语基础知识和中华文化为主	北部讲授中国语文、中部讲授民族语言、南部讲授汉语基础知识和文化
对汉语教师要求	汉语国际教育、中文或相关专业本科、硕士学位，必须持有所在州教师资格证；具备教学组织、课堂管理、学生管理、学生评价能力；具备与学生、学生家长、同事、行政人员、社区等人员有效合作能力；掌握现代科技手段；注重教师专业发展。	汉语国际教育、中文或相关专业本科、硕士学位要求。	国家汉办、侨办外派汉语教师、志愿者即可。	国家汉办、侨办外派汉语教师、志愿者即可。

纵向了解《国别对比表》之后，大致了解美国、越南、泰国、缅甸各个国家汉语教学现状及对汉语国际教师知识、能力和素质的具体要求；横向观察《国别对比表》之后，发现不同国家汉语师资具体要求差别表现在方方面面，不仅是文化差异、教育

理念差异，甚至包括教学内容和教学方法的差异。以往运用统一培养规格培养出汉语国际教育专业硕士，难怪汉硕生出国后反馈问题层出不穷，所学知识能用之较少，国内所学与国外所用出入较大。

由此可见，汉语国际教育专业硕士培养模式优化的第一步是“海外汉语教学环境”宏观层面、微观层面各要素之详细调研和分析，因为只有将汉硕未来对象国汉语教学情况和要求了如指掌之后，才能有针对性的为对象国培养出所需汉语教师，才能实现汉硕毕业生人尽其用。此外，“海外汉语教学环境”宏观层面、微观层面各要素相对细化分析结果，正是汉硕培养目标确立的依据。

（2）汉语国际教育硕士生需求分析

对汉语国际教育专业硕士进行需求分析，主要包括两个步骤：一是研究学习者目前状况；二是研究学习者当前需要。

汉语国际教育专业硕士入学前状况表现如下：多数为应届本科生，年龄相仿，少数生源为往届毕业生；本科专业背景丰富，既有汉语国际教育科班生源，也有汉语言文学等相关专业生源，还有英语、日语外语类生源，部分院校也招收数学、物理、地理等理科专业本科生；多数生源为女生，男生数量相对较少。面对生源目前状况，进一步了解学习者当前需求。比如，在访谈四川大学汉语国际教育专业硕士研一刚入学新生时，在谈到“需求”时，四川大学研一汉硕生认为有机会出国教授汉语，并在出国前学到相关知识和技能，为出国从事汉语教学工作打下坚实基础；与此相反，在北京大学访谈该专业研一新生时，其需求是在国内找到一份体面、稳定工作，不太打算出国教学，希望在北大两年研究生的学习，能够提高自身修养、提升自身综合素质，毕业之后找到一份自己满意的工作，这份满意的工作不一定是教育行业。可见，每所大学学生需求同中有异，需深入调研，摸清学生真实需求，将其现状与能够一定程度满足其需求的理想模式比对，找出“差距”，进而拟定“培养目标”相关选项。

（3）邀请教指委委员等学科专家论证

汉语国际教育与对外汉语教学一脉相承，二者均主要研究汉语作为第二语言教学问题。汉语国际教育专业在成立之初，国务院学位委员会、国家教育部成立汉语国际教育硕士专业学位教育指导委员会（以下简称“教指委”），教指委委员多数为汉语国际教育专业和外国留学生教育专家，他们对汉语国际教育硕士学科基础、专业成立背景和目的、专业性质和特点等较为熟悉。此外，教指委委员参与讨论、制定汉语国际教育硕士人才培养方面的相关指导性文件，例如《汉语国际教育硕士专业学位基本要求》《汉语国际教育硕士专业学位研究生指导性培养方案》《汉语国际教育硕士专业学位论文撰写指导性意见》等，其对该专业未来发展方向较为明确，对该专业学生职业需求和发展较为了解。因此，培养单位在汉语国际教育硕士培养模式优化方案出台之前，先听取教职委委员等学科专家建议十分必要。

（4）哲学筛选汉硕“培养目标”

综合考虑“汉语国际教育硕士自身需求”、“海外汉语教学环境及海外汉语用人单位具体需求”、“汉语国际教育硕士学科专家建议”，列举出培养单位汉语国际教育硕士优化培养目标，该目标项目数量较大，需进一步比较、筛选。第一轮筛选依据为“哲学筛选”。首先，培养单位明确自身院校发展理念、发展特色、发展优势，了解自身院校所坚持的哲学教育观，之后，便可针对前面列举出的培养目标项目进行筛选。“哲学筛选”人才培养目标需遵循以下原则：1.重点找出已列培养目标项目中表述冲突之处。例如，针对某一非通用语种国家培养汉语教师，“海外汉语教学环境及海外汉语用人单位具体需求”一项中要求汉语国际教育硕士生具有较高对象国语言使用能力，而“汉语国际教育硕士学科专家建议”并未对外语水平给出太高要求，仅需通过出国前汉办举办的小语种培养课程考试即可。面对观点不一致的目标要求，需要汉硕培养单位遵循“哲学筛选”的第二条原则。2.“哲学筛选”的第二条原则是指彼此冲突与矛盾项目，需二次调研和二次论证，最终，培养单位选择既彼此一致又非常重要的目标。3.采纳的目标应尽量少，因为实现培养目标需要时间，换言之，需要花时间才能改变人的行为模式。如若尝试的多而完成的少，这样的培养计划没有效果。4.最终选定的培养目标需高度一致，以免令汉语国际教育硕士生陷入人类行为模式相互矛盾的困惑之中。以上就是汉语国际教育硕士培养目标“哲学筛选”时需要遵循的四条原则。这里还需强调，当汉语国际教育硕士培养单位接受某些价值观作为基础时，意味着这些价值将成为培养院校在教育计划中努力实现之价值。就学生培养而言，其培养目标的确定，正是学校计划实现的各类价值、理想、习惯与实践。与这些价值相一致的目标将被纳入学校教育计划，而不一致的则不予采纳。由此可见，社会哲学和教育哲学将是取舍培养目标项目的重要手段。

（5）利用学习心理学理论筛选汉硕“培养目标”

学习心理学是专门研究学生群体学习的一门科学，也是人才培养模式研究等应用学科的理论基础。在汉语国际教育硕士培养模式优化过程中，学习心理学对于阐明学生学习规律、对于培养目标选取具有不可或缺之作用。学习心理学中的“学习信息加工机制”“事实性知识学习规律”“概念与原理学习一般规律”“认知发展相互作用理论”“学习与动机”“建构主义”等理论均可为汉语国际教育硕士培养模式中“培养目标”要素取舍问题提供依据。

二、系统论、行动研究：汉硕培养模式优化方法

（一）系统论

汉语国际教育硕士培养模式优化问题需在“系统论”思想指导下进行。系统是指“由若干相互作用、相互依赖的要素联结构成的具有特定功能的有机整体。大至宇宙，小到原子，无论自然界还是人类社会，不论过去、现在，还是未来，系统无处不在，无时不有。系统论是研究系统的一般模式、结构、性质和规律的理论”。[①] 系统论方法的核心是用系统思想来统领对事物的研究。系统论强调“任何系统均由诸多要素有机组合而成，每个要素均发挥各自功能，但系统功能并非各要素功能的简单相加，而是超越各要素功能的新功能，要素离开系统，其功能也将随之消失”。[②] 前文已详细阐述，系统论包括四个原则：整体性、关联性、有序性和动态发展性。系统论研究的最终目标是实现系统的优化问题，“不断优化”是系统不断发展的必然趋势和规律。汉语国际教育硕士专业学位培养模式虽然由培养模式各个要素组成，但作为一个整体，不是各个要素简单相加拼凑而成，而是将要素串联成一个整体，培养模式各个组成要素之间、各个组成要素与培养模式整体之间、培养模式与人才培养外界环境之间等等均存在诸多内在联系和规律，“培养模式”需要被人们作为一个整体来进行全面研究。因此，汉语国际教育硕士培养模式优化问题应该选取从整体到局部，从系统到元素、从上到下、从总到分的研究途径。

---

① 吴应辉，《汉语国际传播研究理论与方法》，北京：中央民族大学出版社，2013年1月版，140页。

② 吴应辉，《汉语国际传播研究理论与方法》，北京：中央民族大学出版社，2013年1月版，140页。

（二）行动研究

汉语国际教育硕士培养模式优化问题适宜采用“行动研究”方法。原因有二：一是因为该专业开设仅十二年，办学经验有限，理论指导不足。二是已有部分理论是研究者仅凭个人兴趣选择的研究课题，研究内容与汉硕培养过程中遇到的实际问题存在差距。结果，一方面，汉硕专业管理者、硕导与汉硕生得不到已有科研成果的有效指导；另一方面，由于诸多原因（如工作太忙、没有科研经费、领导不重视、缺乏指导等），汉硕专业管理者、硕导和汉硕生较难放下工作和学习任务，对自己所处的环境和面临的问题进行系统研究。面对这些问题，行动研究可以有效平衡，进而加以解决。行动研究倡导汉语国际教育硕士生导师自己通过研究手段来对自己在汉硕培养过程中遇到的问题做出判断，在研究者的帮助下进行严谨的探究，然后采取相应的行动来改善自身所处的环境。“行动研究”为汉语国际教育硕士培养模式优化提供了一个较好的研究方法。

“行动研究”越来越多的得到“质”性研究者的青睐。“随着社会科学界对研究价值的涉入和政治权力意识的加强，质的研究越来越强调研究的行动功能，研究者越来越注意自己的研究对被研究者的实际意义以及实际工作者参与研究的可能性。质的研究在这方面的关怀比较集中地表现在近年来对“行动研究”的日益重视。”[①]“行动研究”在《国际教育百科全书》中被界定为“由社会情境（教育情境）的参与者为提高对所从事的社会或教育实践的理性认识，为加深对实践活动及其依赖的背景的理解所进行

① 陈向明,《质的研究方法与社会科学研究》，北京：教育科学出版社，2015年6月版，447页。

的反思研究”。[①] 汉语国际教育硕士专业学位培养模式研究成果有限、培养经验不足，恰好为未来关于该课题行动研究提供了广阔的研究空间。在运用“行动研究”方法时需要注意“被研究者不再是研究的客体或对象，他们成了研究的主体。通过研究和行动这一双重活动，参与者将研究的发现直接运用于社会实践，进而提高自己改变社会现实的能力”。[②] 汉语国际教育硕士领导者、导师甚至汉硕生本身均可运用行动研究方法不断提出汉硕培养存在的问题，建立研究方案加以深入研究，试图找出解决对策，进而将解决对策运用于实践加以检测。

关于汉语国际教育硕士培养模式优化问题，在运用“行动研究”方法进行研究时，可以采纳以下三种研究范式：一是汉语国际教育硕士生导师运用科学方法对自己的行动加以研究，例如可以采用测量、统计等方法进行行动研究，研究范围可大可小，既可以是较大规模的验证性调查，也可是小规模的实验研究。二是汉语国际教育硕士生导师为解决自己实践中遇到的问题而进行研究。“这种类型使用的不仅仅是统计数据等科学研究手段，而且包括参与者个人的资料，如日记、谈话录音、照片等。研究的目的是解决实践中行动者面临的问题，而不是为了建立理论。”[③] 三是汉语国际教育专业硕士生导师对自己在汉语国际教育专业硕士培养实践中进行批判性反思。“这种类型强调以理论的批判和意识的启蒙来引起和改进行动，实践者在研究中通过自我反思追求自

① 转引自陈向明,《质的研究方法与社会科学研究》，北京：教育科学出版社，2015年6月版，448页。

② 陈向明,《质的研究方法与社会科学研究》，北京：教育科学出版社，2015年6月版，448页。

③ 陈向明,《质的研究方法与社会科学研究》，北京：教育科学出版社，2015年6月版，449页。

由、自主和解放”。[①] 总之，汉语国际教育硕士专业学位培养模式优化行动研究主要依靠汉语国际教育硕士培养者的参与，注重汉硕培养过程与实际培养者的行动过程相结合。

三、培养模式构成要素系统优化：汉硕培养模式优化路径

汉语国际教育硕士培养模式优化路径：从“整体”出发，最终又回归“整体”。汉语国际教育硕士培养模式是由诸多构成要素组合而成的系统。笔者择其主要要素进行合并与提炼之后，在书中第一章中概括出了汉语国际教育硕士培养模式十大构成要素，分别是：培养目标、课程设置、课程内容、实习实践、教学方式、培养方式、师资建设、管理保障、论文撰写、海外就业。在汉语国际教育硕士培养模式这一系统中，首先从整体探讨采纳定向还是非定向培养模式，其次考虑汉硕培养模式优化起点、优化核心、优化步骤，进而形成科学优化路径。

在探讨汉语国际教育硕士培养模式优化路径之前，笔者注意到了汉语国际教育硕士培养模式构成要素之间、整体模式与学校、社会环境之间的普遍联系与制约功能，即其彼此具有的“关联性”。此外，十大构成元素之间并非简单并列关系，而是具有一定层级性和等级性，相应地，优化也应有主次之分、先后之别。汉语国际教育专业硕士培养模式优化路径如图所示：

① 陈向明,《质的研究方法与社会科学研究》，北京：教育科学出版社，2015年6月版，449页。

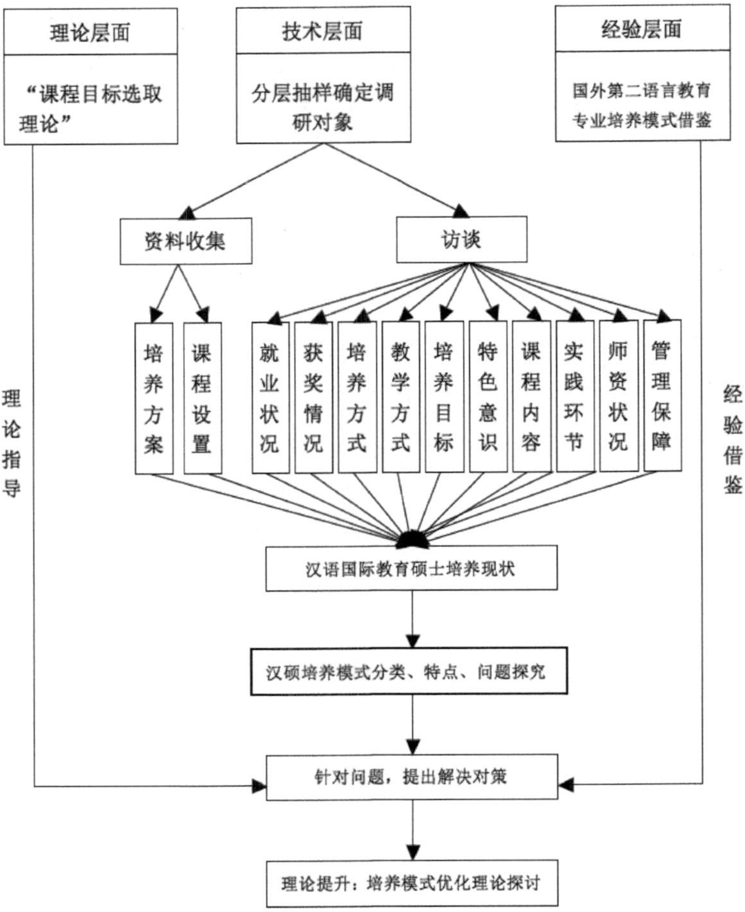

图 5-1　汉语国际教育专业硕士培养模式优化路径

具体优化步骤如下：

步骤一：优化培养目标。汉语国际教育专业硕士培养模式优化的核心是培养目标的优化。在教指委《指导性培养方案》指导下，各培养单位首先进行“五位一体需求分析”，将调研结果结合自身办学条件、办学特色（理念特色、地域特色、学校特色、学科特色）提出汉语国际教育硕士具体、明确的培养目标。该培养目标包含教育理念和培养规格两个要素。教育理念主要包括理想、信念和价值观等问题，在理想信念指导下确定选取汉语国际教育硕士定向或是非定向人才培养类型，在相应类型之下，具体选用或创新培养模式。培养规格主要指对汉语国际教育专业硕士知识、能力和素质等方面的要求和标准。培养目标明确之后，在招生过程中，将对学生本科专业背景提出相对具体的要求。

步骤二：优化课程设置。培养目标经过科学筛选和论证相对明确、具体之后，在培养目标指导下优化课程设置。课程设置优化遵循三个原则：一是在教职委《指导性培养方案》指导下进行课程设置；二是依据具体培养单位培养目标调整课程设置，突出特色课程。三是依据学习心理学已有研究成果科学设置，追求有效学习。

步骤三：加强“双师型”和“多元化”师资建设。汉语国际教育师资建设的优化包括两个方面：一是“双师型”师资建设；二是“多元化”师资建设。实现汉语国际教育硕士培养模式的系统优化，师资要素的优化是关键。

“百年大计，教育为本，教育大计，教师为本”，汉语国际教育硕士的培养同样离不开优质导师。与科学硕士导师要求不同的是，汉语国际教育硕士师资建设，亟待加强“双师型”教师队伍建设。所谓“双师型”教师是指既具有深厚的专业理论知识又具有丰富实践教学经验的教师。汉语国际教育硕士生“双师型”导师是指既具有与汉语国际教学相关理论知识，同时，又具有多年海外汉语教学经验的导师。调研发现，目前，汉硕导师师资队伍呈现高学位、高职称现象，多由博士和教授、副教授组成。但遗憾的是，导师队伍中具有两年及以上海外教学经验的导师数量较少。于是，在汉硕导师队伍中出现“理论知识丰富、实践经验不足”的问题。故加强“双师型”师资队伍建设是培养模式优化的关键一环。

汉语国际教育硕士师资建设，还需加强“多元化”。师资“多元化”包括几个维度：一是指国内、国外导师多元组合；二是指擅长理论研究与实践教学的师资多元组合；三是指与汉语国际教育相同或相近专业背景教师多元组合。汉语国际教育专业是一门交叉学科，是一个外向型专业，其师资队伍需实现“多元”优化。

步骤四：优化课程内容。优化课程设置之后需要优化课程内容。课程内容是指课程中呈现出的知识及知识的组织形式。加大“程序性知识”呈现比重是汉语国际教育硕士课程内容优化方向。

步骤五：改进教学方式。根据需要，在传统“一黑板、一讲堂”和PPT教学方式基础上，适量引入新型教学方式。

步骤六：创新培养方式。为有效解决“学生就业接口不畅”问题，可尝试推广“中外联合培养”方式。汉语国际教育硕士专业具有专业特殊性，该专业毕业生未来就业方向在海外，而非国内，“中外联合培养”方式便于学生及早适应和融入就业对象国教育体系。课程学分实行中外培养单位互认，实习和论文指导实现国内、国外双导师共同把关。

步骤七：加强实践实习。实践实习活动应在培养目标指导下有针对性开展，而非实习工作性质“随意”、海外实习国家“随机”。“海外实习”经历对汉硕生十分重要，不仅能开阔学生视野，且能够为学生毕业论文撰写提供一线素材。

步骤八：加强管理保障。优化汉语国际教育硕士培养模式，需要加强管理保障。管理保障是指为实现培养目标而主动对培养模式系统内部各种资源进行整合与调配的行为过程。管理的内容与方式始终围绕实现培养目标来取舍。汉语国际教育硕士培养模式优化之后的培养目标对其外在管理保障提出了更高要求，亟待加强。所以，加强管理保障是实现培养模式优化的重要条件。

步骤九：提高毕业论文质量。毕业论文写作训练是对汉语国际教育硕士生人才培养的重要环节，也是培养目标实现状况的重要体现。改进毕业论文指导方式、突出论文选题专业性和针对性等措施，是提高汉语国际教育专业硕士论文写作质量的重要手段。调研得知：汉语国际教育硕士毕业论文或毕业设计撰写工作与海外实习工作同时进行，部分硕士生的论文写作主要在海外完成。国内导师在论文写作指导方面较难实现深入指导，此外，学生在海外实习过程中资料获取困难较大，汉硕实习生建议如若实现国内、海外双导师制，在海外论文撰写过程中，海外导师给予一定指导和帮助，将会提高论文写作质量、降低论文写作难度。

步骤十：对接海外就业。汉语国际教育硕士培养模式优化与否的另一重要标志是就业率、行业相关率及海外汉语用人单位满意度。提高就业率、行业相关率、海外汉语用人单位满意度的重要方法：首先，在培养目标统一指导下，与课程设置、实践实习等构成要素相互配合，就业选择国家与培养目标一致；其次，通过中外联合培养，考取海外相应国家教师资格证，扫除就业障碍；再次，入学后通过相关课程深入了解就业对象国国家教育、文化等基本情况，深入学习、了解对象国语言、文化，尽量消除语言、文化障碍。对接海外就业接口，是汉语国际教育硕士培养模式优化的最后环节。

第二节　汉语国际教育硕士培养模式优化方向

一、加强“层级化培养”意识

汉语国际教育硕士“层级化培养意识缺失”是人才培养的问题之一。目前,“定向培养模式”亦或“非定向培养模式”，培养出的汉语国际教育硕士赴海外从事汉语教学时，仅有少部分汉硕生进入高校讲授中文或承担中文、中华文化选修课程，多数进入海外幼儿园、中小学任教。

海外大学汉语国际教师主要任务是完成汉语、中华文化相关知识性教学，而课堂管理问题和学生成长发展问题考虑较少；中小学汉语教师知识性教学是一方面，课堂管理同样是其工作重要组成部分；幼儿园汉语国际教师知识性教育十分有限，且有限的知识性输入更多通过游戏形式让儿童习得，除此之外，其工作任务还包括为儿童提供一个安全、幸福、友爱的环境，平等地去尊重每一个孩子，促进每位儿童在身体、心理、身体、社会性、智力等各个方面的发展，使每个儿童的潜力均能得到最大程度得开发。大学阶段要求汉语国际教育注重汉语和中华文化学科知识传授；中小学教学要求“儿童发展知识”和“学科知识”并重，高年级时，逐渐过渡到以“学科知识”为主；幼儿园的汉语国际教师以“儿童发展知识”为本体性知识，学科知识仅为工具性知识。

在海外从事幼儿园汉语教学、中小学汉语教学、大学汉语教学差别较大，对汉语国际教师提出的要求不同。汉语国际教育硕士培养单位应尝试汉语国际教育“层级化培养”。所谓“层级化培养”是指为海外幼儿园、中小学、大学不同学龄的汉语学习者培养与之年龄特征、性格特征、教学内容、教学环境适切的更能凸显专业特征的汉语国际教师。调研后了解目前国内并无一所院校尝试汉语国际教育专业硕士“层级化培养”，而这种培养意识是海外汉语教学的现实需求。某大学汉语文化学院2015级汉语国际教育硕士生武艳红同学曾远赴泰国Sakaeo suppawit幼儿园从事汉语教学一年，在接受笔者访谈时提到：

我是国家汉办派往泰国的志愿者，当我得知自己被派往幼儿园时，心里有些忐忑。因为虽然自己本、硕均是汉语国际教育专业出身，但在本硕课堂中从未系统学习了解过如何在海外当好一名幼儿园教师的相关课程。果不其然，工作第一周后，自己就已身心疲惫，每节课准备的内容十分之一都讲不完，课堂多半时间在维持课堂秩序或是组织游戏。即便维持课堂秩序和组织游戏也需要经验和技巧，我只好虚心向本土教师请教。本土教师汉语水平不高，汉语作为第二语言教学能力不足，双方配合很不容易。于是那段时间自己甚至有些沮丧，觉得本科四年和硕士所学与实际工作有差距，甚至一度怀疑自己是否适合从事汉语国际教育工作。好在没有放弃，一直在坚持和思考，大概四五个月之后，自己逐渐摸索出幼儿汉语教学的一些小技巧和维护课堂秩序的小办法，自己也慢慢对小孩有了耐心，对工作产生了兴趣。我觉得汉语国际教育硕士学制有限，要是在入学初即了解自己未来教学对象大致年龄段，在有限的时间内有针对性操练教学技能，应该可以一定程度避免实习或刚入职的长时间不适。此外，不是每一个人都适合在幼儿园工作，幼儿园教学工作对教师性格、耐心、兴趣有较高要求，如在开学初即可得知自己将来教学对象且具有选择性，那是最理想的。

可见，未来汉语国际教育硕士可尝试“幼儿汉语国际教师”、“中小学汉语国际教师”、“大学汉语国际教师”分层级培养。

他山之石，可以借鉴。英语作为第二语言专业硕士培养中，部分院校施行英语国际教育“层级化”培养。例如，美国纽约大学（New York University）在“英语作为第二语言专业硕士培养方案”[①]中分列出“对成人（高等院校学生）英语作为第二语言教学师资培养”、“对儿童（幼儿园、中小学）英语作为第二语言教学师资培养”两个不同方向，供刚入校英语作为第二语言专业硕士生根据自己兴趣选择。两个方向一半课程相同，一半课程不同。不同课程各自突出“层级化培养”特色。如在“对成人（高等院校学生）英语作为第二语言教学师资培养”方向中开设了《大学（成人）英语二语教学课堂教学技巧》《英语学习者学术英语写作研究方法与实践》《多种语言影响下、多元文化背景下跨文化交际研究》等针对性课程，而对“儿童（幼儿园、中小学）英语作为第二语言教学师资培养”方向未涉列以上课程；与此相反，“对儿童（幼儿园、中小学）英语作为第二语言教学师资培养”方向开设了《面向中小学二语教学课堂教学技巧》《青少年发展》、《中小学二语教学课堂管理》《都市语境中青少年学习者研究》《幼儿园至六年级的TESOL学生教学研讨会》《七至十二年级的TESOL学生教学研讨会》等针对性课程。选修课中开设《吸毒教育和酒精教育》《教师的社会责任 —— 虐待儿童鉴定和校园暴力预防》等课程。[②]由此可见，TESOL培养单位较为重视对不同学段学生“层级化培养”二语教师。日语作为二语教育专业培养院校同样具有“层级化培养”意识。例如早稻田大学，其日本语教育专业虽未像纽约大学划分出“对成人（高校）”、“对未成年（中小学、幼儿园）”等不同培养方向，但却通过“加大选修课比重”方式实现“层级化培养”。具体实现方式为：培养单位开设“日本语教育

① *Master's Programs in TESOL: Programs of Study*，Department of Teaching and Learning，网址：http：//steinhardt.nyu.edu/teachlearn/tesol/ma/program_of_study.

② 纽约大学官网，纽约大学TESOL硕士培养方案：http：//www.nyu.edu/

研讨课程模块”、“日本语教育实践训练模块”、“日本语教育学理论研究模块”课程，各版块中既有针对“对成年人日语教学”教师教育相关课程，也有针对对“中小学”和“幼儿园”教师教育相关课程。学生可以根据自身兴趣和未来职业要求选择课程学习，保证修满30学分即可。笔者在日本早稻田大学网站搜集到日本语教育硕士专业培养方案，现将其翻译成中文表述如下：

《早稻田大学日本语教育硕士专业培养方案》①

（注释：在日本，日语作为第一语言教学一般称为国语学，日语作为第二语言教学一般称为日本语教育专业）

***课程设置**

（为适应当今日本语教育多元化局面，针对不同日本语学习群体培养具有针对性的日本语教师，我校日本语教育专业经过科学论证，研发了针对性较强的教材并选择出恰当的教学方法并制定出以下课程设置。）

课程类型与学分分布	课程名称
日本语教育研讨课	导师根据近期研究成果和研究项目开设课程，日本语教育专业学生学习并逐渐参与导师研究项目。该课程具体课程名称、学分分布由导师决定。该类型课程的开设旨在培养日本语专业硕士生科研能力和教学过程中运用系统、科学的研究方法发现问题、解决问题的能力。上课形式多为在导师指导下学生参与研究、讨论和介绍研究成果。
日本语教育实践训练	学生在日本语教育研究中心设置的日本语讲堂中授课观摩、实习、实践，通过学习如何制定教学大纲、编写教材、如何采用恰当教学方法、如何授课、如何评价等，进行与教育实践密切相关的训练。

① 早稻田大学官网，日本语教育专业课程设置：http：//www.waseda.jp/gsjal/edums.html.

续表

课程类型与学分分布	课程名称
日本語教育学理論研究	该版块教学目标是学习日本语教育所必须的基础理论和日本语教育学的研究方法，主要课程有:《日本语教育区域化培养研究》、《跨文化交际研究》《面向青少年日本语教育研究》、《语法教学论》、《语义教学论》、《对比语言研究》、《语言文化教育研究》、《音韵学》、《语言文化教育研究》、《第二语言习得研究》、《教材、教具论》、《日本语教学法研究》、《文章话语分析》、《教学环境设计》、《日本语教学史》、《语言教育政策研究》、《 应用语言学研究》、《语言心理学》、《多媒体教育理论》、《语法学》、《异文化交际教育学》、《日本社会文化论》、《日本语语言学概论》、《语言数据分析论》、《量化研究》、《质性研究》、《日本语特殊教育研究》

***培养方式及要求**

采用全日制学分制学习方式，学习年限一般为2年。要求2年内完成30学分课程学习并通过考试考核，在研究生指导下能够独立完成硕士论文写作。注释：日本大学是学分制，学生自愿选择所学课程，提前申报。申报成功后，教授有学生名单，教授上课记考勤，记学生报告数量，记考试成绩，年终总和考核后给学生评级。一般一门课一星期只上一节（1个半小时左右），一学期14节课。成绩评价有出席率、报告成绩、期末考试成绩。

学分获取要求如下：

课程类型	学分要求
日本语教育研究训练	8学分（2分×4科目）
日本语教育实践训练	9学分（3分×3科目）
日本语教育学理论研究	10学分（2分×5科目）
任选科目	3学分

※（任选科目是指从日本语教育研究训练、日本语教育实践训练及日本語教育学理論研究的科目中获得3个或3个以上学分。）

学分获取时间如下：

学年	1年		2年		合计
学期	第一学期	第二学期	第三学期	第四学期	
日本语教育研究训练	2	2	2	2	8
日本语教育实践训练	3	3	3		9
日本語教育学理論研究	6	4			10
任选科目	3				3

***学位的种类**

本学院“日本语教育学专业”的毕业生将被授予“日本语教育学硕士”学位。

从《早稻田大学日本语教育硕士专业培养方案》中可以看出，通过给予学生较大选课自由度方式，实现对学生“层级化”培养。如某位学生性格活泼可爱、喜欢唱歌跳舞、喜欢小孩，希望自己毕业之后能在国外中小学教授日语，该生可选择《面向青少年日本语教育研究》《教学环境设计》《教材、教具论》《多媒体教育理论》、《语言心理学》等课程重点学习；而另外一个学生，性格成熟稳重，更愿意与成人交往，希望自己将来在国外某所大学讲授日语，那么，该生可选修《对比语言研究》《异国文化交际教育学》《语言数据分析》《量化研究》《质性研究》等课程，为今后深造和就业打下坚实基础。总之，给予学生自由、灵活的选课权利是日语二语教学师资“层级化培养意识”的具体体现。

通过比对可知，目前汉语国际教育硕士尚待加强“层级化培养意识”，这正是“定向培养模式”、“非定向培养模式”共同面对的新问题。

二、树立“国际化培养”理念

“促进中华文化海外传播，既是实现中华民族伟大复兴的重要使命之一，也是我国综合实力不断提升的必然要求”[①]，汉语国际教育硕士作为中华文化海外传播的重要使者，需要具有国际化意识。

培养汉语国际教育硕士生“国际化培养”理念是汉语国际教育硕士培养模式优化的方向。

世界高等教育大会于1998年发表了题名为《21世纪的高等教育：展望和行动》的世界宣言，宣布未来教育发展的主要趋势为高等教育国际化。美国十分重视人才培养“国际化”问题，“哈佛大学力争让每个美国学生到海外吸取经验。耶鲁大学提出通过教学科研、学生国际合作和教学手段的全球化为美国和全世界培养领袖人才。”[②]“为使欧洲高等教育重现辉煌，欧盟推出了‘欧洲大学生流动行动计划’，发布了《博洛尼亚宣言》。”[③]“亚洲各国努力通过高等教育国际化提供的发展机遇，实现自身跨越式发展。新加坡实行了联合培养计划，日本早稻田大学提出了建设‘有日

---

① 李东伟，“一带一路”下的中华文化海外传播[J]，人民论坛，2017年8月。

② 刘丽霞、刘惠琴，加强国际化培养，提高研究生教育质量[J]，《学位与研究生教育》，2012（12）：21。

③ 刘丽霞、刘惠琴，加强国际化培养，提高研究生教育质量[J]，《学位与研究生教育》，2012（12）：22。

本特色的培养世界人的世界性大学’的口号。”①

近些年，中国同样十分重视高等教育人才培养“国际化”问题。“中国教育与全球教育从未像现在这样联系如此紧密，进一步扩大开放，实现更高水平的教育开放发展，是我国教育发展的新需要，更是新时期国家经济社会发展的新需要。要坚持教育对外开放，以我为主、兼容并蓄，双向交流、合作共赢，办出中国特色、世界水平的现代教育。”②

在教育国际化背景下，研究生教育国际化培养是高等教育中人才培养价值观的重要内容，也是实现我国高水平、复合型人才培养目标的内在要求。汉语国际教育硕士，作为外向型的专业硕士，其以培养“适应汉语国际推广工作，胜任汉语作为第二语言/外语教学的高层次、应用型、复合型”人才为目标，要实现该目标，在其培养过程中需树立“国际化”培养理念。汉语国际教育硕士“国际化培养”理念是指在汉语国际教育硕士培养过程中，培养单位树立国际化培养目标，设置国际化课程，实现中外联合培养，帮助学生海外实习与就业，指导学生开展关于世界各国汉语教育的国别化和区域化选题研究，通过两年或三年弹性学制的学习，使学生树立国际化意识、具有国际化视野，在世界各国汉语教学领域具备较强国际竞争力。

在汉语国际教育专业硕士培养过程中，培养单位决策者、管理者的国际化意识和理念非常重要。决策者制定汉语国际教育硕士培养单位长期、整体发展战略，决策者对培养单位的战略部署拥有绝对的领导权和话语权，管理者则践行培养单位的管理，贯

① 刘丽霞、刘惠琴，加强国际化培养，提高研究生教育质量[J]，《学位与研究生教育》，2012（12）：22。

② 耿道来，以开放发展拓展教育资源 —— 四论牢固树立新的教育发展理念[N]，《中国教育报》，2016年1月21日。网址：http：//www.moe.gov.Cn/jyb_xwfb/moe_2082/zl_201601/2016_zl04/201601/t20160121_228535.html

彻落实培养单位的政策与部署，将国际化的人才培养理念融入进培养单位的管理运行之中。

汉语国际教育硕士生导师的地位同样举足轻重，汉硕导师是汉语国际教育硕士培养的直接践行者，导师的人才培养的理念直接影响汉语国际教育硕士的素质和能力。所以汉语国际教育硕士培养单位的硕导本身应该具有国际化视野，将国际化的教育理念融入进教育活动之中。此外，担任汉语国际教育硕士生的导师群体，需运用国际性的眼光来分析和认识汉语国际教育硕士培养过程中存在的问题，以国际化的视角吸收和借鉴世界部分国家成功的第二语言教育理论和实践，将汉语国际教育硕士的培养与海外各国对汉语教师的需求密切结合。

三、突出专业特色

非综合类院校汉语国际教育硕士培养单位在人才培养过程中应凸显专业特色。所谓综合类和非综合类大学是按照学科门类对我国高校进行的划分，“全国普通高校主要分为综合大学、理工学院、农业学院、林业学院、医药院校、师范院校、语言院校、财经院校、政法院校、体育院校和艺术院校”。①目前，获批汉语国际教育硕士培养单位共147所。经笔者统计，147所院校中综合类大学58所（其中民族院校4所），理工类大学26所，农业学院2所，医学院校2所，师范类院校38所，语言类院校11所，财经类院校9所，艺术类院校1所。笔者将已经开设汉语国际教育硕士的147所培养单位按照高校性质的不同，进行了分类列表，详情见表5–1。

---

① 杨德广、谢安邦,《高等教育学》，北京：高等教育出版社，2015年第1版，182页。

表 5-1　按照高校性质分类汉语国际教育硕士培养单位一览表

分类	开设汉语国际教育硕士专业高校名单
综合类大学	北京大学、西北大学、南开大学、复旦大学、山东大学、中山大学、四川大学、中国人民大学、兰州大学、新疆大学、厦门大学、山西大学、渤海大学、吉林大学、黑龙江大学、南京大学、浙江大学、武汉大学、暨南大学、河北大学、青岛大学、辽宁大学、苏州大学、郑州大学、河南大学、湖北大学、广西大学、重庆大学、西南大学、云南大学、上海大学、扬州大学、安徽大学、南昌大学、鲁东大学、湖南大学、广州大学、沈阳大学、烟台大学、贵州大学、东南大学、同济大学、中央民族大学、广西民族大学、云南民族大学、延边大学、温州大学、济南大学、中南民族大学、深圳大学、长安大学、三峡大学、宁波大学、长春大学、中国社会科学院研究生院、燕山大学、天津大学、苏州大学
师范类大学	北京师范大学、陕西师范大学、东北师范大学、南京师范大学、首都师范大学、河南师范大学、重庆师范大学、西北师范大学、新疆师范大学、福建师范大学、沈阳师范大学、吉林师范大学、海南师范大学、哈尔滨师范大学、华东师范大学、华中师范大学、云南师范大学、天津师范大学、河北师范大学、辽宁师范大学、内蒙古师范大学、上海师范大学、浙江师范大学、安徽师范大学、山东师范大学、曲阜师范大学、江西师范大学、湖南师范大学、华南师范大学、广西师范大学、四川师范大学、江苏师范大学、安阳师范学院、杭州师范大学、信阳师范学院、湖北师范学院、广西师范学院、江西科技师范学院
理工类大学	华中科技大学、上海交通大学、浙江科技大学、河南理工大学、湖北工业大学、西南科技大学、西安建筑科技大学、西安石油大学、兰州交通大学、北京理工大学、西南交通大学、中国石油大学、天津理工大学、华北理工大学、河北科技大学、南京信息工程大学、上海海事大学、杭州电子科技大学、浙江工业大学、绍兴文理学院、中国计量大学、重庆交通大学、成都信息工程大学、昆明理工大学、陕西理工大学、大连理工大学

续表

分类	开设汉语国际教育硕士专业高校名单
农业类大学	中国海洋大学、华北水利水电大学
医药类大学	天津中医药大学、陕西中医药大学
语言类大学	北京外国语大学、上海外国语大学、西安外国语大学、北京语言大学、广东外语外贸大学、北京第二外国语学院、天津外国语大学、四川外语学院、华侨大学、吉林华侨外国语学院、大连外国语学院
财经类大学	对外经济贸易大学、上海财经大学、中央财经大学、东北财经大学、山东财经大学、西南财经大学、贵州财经大学、新疆财经大学、浙江财经大学
艺术类大学	中国传媒大学

非综合类院校可以根据自身院校专业特长尝试采用汉语国际教育硕士“专业型培养模式”。采用专业型培养模式条件：充分分析和挖掘自身专业特点、利用所在院校专业特长将专业与汉语教学有效结合，进而在《教指委》指导下设置体现专业特色的汉语国际教育硕士培养方案，形成“专业型”特色培养模式。例如，上海财经大学可依托其“国际商务汉语教学资源与开发基地（上海）”这一平台，以商务汉语教学为办学特色，开展对汉语国际教育硕士商贸知识的介绍，培养国际商务汉语教师。外语类高校亦可利用小语种资源丰富优势，形成特色培养模式。

四、开辟“一语定向培养”新模式

（一）“一语定向培养模式”界定

一语定向培养是指汉语国际教育硕士培养目标相对明确，专为母语或通用语为同一种语言的两个或两个以上国家汉语学习者培养汉语国际教师，如专为母语或通用语是英语的汉语学习者培养汉语教师或专为母语或通用语是俄语的汉语学习者培养汉语教师。

（二）“一语定向培养模式”开辟理据

1. 多国或地区共用一门通用语现象存在

少数国家语言相同或相近。比如英语是美国、英国、加拿大、澳大利亚等多国母语。“语别定向培养”充分利用了少数国家语言相同或相近的优势，提高了人才培养效率。

“一语培养”对象国的一个重要特征是一个或几个国家共用一门通用语。语言是文化的载体，语言本身就是文化。目前汉语国际教育硕士遇到最大问题是对象国语言使用水平欠缺，对象国文化了解不够深入。导致对象国语言水平欠缺、对象国文化了解不深入的原因不是汉语国际教育硕士生学习不努力、不认真，恰恰相反，汉语国际教育硕士生普遍反映读研期间学得知识较多，自己较为刻苦。究其原因是部分院校没有实现定向培养，更多院校仅将英语作为外语，汉教生被派往非英语国家从事汉语教学时，自然对象国语言能力受限，当地文化接受、了解较慢。语言不通、当地文化不了解成为汉语国际教育硕士生海外工作成长之路上的绊脚石。与此相反，当汉语国际教育硕士生了解一门外语之后，可以赴以该门语言为母语或通用语的多个国家和地区讲授中文，一定程度上提高了汉教硕士培养效率。与此相应，共用一门通用语的国家自然成为“语别培养”对象。

2. 共用通用语国家之间存在历史、文化渊源关联

一语培养对象国一般学习汉语人数有限，与其余一个或几个国家共用一门通用语。共用同一门语言国家和地区之间一般具有相似或相近的文化习俗，具有一定历史渊源关联。“语别定向培养”的主要原因是汉语国际教育硕士培养单位发现部分国家目前对汉语教师需求有限，只有实现多个国家汉语教师共同培养，才

能保障该专业学生就业通道通畅。而共用同一门语言国家之间语言、文化、生活习俗相近，可以将其视为汉语国际教育硕士服务“共同体”。因为该共同体具有相近的语言、文化且历史渊源关系密切，所以利于汉语国际教育硕士对其语言、文化进行集中而深入地学习，也利于汉语国际教育硕士将其语言、文化与华语、中华文化进行对比研究，利于对比教学法的具体使用。为共用同一门语言的诸国、诸地区培养针对性汉语教师，最为有效途径为汉语国际教育硕士“语别定向培养”。

（三）“一语定向培养模式”分类

“一语定向培养模式”可以成为汉语国际教育硕士“定向培养模式”下位分类中的一个新类别。“一语定向培养模式”可以分为两类：一是“一语、地域重叠式定向培养”；二是“一语、地域分离式定向培养”。

“一语定向培养模式”是针对某几个国家定向培养汉语国际教师，这几个国家一般拥有一门共同语，而且国土相连、文化交融。“一语、地域分离式定向培养”是指为两个或两个以上国家或地区培养汉语教师，这几个国家由于历史原因一般拥有一门共同语或使用同一种母语，但地理位置并不相连，甚至相距较远。“一语定向培养模式”作为“定向培养模式”的新形式，未来办学成熟的培养单位可以尝试使用。

北京语言大学校长崔希亮于2015年10月29日在中央民族大学国际教育学院做了题名为《汉语国际教育与“一带一路”》的讲座，他在讲座中也针对汉语国际教育硕士培养模式创新问题提出了建议：

我们未来可以尝试对母语是葡萄牙语国家有针对性的培养汉语国际教师，因为不仅葡萄牙需要教学能力强、跨文化交际能力强的优秀汉语教师，巴西同样需要。巴西作为南美洲最大国家，其官方语为葡萄牙语。巴西也是未来汉语国际推广的重点。因此，有针对性的培养精通葡萄牙语和了解与葡语文化有关的汉语教师，未来就业机会较多。

以上观点正是“一语、地域分离式定向培养”的具体体现。遗憾的是，目前147所汉语国际教育硕士培养单位无一采用该模式。

“语别定向培养”一定程度解决汉语国际教育硕士对象国语言能力欠缺问题，同时可以提升培养效益，增加学生海外就业机会。“语别定向培养”模式有一点需要深入论证，即“语别地域分离式定向培养”选取的定向培养国家之间拥有一门共同语，但由于地理位置相距较远，独立发展时间较长，故当代风俗、文化差异较大。关于这一点，首先需要理清汉语作为第二语言教学过程中语言与文化关系问题。目前，关于该问题学界存在争议。观点一，认为汉语作为第二语言教学主要传授汉语和汉语有关的中华文化。观点二，中华文化传播是汉语教学的首要目标和终极目标，语言为文化服务。笔者认为，在国际汉语教学初、中级阶段，主要任务是汉语教学和与汉语有关的文化介绍，到高级阶段才涉猎更多有关中国近现代、古代文化和文学介绍。汉语国际教育硕士赴海外实习、工作教学对象多为初级、中级水平教学对象，接触高级阶段学生机会较少。于此相应，汉语国际教育硕士生毕业后在教授汉语和中华文化过程中，需要一定程度了解学生母语和母语文化，利于课堂中对比教学。汉语国际教育硕士读研期间相对娴熟掌握赴任国语言文化是工作需要。“语别、地域分离式定向培养”由于赴任国共同语相同，与共同语相关的文化相同或相通，汉语国际教育硕士读研期间学习掌握某一门外语，赴海外任何一个将该门外语作为母语或通用语的国家均会提高教学效率、提升教学效果。“语别、地域分离式定向培养模式”有其实现的必要性和可能性，是未来汉语国际教育硕士培养模式优化方向之一。

第三节 本章小结

汉语国际教育硕士培养模式优化的逻辑起点是“需求分析”。在美国教育学专家、课程与教学论专家拉尔夫·泰勒提出的课程目标确立来源理论指导下，提出了汉语国际教育硕士培养目标“五位一体需求分析”理论：海外汉语教学需求分析、汉硕生需求分析、邀请教指委委员等学科专家论证、哲学筛选汉硕“培养目标”、利用学习心理学理论筛选汉硕培养目标。在“五位一体需求分析”理论指导下提炼出的汉硕培养目标相对客观、科学、明确和具体。培养目标在整个培养模式体系中处于核心位置，对培养模式中其余构成要素起着统领和旗帜作用。培养目标科学优化后将指导课程设置、课程内容、实习实践、教学方式、培养方式、师资建设、管理保障、论文写作、海外就业等汉语国际教育硕士培养模式各构成要素与之协调、系统优化。

汉语国际教育硕士专业学位在未来第二、第三个十年发展过程中，培养模式将不断优化，最终实现培养模式“多元化”。针对未来培养模式优化方向问题给出几点建议：一、加强“层级化培养”意识；二、树立“国际化培养”理论；三、突出专业特色；四、开辟“一语定向培养”新模式。

余　论

一、全书主要内容及核心观点

首先，本书梳理汉语国际教育硕士专业学位开设背景、发展历程，对汉语国际教育硕士培养现状进行深入、全面研究。选取第一批、第二批获批建设的81所汉语国际教育硕士培养院校作为研究对象，通过实地调研，访谈，参与式观察，跟踪体验，收集培养方案、课程设置、就业信息、课堂教学录像等相关资料的方式，采用案例分析、比较分析、系统研究、全球视野比较等方法提炼出汉语国际教育硕士培养模式的构建框架，并对培养模式内部构成要素及构成要素之间关系进行论证；根据培养模式构成要素显示出的差异特征，将81所汉语国际教育硕士培养单位采用的培养模式进行分类。

其次，书中就汉语国际教育硕士培养模式两大类型（定向培养模式、非定向培养模式）分别分章详细探讨。主要讨论内容为定向、非定向培养模式形成理据、特点、内部差异性及依据内部差异性进行二级分类情况。通过典型案例分析形式探讨定向、非定向培养模式各自实施理据和采用条件。

再次，将汉语国际教育硕士“定向”与“非定向”培养模式两大类型再次比对，找出其相同点与不同点，进而提炼出两大类培养模式共存问题。针对共存问题，书中最后一章提出汉语国际教育硕士培养模式“优化”理论。通过研究，提出“汉语国际教育硕士培养模式优化的逻辑起点是需求分析”的主要观点。笔者尝试提出汉语国际教育硕士培养目标“五位一体需求分析”理论：海外汉语教学需求分析、汉硕生需求分析、邀请教指委委员等学科专家论证、哲学筛选汉硕培养目标、利用学习心理学理论筛选汉硕培养目标。利用“五位一体需求分析”理论制定更为客观、明确、科学地汉语国际教育硕士培养目标，在优化后的培养目标指导下，针对课程设置、课程内容、实习实践、教学方式、培养方式、师资建设、管理保障、论文写作、海外就业等汉语国际教育硕士培养模式其余构成要素进行系统优化。

最后，就汉语国际教育硕士培养模式优化方向问题提出了几点建议：一、加强“层级化培养”意识；二、树立“国际化培养”理念；三、突出专业特色；四、开辟“一语定向培养”新模式。

二、研究不足之处

（一）海外汉硕用人单位调研不足

汉语国际教育硕士培养模式优化研究，要求对海外汉语教师用人单位进行深入调研和访谈。鉴于经费和时间有限，笔者仅针对泰国、越南、缅甸、美国等部分国家相关汉语教师用人单位领导和本土教师进行了访谈，而且多是利用海外用人单位领导、本土教师在中国学习、参会机会访谈，并未亲自赴海外长时间驻扎深入调研。海外汉语教师需求状况，尤其是对汉语国际教育硕士实习生或毕业生满意度调查有限，这是本书不足之处。

（二）量化研究不足

本书主要采用访谈、材料文本分析等质性研究方法，量化研究不足。写作初期，尝试草拟《汉语国际教育硕士实习生满意度调查表》，并计划赴海外一个或几个国家进行调研，邀请海外汉语教师用人单位相关领导、本土教师填写问卷，完成海外汉语教师用人单位对汉硕生工作满意度的量化研究。由于论文撰写时间紧迫，较难短期内完成调研任务，故酿成本书量化研究不足之缺陷。

三、未来研究设想

上述研究不足之处正是未来的研究方向和研究空间。在未来的研究中，笔者将力求深入调研海外汉语教师需求，这种需求包括多个维度：一是纵向研究，研究汉语教学发展阶段的不同，对汉语教师需求不同；二是横向研究，研究不同国家和文化对汉语教师需求的差异。通过调研，首先摸清某一个国家对汉语教师的普遍需求和特殊需求。以此类推，经过较长时间积累，摸清多个国家各自对国际汉语教师的普遍需求和特殊需求。最后，将海外汉语教师需求进行国别比较研究，完成诸如《东南亚汉语教师需求国别比较研究》等课题。相信海外汉语教师需求调研越扎实、越深入，对汉语国际教育硕士培养模式优化越有帮助。

参考文献

著作:

[1]陈向明:《质的研究方法与社会科学研究》，北京：教育科学出版社，2015年。

[2]德·朗特里:《西方教育词典》，上海：上海文艺出版社，1988年。

[3]（荷兰）弗兰斯·F·范富格特:《国际高等教育政策比较研究》，王承绪译，杭州：浙江教育出版社，2001年。

[4]顾明远:《教育大词典（3）》，上海：上海教育出版社，1990年。

[5]韩明安:《新语词大词典》，哈尔滨：黑龙江人民出版社，1991年。

[6]蒋大椿，陈启能:《史学理论大辞典》，合肥：安徽教育出版社，2000年。

[7]拉尔夫·泰勒:《课程与教学的基本原理》，罗康、张阅译，北京：中国轻工业出版社，2014年。

[8]李行健主编:《现代汉语规范词典（第二版）》，北京：外语教学研究出版社，2010年。

[9]亓海峰:《汉语国际教育硕士学位论文写作分析与指导》，北京：华语教学出版社，2015年。

[10]秦惠民:《学位与研究生教育大词典》，北京：北京理工

大学出版社，1994年。

[11]王小明:《学习心理学》，北京：中国轻工业出版社，2009年。

[12]吴应辉:《汉语国际传播研究理论与方法》，北京：中央民族大学出版社，2013年。

[13]中国社会科学院语言研究所词典编辑室,《现代汉语词典（第五版）》，北京：商务印书馆，1996年。

[14]谢安邦:《高等教育学》，北京：高等教育出版社，2014年。

[15]“研究生培养模式创新的理论与实践研究”课题组:《中国研究生培养模式的理论与实践研究》，北京：高等教育出版社，2013年。

[16]央青:《国际汉语师资教育中的案例教学及案例库构建研究》，北京：中央民族大学出版社，2012年。

[17]（美）亚瑟·科恩:《美国高等教育通史》，李子江译，北京：北京大学出版社，2010年。

[18]杨德广，谢安邦:《高等教育学》，北京：高等教育出版社，2015年。

[19]宗福邦等主编:《故训匯纂》，北京：商务印书馆，2003年。

期刊论文：

[1]陈信存，谢仁敏:《提高汉语国际教育专业质量之对策分析》,《学术论坛》2013年第7期。

[2]丁安琪:《美国夏威夷大学沉浸式汉语师资培训模式分析——兼谈国际汉语教师培训》,《教程教材教法》2012年第7期。

[3]杜健:《汉语国际教育硕士培养管理中存在的问题及对策》，北京汉语国际推广中心，北京师范大学汉语文化学院编:《国际汉语教育人才培养论丛（第三辑）》，北京：北京大学出版社，2012年。

[4]范晓玲:《新疆高校汉语国际教育专业发展现状调查与对策探讨》,《新疆师范大学学报（社会科学版）》2013年第6期。

[5]冯丽萍:《论汉语国际教育专业硕士培养中的若干问题》,《长江学术》2009年第1期。

[6]韩曦:《积极探索"汉教硕"输出渠道》,《海外华文教育》2013年第4期。

[7]胡雨洁，何叶:《学前师资培养模式现状研究——从英、美、日三国学前师资培养得到的启示》,《教育教学论坛》2014年第52期。

[8]黄湘倬:《中外高职师资培养培训模式研究》,《湖南社会科学》2008年第5期。

[9]季学军:《发达国家中小学师资培养体系与借鉴演变》,《高等师范教育研究》2000年第5期。

[10]江傲霜，吴应辉:《泰国汉语教师志愿者教学适应能力探析》,《华文教育与研究》2012年第1期。

[11]李春玲:《汉语国际教育硕士实践环节培养模式探索》，北京汉语国际推广中心，北京师范大学汉语文化学院编:《国际汉语教育人才培养论丛（第三辑）》，北京：北京大学出版社，2012年。

[12]李春玲，王素梅，董萃:《论汉语国际教育硕士培养的实践模式——以沈阳师范大学为个案》,《沈阳师范大学学报（社会科学版）》2012年第5期。

[13]李东伟，大力培养本土汉语教师是解决世界各国汉语师

资短缺问题的重要战略[J]，民族教育研究，2014（5）。

[14]李东伟，国际汉语教师专业发展中的问题与对策探究[J]，黑龙江高教研究，2015（7）。

[15]李红印:《谈汉语国际教育硕士培养的四个方面》,《汉语国际教育》2011年第3期。

[16]李东伟：我国汉语国际教育硕士培养模式现状与优化策略[J]，中国高教研究，2017（10）。

[17]李东伟，“一带一路”下的中华文化海外传播[J]，人民论坛，2017年8月。

[18]李泉:《汉语国际教育硕士培养目标与教学理念探究》,《语言文字运用》2009年第8期。

[19]李泉:《汉语国际教育硕士培养原则与实施重点探讨》,《华文教学与研究》2010年第3期。

[20]李泉，官雪:《通用型、区域性、语别型、国别型——谈国际汉语教材的多元化》,《汉语学习》2015年第2期。

[21]李如龙:《论汉语国际教育的国别化》,《语言教学与研究》2015年第5期。

[22]李炜东:《汉语国际教育专业硕士跨文化敏感度调查分析》，北京汉语国际推 广中心，北京师范大学汉语文化学院编:《国际汉语教育人才培养论丛（第三辑）》，北京：北京大学出版社，2012年。

[23]李炜东:《从教师专业发展角度看汉语国际教育专业硕士的海外实习》，北京汉语国际推广中心，北京师范大学汉语文化学院编:《国际汉语教育人才培养论丛（第二辑）》，北京：北京大学出版社，2011年。

[24]李卫国:《汉语国际教育人才培养储备前瞻性研究》,《河南大学学报（社会科学版）》2013年第7期。

[25]林秀琴:《汉语国际教育硕士教学能力培养问题探讨》，北京汉语国际推广中心，北京师范大学汉语文化学院编:《国际汉语教育人才培养论丛（第三辑）》，北京：北京大学出版社，2012年。

[26]刘汉银:《汉语国际教育硕士专业定位思考》,《长春大学学报》2014年第2期。

[27]刘丽霞，刘惠琴:《加强国际化培养，提高研究生教育质量》,《学位与研究生教育》2010年第12期。

[28]刘颂浩:《汉语国际教育专业硕士培养：经验与反思》，《汉语国际教育人才培养理论研究》2012年第4期。

[29]刘颂浩:《汉语国际教育专业硕士培养中的若干问题》，《华文教学与研究》2013年第4期。

[30]刘颂浩，曹巧丽，李振华:《汉语国际教育硕士实习方案探讨》,《国际汉语教育》2011年第3期。

[31]刘扬，肖非:《试论我国特殊教育师资培养中的几个争议问题》,《教师教育研究》2005年第4期。

[32]刘玉屏:《汉语国际教育专业硕士研究生从业意向调查研究》，中央民族大学国际教育学院编:《汉语国际传播研究》，北京：商务印书馆出版社，2011年第2期。

[33]陆俭明:《汉语国际教育专业的定位问题》,《语言教学与研究》2014年第2期。

[34]罗希:《细微深处见“阳光”——缅甸教育点滴》,《云南财经大学学报》2002年第2期。

[35]欧以克:《越南21世纪教育发展的新战略——理念、目标及策略》,《外国教育研究》2011年第11期。

[36]潘先军:《汉语国际教育硕士培养的普适性与针对性》，《学术研究》2015年第3期。

[37] 彭建玲:《汉语国际教育人才培养模式研究综述》,《昆明理工大学学报（社会科学版）》2014年第6期。

[38] 彭静，杜瑾:《重庆大学汉语国际教育专业硕士留学生实习模式探索》，北京汉语国际推广中心，北京师范大学汉语文化学院编:《国际汉语教育人才培养论丛（第三辑）》，北京：北京大学出版社，2012年。

[39] 邱艳萍，茹宗志:《论我国中小学师资培养模式之不足与创新》,《教育与教学研究》2009年第8期。

[40] 汝淑媛:《语境理论与多媒体对外汉语语法教学——以简单趋向补语的教学为例》,《中国电化教育》2011年第4期。

[41] 盛双霞,《以需求为导向：关于汉语国际教育专业学科建设的思考》，北京汉语国际推广中心，北京师范大学汉语文化学院编:《国际汉语教育人才培养论丛（第二辑）》，北京：北京大学出版社，2011年。

[42] 石云龙:《经济效益概念探析》,《山东大学学报（哲学社会科学版）》1994年第1期。

[43] 孙立峰:《试论面向德国的汉语国际教育硕士培养》，北京汉语国际推广中心，北京师范大学汉语文化学院编:《国际汉语教育人才培养论丛（第二辑）》，北京：北京大学出版社,2011年。

[44] 孙晓明:《汉语国际教育硕士培养模式的创新》,《中国成人教育》2014年第20期。

[45] 田欣儿:《汉语国际教育专业硕士研究生专业课程设置与就业前景分析》,《安阳师范学院学报》2014年第3期。

[46] 田艳,《基于英国MTESOL课程体系对汉语国际教育硕士课程设置的思考》,《世界汉语教学》2012年第2期。

[47] 王红艳:《全日制教育硕士培养的"浸润式实习模式"之辩》,《全球教育展望》2014年第11期。

[48] 王静:《汉语国际教师胜任力模型构建》,《广州广播电视大学学报》2013年第6期。

[49] 王立新，刘春兰，董淑慧:《谈对外汉语本科与相关专业硕士培养模式的衔接》，北京汉语国际推广中心，北京师范大学汉语文化学院编:《国际汉语教育人才培养论丛（第三辑）》，北京：北京大学出版社，2012年。

[50] 王丽:《汉语国际教育专业应用型人才培养模式的构建》,《语文建设》2013年第11期。

[51] 王秋萍，李江:《汉语国际教育硕士研究生培养模式的改革与创新 —— 以广东外语外贸大学为例》,《漯河职业技术学院学报》2014年第5期。

[52] 王添淼:《成为反思性实践者 —— 由<国际汉语教师标准>引发的思考》,《语言教学与研究》2010年第2期。

[53] 王薇：汉语国际教育专业硕士的自我定位及可能制约专业人才培养的因素》，北京汉语国际推广中心，北京师范大学汉语文化学院编:《国际汉语教育人才培养论丛（第三辑）》，北京：北京大学出版社，2012年。

[54] 汪国胜:《对汉语国际教育硕士培养相关问题的反思》,《湖北大学学报（哲学社会科学版）》2011年第7期。

[55] 魏慧萍:《试论汉语国际教育专业硕士培养的“理 — 知 — 行”模式及其特色》，北京汉语国际推广中心，北京师范大学汉语文化学院编:《国际汉语教育人才培养论丛（第三辑）》，北京：北京大学出版社，2012年。

[56] 邬大光:《世界一流大学解读 —— 以美国密西根大学为例》,《高等教育研究》2010年第12期。

[57] 吴成年:《汉语国际教育专业硕士的战略意识》，北京汉语国际推广中心，北京师范大学汉语文化学院编:《国际汉语教育

人才培养论丛（第三辑)》，北京：北京大学出版社，2012年。

[58]吴春相:《谈谈汉语国际教育硕士生的实践是一种体系》，北京汉语国际推广中心，北京师范大学汉语文化学院编:《国际汉语教育人才培养论丛（第二辑）》，北京：北京大学出版社，2011年。

[59]吴方敏:《汉语国际教育专业学位研究生的教学实习及管理问题》，北京汉语国际推广中心，北京师范大学汉语文化学院编:《国际汉语教育人才培养论丛（第二辑）》，北京：北京大学出版社，2011年。

[60]吴方敏，李晟宇:《关于建立汉语国际教育硕士实习评价体系的思考》，北京汉语国际推广中心，北京师范大学汉语文化学院编:《国际汉语教育人才培养论丛（第三辑）》，北京：北京大学出版社，2012年。

[61]吴应辉,《论国际汉语师资需求的动态发展性与层次递进性——兼谈“超本土”汉语教师对国际汉语师资培养目标的新超越》，第十二届汉语国际教学研讨会报告，哈尔滨，2014年7月6日。

[62]吴应辉:《汉语国际教育硕士培养中的人本理念与中央民族大学“1+2+X”模式》，第十一届国际汉语教学研讨会论文，西安，2012年8月16日。

[63]吴应辉:《汉语国际教育学科建设亟待解决的主要问题》，《国际汉语教学研究》2014年第3期。

[64]吴应辉:《汉语国际教育面临的若干理论与实践问题》，《云南师范大学学报（对外汉语教学版）》2016年第1期。

[65]萧国政:《汉语国际教育专业硕士培养的多维挑战与模式应对》，北京汉语国际推广中心，北京师范大学汉语文化学院编:《国际汉语教育人才培养论丛（第三辑）》，北京：北京大学出版

社，2012年。

[66]肖化移，李禄华:《“3+2”职业教育师资培养模式的构想》,《职教论坛》2012年第25期。

[67]解晓楠:《汉语国际教育硕士实践环节设计及控制机制研究》,《民族教育研究》2011年第5期。

[68]解晓楠:《论汉语国际教育硕士教学实习管理与质量监控》,《艺术百家》2012年第7期。

[69]许嘉璐，石侵:《关于汉语国际教育热点问题的访谈》,《湖北大学学报（哲学社会科学版）》2011年第7期。

[70]徐丽华，孙春颖:《以培养核心职业能力为重心的汉语国际教育硕士专业学位研究生教育管理》，北京汉语国际推广中心，北京师范大学汉语文化学院编:《国际汉语教育人才培养论丛（第三辑）》，北京：北京大学出版社，2012年。

[71]颜湘茹，付绎擎:《MTCSOL课程设置与教学实习情况调查分析——以中山大学国际汉语学院为例》,《海外华文教育》2013年第3期。

[72]央青:《工商管理案例库对国际汉语教学案例建设的启示》,《民族教育研究》2013年第5期。

[73]杨刚，朱珠:《试论面向东南亚南亚就业的汉语国际教育硕士课程设置》,《楚雄师范学院学报》2013年第8期。

[74]杨刚，朱珠:《对海外华裔青年学生中华文化认同的调查分析——以泰国华裔学生为例》,《福建省社会主义学院学报》2013年第2期。

[75]杨金华:《汉语国际教育硕士专业学位研究生教学实践探索》,《学位与研究生教育》2012年第2期。

[76]杨同用:《汉语国际教育硕士的师资队伍建设》，北京汉语国际推广中心，北京师范大学汉语文化学院编:《国际汉语教育

人才培养论丛（第三辑）》，北京：北京大学出版社，2012年。

[77]杨薇:《汉语国际教育专业硕士培养模式的初探》,《天津师范大学学报（社会科学版）》2013年第4期。

[78]杨晓黎:《双赢：对外汉语本科毕业实习的探索》,《安徽大学学报（哲学社会科学版）》2009年第2期。

[79]张捷鸿，常庆峰:《汉语估计教育硕士培养模式的探索与设想》，北京汉语国际推广中心，北京师范大学汉语文化学院编:《国际汉语教育人才培养论丛（第三辑）》，北京：北京大学出版社，2012年。

[80]张璐:《中英美三国专业硕士学位发展状况比较研究》,《科技信息》2013年第6期。

[81]张晓静，姜敬槐:《汉语国际教育硕士专业学生就业观念调查报告——以华中师范大学2010级学生为例》,《华中人文论丛》2012年第1期。

[82]赵杨:《C大学汉语国际教育专业硕士培养方案》,《汉语国际教育硕士培养暨教材研究》研讨会大会报告，北京外国语大学，2015年7月6日。

[83]朱瑞平:《略论汉语国际教育人才培养的针对性问题》,北京汉语国际推广中心，北京师范大学汉语文化学院编:《国际汉语教育人才培养论丛（第二辑）》，北京：北京大学出版社，2011年版。

[84]朱志平:《论汉语国际教育专业硕士培养模式的“转型”》，北京汉语国际推广中心，北京师范大学汉语文化学院编:《国际汉语教育人才培养论丛（第三辑）》，北京：北京大学出版社，2012年。

[85]朱志平:《汉语国际教育专业硕士培养的若干问题》,《国际汉语教育》2012年第1期。

硕博论文：

[1] 陈静：《我国专业学位研究生教育发展问题研究》，博士学位论文，西南大学，2013年。

[2] 邓杉杉：《汉语作为第二语言教学案例研究》，博士学位论文，武汉大学，2011年。

[3] 伏泉：《新中国日语高等教育历史研究》，博士学位论文，上海外国语大学，2013年。

[4] 龚圆：《影响汉语国际教育硕士就业因素的调查研究——以重庆高校为例》，硕士学位论文，重庆师范大学，2014年。

[5] 贺双文：《汉语国际教育硕士培养模式初探——基于对北京部分高校汉语国际教育硕士对培养模式反馈信息的调查和研究》，硕士学位论文，中央民族大学国际教育学院，2012年。

[6] 胡玲琳：《我国高校研究生培养模式研究——从单一走向多元模式》，博士学位论文，华东师范大学，2004年。

[7] 雷丽丽：《基于社会需求导向的硕士研究生培养方案研究——以E大学高等教育学专业为例》，硕士学位论文，华东师范大学教育科学学院，2011年。

[8] 廖文婕：《我国专业学位研究生培养模式的系统结构研究》，博士学位论文，华南理工大学，2010年。

[9] 刘慧阳：《高师本科院校教师职前培养模式的历史变革与发展》，硕士学位论文，西北师范大学，2005年。

[10] 潘玉华：《国际比较视野下的汉语教师标准与素质研究》，博士学位论文，中央民族大学国际教育学院，2015年。

[11] 彭熠：《从学科专家到专业教师——基于NBPTS标准的美国教育硕士人才培养研究》，博士学位论文，湖南师范大学，2014年。

[12] 时丽:《当前我国幼教师资培养存在的问题及对策——以中等幼儿师范改革为例》，硕士学位论文，山东师范大学，2005年。

[13] 王晓晖:《一流大学个性化人才培养模式研究》，博士学位论文，华中师范大学，2014年。

[14] 于京波:《我国高等职业教育师资培养的模式研究》，硕士学位论文，东北师范大学，2006年。

[15] 詹博:《六年制小学教育专业师资培养研究——以湖南第一师范为例》，硕士学位论文，湖南师范大学，2013年。

[16] 宣雅馨:《汉语国际教育硕士培养模式调查研究——以山东省部分高校为例》，硕士学位论文，曲阜师范大学，2013年。

[17] 张海舰:《基于反思的发展性教育实习评价研究》，硕士学位论文，曲阜师范大学，2005年。

[18] 张建功:《中美专业学位研究生培养模式比较研究》，博士学位论文，华南理工大学工商管理学院，2011年。

[19] 张琼:《高等师范院校“综合型”科学课程师资培养模式研究》，硕士学位论文，云南师范大学，2007年。

[20] 张小玲:《汉语国际教育专业研究生海内外实习研究》，硕士学位论文，沈阳师范大学，2013年。

[21] 赵宵逍:《高校特殊教育专业师资培养比较研究》，硕士学位论文，四川师范大学，2008年。

文件报告:

[1] 国务院学位委员会办公室:《关于转发全日制硕士专业学位研究生指导性培养方案的通知》，学位办〔2009〕23号。

[2] 孔子学院总部：孔子学院2018年年度发展报告。http：//www.hanban.org/report/index.html.

附 录

附录1：参与本次调研的开设汉语国际教育硕士专业的81所高校名单

1、北京大学	42、扬州大学
2、中国人民大学	43、南京师范大学
3、北京师范大学	44、徐州师范大学
4、首都师范大学	45、江西师范大学
5、北京外国语大学	46、南昌大学
6、北京语言大学	47、辽宁大学
7、中国传媒大学	48、辽宁师范大学
8、中央民族大学	49、沈阳师范大学
9、安徽大学	50、渤海大学
10、安徽师范大学	51、大连外国语大学
11、厦门大学	52、内蒙古师范大学
12、福建师范大学	53、山东大学
13、兰州大学	54、山东师范大学
14、西北师范大学	55、曲阜师范大学
15、中山大学	56、鲁东大学
16、暨南大学	57、青岛大学
17、华南师范大学	58、山西大学

续表

18、广州大学	59、西北大学
19、广东外语外贸大学	60、陕西师范大学
20、广西大学	61、西安外国语大学
21、广西师范大学	62、复旦大学
22、广西民族大学	63、上海交通大学
23、河北大学	64、华东师范大学
24、河北师范大学	65、上海师范大学
25、郑州大学	66、上海外国语大学
26、河南大学	67、上海大学
27、河南师范大学	68、四川大学
28、黑龙江大学	69、四川师范大学
29、哈尔滨师范大学	70、南开大学
30、武汉大学	71、天津师范大学
31、华中科技大学	72、新疆大学
32、湖北大学	73、新疆师范大学
33、华中师范大学	74、云南大学
34、湖南大学	75、云南师范大学
35、中南大学	76、云南民族大学
36、湖南师范大学	77、浙江大学
37、吉林大学	78、浙江师范大学
38、东北师范大学	79、重庆大学
39、吉林师范大学	80、西南大学
40、南京大学	81、重庆师范大学
41、苏州大学	

附录2：培养方案（一）

A大学汉语国际教育硕士专业学位研究生培养方案
（应用研究型）

一、专业简介

汉语国际教育硕士专业学位是与国际汉语教师职业相衔接的专业学位，在培养目标、培养模式、培养方案等方面均与语言学及应用语言学专业对外汉语教学方向硕士研究生有很大的不同。该专业方向特别注重培养学生的汉语教学能力，强调通过系列强化课程的教学及国内外教学实习，使学生具备未来能在各类学校从事国际汉语教学工作的能力。

二、培养目标

主要培养具有较高的汉语和英语水平，具有扎实的专业基础知识和良好的理论素养，具有熟练的汉语作为第二语言教学技能和良好的文化传播技能与跨文化交际能力，适应国际汉语教学工作，胜任多种汉语教学任务的高层次、应用型、复合型、国际化专门人才。具体要求为：

1、掌握马克思主义基本理论，具备良好的专业素质和职业道德。

2、热爱汉语国际教育事业，具有奉献精神和开拓意识。

3、具备熟练的汉语作为第二语言教学技能，能熟练运用现代教育技术和科技手段进行教学。

4、具有较高的中华文化素养和中华文化传播能力。

5、能流利地使用英语进行教学和交流，具有良好的跨文化交际能力。

6、具有汉语教学和中华文化国际传播项目的策划、管理、组织与协调能力。

三、研究方向

国际汉语教学

四、培养方式

1、采取导师指导和集体培养相结合的方式。

2、采取与美国高校联合培养的双硕士模式。

3、课堂教学理论与实践相结合，突出教学技能的培养和训练。

4、课程学习和国际汉语教学实践紧密结合，学生在导师的指导下参加汉语教学或教学辅助工作，以加强教学实践能力的培养。

五、学习年限与学分

本培养方案基于以美国为主的英语国家为主要对象国而设计，学制一般为两年。采用“1+2+X”的创新模式。其中的“1”为一个学年的在校学习。“2”为两个暑假，即第一学年开始前的暑假，进行两个月的全英语专业授课、汉语基础补修和托福（TOEFL）强化培训；在第一学年后的暑假，进行教学实习。“X”为从第二学年开始，学生可进行半年至两学年的海外学习，套读美国高校硕士学位、申请教师执照（所需费用自理），或进行国内外实习（含担任汉语教学志愿者），同时在第二学年内须完成我校毕业论文并通过答辩。攻读专业硕士学位研究生期间，应至少修满36个学分，其中：必修课程不少于22学分[公共必修课程4学分、核心课程12学分、训练课程6学分]、选修课程6（+1）学分，教学实习不少于6学分，毕业论文2学分。

六、课程设置

<table>
<tr><th>课程类别</th><th>课程代码</th><th>课程名称</th><th>学时</th><th>学分</th><th>学期</th><th>备注</th></tr>
<tr><td rowspan="2">公共必修课</td><td>Z24018</td><td>中国特色社会主义理论与实践研究（思想政治理论课）</td><td>36</td><td>2</td><td>1</td><td>考试</td></tr>
<tr><td>Z24019</td><td>第一外国语（英语）</td><td>36</td><td>2</td><td>1</td><td>考试</td></tr>
<tr><td rowspan="9">专业必修课</td><td>Z24001</td><td>汉语作为第二语言教学</td><td>90</td><td>5</td><td>1</td><td rowspan="5">核心课程</td></tr>
<tr><td>Z24002</td><td>第二语言习得研究</td><td>36</td><td>2</td><td>1</td></tr>
<tr><td>Z24003</td><td>中华文化与文化传播</td><td>36</td><td>2</td><td>1、2</td></tr>
<tr><td>Z24004</td><td>国际汉语教学法及案例分析</td><td>36</td><td>2</td><td>1</td></tr>
<tr><td>Z24005</td><td>中美跨文化交际</td><td>18</td><td>1</td><td>2</td></tr>
<tr><td>Z24006</td><td>教学观察与分析</td><td>18</td><td>1</td><td>1</td><td rowspan="4">训练课程</td></tr>
<tr><td>Z24007</td><td>汉语教学技能训练</td><td>36</td><td>2</td><td>2</td></tr>
<tr><td>Z24008</td><td>教学测试与评估</td><td>18</td><td>1</td><td>2</td></tr>
<tr><td>Z24009</td><td>中华才艺训练与展示</td><td>36</td><td>2</td><td>1、2</td></tr>
</table>

续表

课程类别	课程代码	课程名称	学时	学分	学期	备注
专业选修课	Z24010	课程设计与教材分析	18	1	1	必选课程
	Z24011	汉英对比与偏误分析	18	1	1	
	Z24012	国际汉语教学前沿讲座	18	1	1、2	任选3学分
	Z24013	美国教育概况	18	1	1	
	Z24014	国际汉语教学研究方法专题	36	2	2	
补修课程	Z24016	现代汉语	跨学科、同等学力考取者须补，不计学分。			
	Z24017	古代汉语基础				

七、必修环节

至少完成40学时的教学实习，实习内容包括课堂观察和教学实习（听课和讲课），记6学分；至少参加10次学术讲座，不记学分；论文开题报告一般应在第二学期结束前完成，但不得迟于第三学期。开题未通过者可延期1–3个月再次开题。

八、学位论文撰写与答辩

学位论文可以是专题研究、调研报告、教学实验报告、典型案例分析、教学设计等。完成课程学习、修满规定的学分、教学实习合格、学习期间表现良好的学生可以申请开题和安排论文答辩。通过论文答辩者，经学位评定委员会审核，授予汉语国际教育硕士专业学位，同时获得硕士研究生毕业证书。

九、专业必读文献

序号	书　名	作　者	出版社	出版日期
01	语言学纲要	叶蜚声、徐通锵	北京大学出版社	1997
02	中国文化要略	程裕祯	外语教学与研究出版社	2003
03	跨文化交际学概论	胡文仲著	外语教学与研究出版社	1999
04	对外汉语教育学引论	刘珣	北京语言文化大学出版	2000
05	对外汉语教学概论	赵金铭主编	商务印书馆	2004
06	对外汉语教学理论研究	李泉主编	商务印书馆	2006
07	语言获得理论研究	靳洪刚	中国社会科学出版社	1997
08	汉语作为外语的习得研究 — 理论基础与课堂实践	温晓虹	北京大学出版社	2008
09	汉语作为第二语言的学习者习得过程研究	王建勤主编	商务印书馆	2006
10	实用对外汉语教学法	徐子亮、吴仁甫著	北京大学出版社	2005
11	课堂教学理论与实践	杨惠元	北京语言大学出版社	2007
12	语言文化教学策略研究	陈申	北京语言文化大学出版社	2001
13	对外汉语文化教学研究	赵金铭	商务印书馆	2004

续表

序号	书　名	作　者	出版社	出版日期
14	语言测试的设计与评估导读	杨惠中	外语教学与研究出版社	2000
15	对外汉语教材研究	李泉主编	商务印书馆	2006
16	对外汉语课程、大纲与教学模式研究	李泉主编	商务印书馆	2006
17	对外汉语口语教学研究	李晓琪主编	商务印书馆	2006
18	对外汉语听力教学研究	李晓琪主编	商务印书馆	2006
19	对外汉语阅读与写作教学研究	李晓琪主编	商务印书馆	2006
20	对外汉语综合课教学研究	李晓琪主编	商务印书馆	2006
21	汉字教学理论与方法	周健	北京大学出版社	2007
22	对外汉语语法教学体系研究	吕文华	北京语言大学出版社	1999
23	第二语言词汇习得研究	孙晓明	中央民族大学出版社	2008
24	计算机技术与世界汉语教学	郑艳群	外语教学与研究出版社	2008
25	世界主要国家语言推广政策概览	张西平、柳若梅	外语教学与研究出版社	2008
26	国际汉语课堂教学研究	田艳著	中央民族大学出版社	2010

续表

序号	书　名	作　者	出版社	出版日期
27	汉语作为第二语言的词汇教学	曾立英	中央民族大学出版社	2010
28	语言学与和第二语言习得理论	刘玉屏、孙晓明	中央民族大学出版社	2010
29	汉语国际传播研究理论与方法	吴应辉	中央民族大学出版社	2012
30	国际汉语教师培养中的案例教学及案例库构建研究	央青	中央民族大学出版社	2012
31		谷陵	待出版	
32	美国高校汉语教材研究	盛译元	待出版	

附录3：培养方案（二）

B大学汉语国际教育硕士（MTCSOL）专业学位研究生
（全日制）
培养方案
专业代码：045300
培养单位：国际教育学院

一、培养目标及要求

（一）培养目标

培养具有熟练的汉语作为第二语言教学技能和良好的跨文化交际能力，适应汉语国际推广工作，胜任多种教学任务的高层次、应用型、复合型、国际化的专门人才。

（二）培养要求

1、掌握马克思主义基本理论，具备良好的专业素质和职业道德。2、热爱国际汉语教育事业，具有奉献精神和开拓意识。3、具有系统的专业知识、较高的中华文化素养和跨文化交际能力。4、具备熟练的汉语作为第二语言教学技能。5、能流利地使用一种外语进行教学和交流；能熟练运用现代教育技术和科技手段进行教学。6、具有语言文化国际推广项目的管理、组织与协调能力。

二、招生对象及入学考试

（一）招生对象

具有国民教育序列大学本科学历（或本科同等学力）的人员。具体包括以下三种类型：

1、大学本科应届毕业生；2、具有学士学位或同等学力有志于从事汉语国际推广工作的人员；3、海外具有同等资质的汉语教师或专业人员。

入学考试采用全国统考、笔试与面试相结合的办法，着重考核学生的综合素质、专业能力和专业基础知识以及教师潜质。

（二）入学考试

入学考试采用全国统考或朕考方式，实行笔试与面试相结合的办法，着重考核学生的综合素质、专业能力和专业基础知识。

三、学习年限

全日制攻读硕士学位者学习年限一般为2–3年。在职攻读学位者学习年限一般为3年。

四、课程设置

实行学分制，总学分不低于48学分。公共课程、学位核心课程和拓展课程不低于40学分，教学实习6学分，学位论文2学分。

五、培养方式

1、采取师生互选方式确定指导教师，指导教师参与研究生培养全过程，帮助学生制定学习计划，指导学生选择研究方向。

2、采取导师指导与集体培养相结合的方式。课程学习与对外汉语教学实践紧密结合，学生在导师的指导下参加国内或国外的汉语教学或辅助教学工作。同时，加强案例教学和技能训练，培养扎实的实践能力。

3、注重对学生实践能力和教学能力的培养，学习一年后，学生可以到学校指定的国内外教学实习基地进行实习，也可参加汉语教师志愿者遴选，到国外从事汉语国际教育工作。

4、聘请国内外专家担任兼职硕士生指导教师，承担授课任务，开设专题讲座，以提高研究生培养质量。

5、注重案例教学和技能训练。

六、专业实践

为了保证实习实践效果，学校积极提供和保障开展实践的条件，通过多种方式建立一批国内外相对稳定的多种形式的实习实践基地，加强文化实践。研究生要通过实习实践为学位论文选题和完成创造条件。

1、教学实践方式

①以志愿者身份赴海外顶岗实习，在孔子学院、外国中小学等机构从事汉语教学和文化传播工作；②在国内各类学校及教育机构进行教学实习。

2、教学实践管理

①志愿者由国家汉办或培养学校选拔派出；②实习期间，培养学校应安排教师进行指导，研究生要提交实习计划，撰写实习总结报告；③由实习单位出具考评意见，学生提交实习报告。

七、学位论文

学位论文应紧密结合汉语国际教育实践进行选题。论文可以是专题研究、调研报告、教学实验报告、典型案例分析、教学设计等。

八、学位授予

修满规定学分、教学实习合格、完成学位论文并通过答辩者可授予汉语国际教育硕士专业学位，同时获得硕士研究生毕业证书。

B 大学汉语国际教育硕士专业学位（全日制）课程计划表

<table>
<tr><th colspan="2" rowspan="2">课程类别</th><th rowspan="2">课程名称</th><th rowspan="2">学分</th><th rowspan="2">学时总数</th><th rowspan="2">考核形式</th><th colspan="2">学期与周学时数</th><th rowspan="2">教学方式</th></tr>
<tr><th>一</th><th>二</th></tr>
<tr><td rowspan="7">核心课程（18学分）</td><td rowspan="2">学位公共课程（6学分）</td><td>政治</td><td>2</td><td>36</td><td>考试</td><td>2</td><td></td><td>讲授</td></tr>
<tr><td>英语</td><td>4</td><td>72</td><td>考试</td><td>2</td><td>2</td><td>讲授</td></tr>
<tr><td rowspan="5">学位核心课程（12学分）</td><td>汉语作为第二语言教学</td><td>4</td><td>72</td><td>考试</td><td>4</td><td></td><td>讲授与案例分析</td></tr>
<tr><td>第二语言习得</td><td>2</td><td>36</td><td>考试</td><td></td><td>2</td><td>讲授与案例分析</td></tr>
<tr><td>汉语课堂教学案例分析</td><td>2</td><td>36</td><td>考查</td><td></td><td>2</td><td>讲授与案例分析</td></tr>
<tr><td>中华文化与传播</td><td>2</td><td>36</td><td>考试</td><td>2</td><td></td><td>讲授与案例分析</td></tr>
<tr><td>跨文化交际</td><td>2</td><td>36</td><td>考查</td><td></td><td>2</td><td>讲授与案例分析</td></tr>
<tr><td rowspan="3">拓展课程（12–17学分）</td><td rowspan="3">汉语作为外语教学类（4–8学分）</td><td>汉语语言学</td><td>2</td><td>36</td><td>考试</td><td>2</td><td></td><td>讲授与案例分析</td></tr>
<tr><td>汉语语言要素教学</td><td>2</td><td>36</td><td>考试</td><td></td><td>2</td><td>讲授与案例分析</td></tr>
<tr><td>汉语技能教学</td><td>2</td><td>36</td><td>考试</td><td>2</td><td></td><td>讲授与案例分析</td></tr>
</table>

续表

<table>
<tr><th colspan="2" rowspan="2">课程类别</th><th rowspan="2">课程名称</th><th rowspan="2">学分</th><th rowspan="2">学时总数</th><th rowspan="2">考核形式</th><th colspan="2">学期与周学时数</th><th rowspan="2">教学方式</th></tr>
<tr><th>一</th><th>二</th></tr>
<tr><td rowspan="14">拓展课程（12–17学分）</td><td rowspan="2">汉语作为外语教学类（4–8学分）</td><td>课程设计</td><td>2</td><td>36</td><td>考查</td><td></td><td>2</td><td>讲授与案例分析</td></tr>
<tr><td>现代语言教育技术</td><td>2</td><td>36</td><td>考查</td><td></td><td>2</td><td>讲授与案例分析</td></tr>
<tr><td rowspan="6">中华文化传播与跨文化交际类（5学分）</td><td>当代中国专题</td><td>2</td><td>36</td><td>考试</td><td>2</td><td></td><td>讲授与案例分析</td></tr>
<tr><td>中国思想史</td><td>2</td><td>36</td><td>考查</td><td></td><td>2</td><td>讲授与案例分析</td></tr>
<tr><td>东北亚国别史</td><td>2</td><td>18</td><td>考查</td><td></td><td>1（单）</td><td>讲授与案例分析</td></tr>
<tr><td>国别与地域文化</td><td>2</td><td>36</td><td>考查</td><td></td><td>2</td><td>讲授与案例分析</td></tr>
<tr><td>中外文化交流专题</td><td>2</td><td>36</td><td>考查</td><td></td><td>2</td><td>讲授与案例分析</td></tr>
<tr><td>礼仪与国际关系</td><td>2</td><td>36</td><td>考查</td><td></td><td>2</td><td>讲授与案例分析</td></tr>
<tr><td rowspan="4">教育与教学管理类（4学分）</td><td>外语教育心理学</td><td>2</td><td>36</td><td>考试</td><td></td><td>2</td><td>讲授与案例分析</td></tr>
<tr><td>教学设计与管理</td><td>2</td><td>36</td><td>考查</td><td></td><td>2</td><td>讲授与案例分析</td></tr>
<tr><td>国外中小学教育专题</td><td>2</td><td>36</td><td>考查</td><td></td><td>2</td><td>讲授与案例分析</td></tr>
<tr><td>汉语国际推广专题</td><td>2</td><td>36</td><td>考查</td><td></td><td>2</td><td>讲授与案例分析</td></tr>
</table>

续表

课程类别		课程名称	学分	学时总数	考核形式	学期与周学时数		教学方式
						一	二	
训练课程（5学分）		汉语教材与教学资源利用	1	18	考查	1（单）		讲授与操作指导
		教学调查与分析	1	18	考查		1（双）	操作指导
		课堂观察与实践	1		考查			观摩与实训
		教学测试与评估	1	18	考查		1（双）	讲授与操作指导
		中华文化技艺与展示	1		考查			观摩与体验
教学实习（6学分）			6		考查			实习
论文（2学分）			2					

说明：

（一）汉语作为外语教学类课程中的汉语语言学课本科为中文、对外汉语专业学生免修，汉语技能教学课本科为对外汉语专业学生免修；

（二）训练课程中的课堂观察与实践、中华文化技艺与展示课在第一学年内由院里统一临时安排；教学实习课程统一在第二学年内进行。

附录4：培养方案（三）

C大学某学院中国学生
全日制汉语国际教育硕士专业学位研究生培养方案

一、培养目标

汉语国际教育硕士专业学位是与国际汉语教师职业相衔接的专业学位。主要培养具有熟练的汉语作为第二语言教学技能和良好的文化传播能力、跨文化交际能力，适应汉语国际推广工作，胜任多种教学任务的高层次、应用型、复合型、国际化专门人才。

二、学习年限和学习方式

基本学习年限为3年，其中教学实习1年，课程学习及毕业论文撰写2年，采用课程学习与汉语国际教育实践相结合、汉语国际教育与中华文化传播相结合、校内导师指导培养相结合的方式。

三、学分要求

总学分不低于38学分，包括课程学习32学分，教学实习6学分。

四、课程设置

（一）必修课（共21学分）

1. 公共必修课（7学分）

政治（3学分）

第一外语（4学分）

2. 专业必修课（14学分）

汉语第二语言教学（2学分）

汉语语言要素教学（共6学分，上、下两个学期）

汉语技能教学分析（2学分）

第二语言习得导论（2学分）

文化与跨文化交际（2学分）

（二）选修课（不低于11学分）

【每学期具体排课门类和数量视具体学期情况而定】

1. 语言学类课程：

汉语语言学导论（2学分）

（本科非汉语言文字学或对外汉语教学者必选，本科为汉语言文字学或对外汉语教学者不选）

应用语言学（2学分）

2. 语言教学类课程：

汉语教材分析与编写（2学分）

现代化技术与语言教学（2学分）

第二语言评估与测试（2学分）

课堂教学组织与管理（2学分）

3. 文化类课程：

中华文化与传播（2学分）

中华文化技能（2学分）

国别与地域文化（2学分）

4. 教育、心理学类课程：

教师发展概论（2学分）

外语教育心理学（2学分）

国外中小学教育专题

5. 其他类课程：

专业英语（2学分）

（旨在提高学生运用英语作为工具语言进行汉语教学、组织汉语国际推广活动的听说读写能力，与汉语言文字学专业“专业英语”课不同）

外院系课程（不超过2门）

（学生根据学习需要，经导师同意，可选其他院系的课程，原则上最多不超过2门）

五、教学实习

教学实习方式主要有两种，一是以志愿者身份赴海外顶岗实习，在孔子学院、外国中小学等机构从事汉语教学和文化传播工作，志愿者由国家汉办或本院选拔派出；二是在本校或国内各类学校及教育机构进行教学实习。

学生从第一学期即开始接触教学实践，采取多种方式进行，包括听课、观课、试讲、承担一部分教学任务等；学生应在国内外完成一学年教学实习任务。全部教学实习活动累计达到120学时及以上教学工作量，计6学分。

教学实习过程（包括海外实习）由导师负责。教学实习结束两周后须提交实习报告，内容包括：教学计划、完整一课的教案、试题一份、对教学的反思和导师评语（或实习单位出具的考评意见）。其中对教学的反思应写成3000 — 4000 字的小论文，这是实习报告的主体部分。这几部分材料装订成册后交到研究生教研室，方可得到实习的学分。

具体内容等详见《北京大学对外汉语教育学院研究生教学实习指南（学生手册）》。

六、学位论文

学位论文应紧密结合汉语国际教育实践进行选题，题目要有应用价值。论文形式可以是专题研究论文、调研报告、教学实验报告、典型案例分析、教学设计等。学位论文的格式、行文规范、学术水准等，应按照《北京大学研究生手册》中的相关规定执行。

研究生应在导师指导下，在规定时间内，按照选题、开题、撰写、申请论文答辩、获准参加论文答辩等完整环节和过程、独立完成自己的学位论文。

七、毕业与学位授予

研究生在规定的时间内完成培养方案要求的学分，全面审查合格，符合毕业证书颁发条件者，颁发北京大学研究生毕业证书。

学生在规定的时间内完成培养方案要求的学分，完成硕士学位论文，全面审查合格，通过硕士论文答辩，经院系学术分委会审查，报校学位分委会审核批准后，授予汉语国际教育硕士专业学位。

附录5：学位论文选题一览表（一）

C 大学 2013-2015 年汉语国际教育专业硕士学位论文选题一览表

毕业日期	专业	论文题目
2015/7/1	汉语国际教育硕士	三套中级汉语综合教材生词表书面语词汇调查（1）
2015/7/1	汉语国际教育硕士	民办对外汉语教学机构课程设置研究——以前沿汉语及和合快捷汉语为例
2015/7/1	汉语国际教育硕士	试论对外汉语口语“立体化”教学模式——以中级口语教学为例
2015/7/1	汉语国际教育硕士	“X比N还N”句式探究（1）（2）
2015/7/1	汉语国际教育硕士	新疆维吾尔族青少年汉语学习策略研究
2015/7/1	汉语国际教育硕士	挪威语母语者汉语嵌入式显性代词和空论元习得研究（3）
2015/7/1	汉语国际教育硕士	中级汉语口语课堂师生间意义协商研究
2015/7/1	汉语国际教育硕士	对外汉语教师角色期待师生感知差异研究
2015/7/1	汉语国际教育硕士	通用型汉语教材（国内版）与本土化汉语教材话题设置比较研究
2015/7/1	汉语国际教育硕士	工作记忆、语音短时记忆对汉语口语语块学习的影响

续表

毕业日期	专业	论文题目
2015/7/1	汉语国际教育硕士	对外汉语借用动量词偏误分析及相关教材研究（4）
2015/7/1	汉语国际教育硕士	西班牙语母语者汉语“在+体词（+方位词）”结构习得研究（5）
2015/7/1	汉语国际教育硕士	台湾华语教材语体情况考察分析——以《实用视听华语》与《远东生活华语》为例（6）
2015/7/1	汉语国际教育硕士	对外汉语教材多项定语呈现研究——以《博雅汉语》、《新实用汉语课本》为例（7）
2015/1/1	汉语国际教育硕士	藏族学习者汉语篇章衔接偏误研究
2014/7/1	汉语国际教育硕士	面向对外汉语教学的副词“很”、“太”、“真”的对比研究（8）
2014/7/1	汉语国际教育硕士	汉语学习者产出性字词量与汉语水平关系研究——基于LFP词频表的量化分析
2014/7/1	汉语国际教育硕士	清代来华英国外交人员汉语学习历史考察
2014/7/1	汉语国际教育硕士	教学目标理论视角下教材练习设置与教材目标的协调性分析——以三本初级汉语教材为例
2014/7/1	汉语国际教育硕士	副词“一概”“一律”对比研究（2）（9）
2014/7/1	汉语国际教育硕士	近义词“必须”、“一定”、“必定”、“必然”的分析与教学研究（10）
2014/7/1	汉语国际教育硕士	海外汉语教师志愿者汉字教学问题探讨——以西班牙汉语教师志愿者为例（11）

续表

毕业日期	专业	论文题目
2014/7/1	汉语国际教育硕士	基于词汇联想的欧美汉语学习者词汇习得模式跟踪研究
2014/7/1	汉语国际教育硕士	西班牙语母语者汉语空论元习得研究（12）
2014/7/1	汉语国际教育硕士	基于语料库的汉英颜色隐喻比较研究（13）
2014/7/1	汉语国际教育硕士	《博雅汉语》系列教材词汇量及词级分布研究（14）
2014/7/1	汉语国际教育硕士	基于口语语料的高级阶段留学生语篇连接成分使用研究（15）
2014/7/1	汉语国际教育硕士	对外汉语实习教师备课行为发展的个案研究
2014/7/1	汉语国际教育硕士	韩国留学生“被”字句偏误分析（16）
2014/7/1	汉语国际教育硕士	缩写练习在对外汉语教学中的应用研究——以日本高级水平汉语学习者为例
2014/7/1	汉语国际教育硕士	“在”的语法化顺序与习得顺序的对比考察（17）
2014/7/1	汉语国际教育硕士	对外汉语国情文化教材文化内容的选取与阐释研究——以三部国情文化教材为例
2014/7/1	汉语国际教育硕士	西班牙初级汉语教材《谢谢》研究
2014/7/1	汉语国际教育硕士	藏族学习者汉语篇章衔接偏误研究（18）
2014/7/1	汉语国际教育硕士	初级汉语教材特殊句式语法注释考察（19）

续表

毕业日期	专业	论文题目
2014/7/1	汉语国际教育硕士	对外汉语电视教学节目初探——以两部语言教学节目为参照
2014/7/1	汉语国际教育硕士	韩国留学生动态助词“了”习得研究——基于语料库的研究（20）
2014/7/1	汉语国际教育硕士	《留学生因果关联标记习得情况考察——以母语为日、韩、英语留学生为对象》（21）
2014/7/1	汉语国际教育硕士	任务复杂度对对外汉语写作任务中语言表现的影响
2014/7/1	汉语国际教育硕士	汉语作为第二语言的作文评改研究
2014/7/1	汉语国际教育硕士	“还是VP吧/的好/为好”句式功能对比研究（22）
2014/7/1	汉语国际教育硕士	“不大”与“不太”的对比研究（23）
2014/7/1	汉语国际教育硕士	对外汉语新手教师教学焦虑研究
2014/7/1	汉语国际教育硕士	对外汉语中级口语课堂口头纠正性反馈研究
2014/7/1	汉语国际教育硕士	作为早期汉语教材的伊索寓言选本研究——以《意拾喻言》为中心
2014/7/1	汉语国际教育硕士	诵读在对外儿童汉语教学中的应用考察研究（24）
2014/7/1	汉语国际教育硕士	美国留学生汉语普通话元音的感知与发音研究（25）
2014/7/1	汉语国际教育硕士	“稍微”和“略微”的对比研究（26）
2014/7/1	汉语国际教育硕士	《韩国留学生动态助词“着”习得研究》（27）

续表

毕业日期	专业	论文题目
2014/7/1	汉语国际教育硕士	初中级对外汉语课堂教学中的游戏应用情况调查研究 — 以北京大学对外汉语教育学院初中级汉语课堂为例
2014/7/1	汉语国际教育硕士	《高级汉语阅读与写作教程1》学习者评价调查
2014/7/1	汉语国际教育硕士	对外汉语教材中的新词语处理情况调查分析（28）
2014/7/1	汉语国际教育硕士	高级水平留学生集合量词习得研究（29）
2014/7/1	汉语国际教育硕士	基于HSK语料库的留学生汉语插入语偏误研究（30）
2014/7/1	汉语国际教育硕士	“VRDN”结构的句法、语义分析及认知解释（31）
2014/1/1	汉语国际教育硕士	英汉二语学习者文化词语习得研究
2013/7/1	汉语国际教育硕士	文化视角下的饮食俗语研究 —— 以与“吃”相关的俗语为例（32）
2013/7/1	汉语国际教育硕士	对外汉语综合课教材例句研究（33）
2013/7/1	汉语国际教育硕士	基于话目的新手教师课堂话语个案研究 —— 教师培训办法探索
2013/7/1	汉语国际教育硕士	对外汉语新手教师认知发展过程个案研究
2013/7/1	汉语国际教育硕士	英语母语者汉语“NP1+V+给+NP2+NP3”结构习得情况考察 —— 对句法语义界面假设的实证研究（34）
2013/7/1	汉语国际教育硕士	“进行X”格式的语义与习得考察 —— 基于HSK动态作文语料库的研究（35）

续表

毕业日期	专业	论文题目
2013/7/1	汉语国际教育硕士	对外汉语综合教材中文化项目对比分析研究——以90年代“文化热”前后两套系列教材为例
2013/7/1	汉语国际教育硕士	“连”字句与“甚至”句的对比研究（36）
2013/7/1	汉语国际教育硕士	对外汉语综合教材修辞格引入时间、编排顺序研究（37）
2013/7/1	汉语国际教育硕士	从二语教材话题透视文化内容差异——以汉西六套中级教材为例
2013/7/1	汉语国际教育硕士	母语为西班牙语的汉语学习者副词“就”的偏误分析（38）
2013/7/1	汉语国际教育硕士	英语母语者汉语结果补语结构习得研究（39）
2013/7/1	汉语国际教育硕士	释义方式对留学生成语习得之影响研究——以《博雅汉语·飞翔篇》为例（40）
2013/7/1	汉语国际教育硕士	不完全重复任务对汉语第二语言学习者表现的影响
2013/7/1	汉语国际教育硕士	基于汉语教师课堂提问的行动研究
2013/7/1	汉语国际教育硕士	“在X的时候”与“当Y的时候”的对比研究（41）
2013/7/1	汉语国际教育硕士	高级水平日本留学生汉语语气助词“吧”、“吗”、“呢”习得研究（42）
2013/7/1	汉语国际教育硕士	日本留学生汉语惯用语偏误分析——基于高级汉语水平（43）
2013/7/1	汉语国际教育硕士	美国职后二语教师专业发展模式研究
2013/7/1	汉语国际教育硕士	日语母语者和英语母语者的汉语零形回指习得对比研究（44）

续表

毕业日期	专业	论文题目
2013/7/1	汉语国际教育硕士	汉语国际教育硕士眼中的教师角色 ——基于隐喻分析法的研究
2013/7/1	汉语国际教育硕士	中级汉语阅读教材调查分析
2013/7/1	汉语国际教育硕士	基于智能手机的移动汉语学习软件调查分析
2013/7/1	汉语国际教育硕士	对外汉语教材人物设置考察 ——以《初级汉语口语》为例
2013/7/1	汉语国际教育硕士	北京大学汉语国际教育硕士留学生文化课程设置探析
2013/7/1	汉语国际教育硕士	“涉及”与“涉及到”的对比研究（45）
2013/7/1	汉语国际教育硕士	汉字中的性别歧视现象研究 ——以“女”部字为例（46）
2013/7/1	汉语国际教育硕士	三本对外汉字练习册比较研究
2013/7/1	汉语国际教育硕士	留学生习得汉语疑问代词“什么”的非疑问用法考察（47）
2013/7/1	汉语国际教育硕士	对外汉语教学中中国当代主流意识形态文化图式构建初探
2013/7/1	汉语国际教育硕士	汉语口语教材的话语标记研究
2013/7/1	汉语国际教育硕士	汉语国际教育硕士的胜任特征研究
2013/7/1	汉语国际教育硕士	英汉二语学习者文化词语习得研究
2013/7/1	汉语国际教育硕士	英语母语学习者汉语口语习用语“别说”的习得考察（48）
2013/7/1	汉语国际教育硕士	关于对外汉语课堂口头反馈接受度的调查研究

续表

毕业日期	专业	论文题目
2013/7/1	汉语国际教育硕士	从中级汉语阅读教材的练习看阅读策略的培养
2013/7/1	汉语国际教育硕士	从商务汉语词汇偏误看中高级商务汉语教材词汇编写（49）
2013/7/1	汉语国际教育硕士	中级汉语口语课堂教学环节设计
2013/7/1	汉语国际教育硕士	中高级汉语水平的欧美留学生汉语口语语块的识别研究（50）
2013/7/1	汉语国际教育硕士	“居然”与“竟然”的对比研究（51）
2013/7/1	汉语国际教育硕士	儿童汉语课堂提问研究——以《快乐汉语》示范课为例
2013/7/1	汉语国际教育硕士	唱歌学汉语在对外汉语教学中的运用情况调查
2013/7/1	汉语国际教育硕士	从培养流利度角度考察高级口语教材练习设置——以《高级汉语口语（提高篇）》为例
2013/7/1	汉语国际教育硕士	在初级对外汉语教材编写中借鉴小说要素初探

附录6：培养方案（四）

D大学国际教育交流学院
全日制“汉语国际教育硕士”专业学位研究生培养方案
（2013年5月修订）

一、培养目标

汉语国际教育硕士专业学位是与国际汉语教师职业相衔接的专业学位。主要培养具有熟练的汉语作为第二语言教学技能和良好的文化传播能力、跨文化交际能力，适应汉语国际推广工作，胜任多种教学任务的高层次、应用型、复合型、国际化专门人才。具体要求为：

（一）掌握马克思主义基本理论，具备良好的专业素质和职业道德。

（二）热爱国际汉语教育事业，具有奉献精神和开拓意识。

（三）具备熟练的汉语作为第二语言的教学技能，并能熟练运用现代教育技术和科技手段进行教学。

（四）具有较高的中华文化素养和传播能力。

（五）能流利地使用一种外语进行教学和交流，具有跨文化交际能力。

（六）具有语言文化国际推广项目的管理、组织与协调能力。

二、招生对象

具有国民教育序列大学本科学历（或本科同等学力）的人员。

三、学习方式及年限

采用全日制学习方式，学习年限一般为2年（其中课程学习1年，实习及毕业论文1年）。

四、培养方式

采用课程学习与汉语国际教育实践相结合，汉语国际教育与中华文化传播相结合，校内导师指导与校内外导师联合培养相结合的方式。

五、课程设置

本培养方案的课程设置依据国家教育部“教指委”《全日制汉语国际教育硕士专业学位研究生指导性培养方案（2009年9月）》而定。课程设置以实际应用为导向，以国际汉语教师的职业需求为目标，围绕汉语教学能力、中华文化传播能力和跨文化交际能力的培养，形成以核心课程为主导、模块拓展为补充、实践训练为重点的课程体系。

课程名称部分采用指导性培养方案中的课程名称，部分课程遵循指导性培养方案的宗旨结合本院教学特色进行了重新设置。

（一）课程类型与学分分布

1、采用核心课程 、拓展课程、训练课程三种类型

（1）核心课程（18学分，含学位公共课）

（2）拓展课程（8学分，分模块选修）

（3）训练课程（4学分）

教学实习4学分、“二盯一”教学实训2学分，学位论文2学分，总学分不低于38学分。

（二）课程与学分结构

1、核心课程（重在提升学生的汉语教学技能、文化传播技能、跨文化交际能力）

（1）学位公共课程　（6学分）

政治思想与国际政治　（2学分）

应用英语　（4学分）

（2）学位核心课程　（12学分）

汉语语言学导论　（2学分）

第二语言习得导论　（2学分）

国外汉语课堂教学案例　（2学分）

中华文化与跨文化交际　（2学分）

汉语作为第二语言教学　（2学分）

汉外语言对比与偏误分析　（2学分）

2、拓展课程（8学分，分为三大模块）

A. 汉语作为第二语言教学类（4+2/3学分）

汉语语言要素教学　（2学分）

国别汉语教学分析　（2/3学分）

汉语教学资源与利用　（2/3学分）

汉语教学技能与技巧　（2/3学分）

现代语言教育技术　（2/3学分）

B. 中华文化传播与跨文化交际类（3+2/3学分）

当代中国专题　（2/3学分）

中国传统文化精粹　（1学分）

国别与地域文化　（2/3学分）

海外环境适应技能　（2/3学分）

礼仪与国际关系　（2/3学分）

C. 教育与教学管理类　（3学分）

外语教育心理学（1学分）
国外中小学教育专题（2/3学分）
教学策划与管理（2/3学分）
汉语国际推广专题（2/3学分）
3、训练课程（5+2/3学分）
课堂观察与实践（2/3学分）
教学测试与评估（2/3学分）
中华文化才艺与展示（2学分）
文化体验（2/3学分）
课堂教学应用英语（1学分）
名师特讲（2/3学分）
4、教学实习（4学分）
5、“二盯一”教学实训（2学分）
6、学位论文（2学分）
（三）教学方法

1、运用团队学习、国内外汉语教学案例分析、现场研究、模拟训练等方法组织教学，以大幅提高学生的教学技能和国外适应能力；

2、辅助以名师特讲课程形式聘请海内外专家、学者讲座、座谈等，扩大学生对海外汉语教学的了解。

课程名称 / 学时	学分	一学期	二学期	三学期	四学期	备注
一、必修课程						
A 公共课程						
政治思想与国际政治 36 学时	2	○				
应用英语 72学时	4	○	○			
B 专业课程						
汉语语言学导论 36学时	2	○				
第二语言习得导论 36学时	2	○				
国外汉语课堂教学案例 36学时	2	○				
中华文化与跨文化交际 36学时	2	○				
汉语作为第二语言教学 36学时	2		○			
汉外语言对比与偏误分 36学时	2		○			
二、选修课程						
A．汉语作为第二语言教学类						
汉语语言要素教学 36学时	2		○			
国别汉语教学分析 12学时	2/3		○			I
汉语教学资源与利用 12学时			○			II
汉语教学技能与技巧 12学时	2		○			II
现代语言教育技术 12学时			○			II
B．中华文化传播与跨文化交际类						
当代中国专题 12学时	2/3		○			III
中国传统文化精粹 18学时	1		○			
国别与地域文化 12学时	2/3		○			I

续表

课程名称 / 学时	学分	一学期	二学期	三学期	四学期	备注
海外环境适应技能　12学时	2/3			○		V
礼仪与国际关系　12学时	2/3		○			III
C．教育与教学管理类						
外语教育心理学　18学时	1		○			
国外中小学教育专题　12学时	2/3		○			I
教学策划与管理　12学时	2/3			○		V
汉语国际推广专题　12学时	2/3			○		V
三、训练课程						
课堂观察与实践　12学时	2/3		○			IV
教学测试与评估　12学时	2/3		○			IV
中华文化才艺与展示　36学时	2			○		
文化体验　12学时	2/3		○			III
课堂教学应用英语　18学时	1		○			
名师特讲　12学时	2/3	○	○	○	○	IV
教学实习	4				○	
“二盯一”教学实训	2	○	○	○	○	
学位论文	2				○	
总计　630学时	43	12	19	4	8	

课程及学分说明：

一、备注中无特殊说明的课程，成绩按单科计算；

二、备注中以罗马数字标注的课程，已按课程内容的相关性分出组别，每组3种课程，共计2学分。此类课程成绩以组为单位，按3门课平均成绩计算，平均成绩合格方可取得本组课程学分。组别分配如下：

组别	课程名称	学时	开课时间	学分
I	国别汉语教学分析	12学时	第二学期	2学分
	国别与地域文化	12学时		
	国外中小学教育专题	12学时		
II	汉语教学资源与利用	12学时	第二学期	2学分
	汉语教学技能与技巧	12学时		
	现代语言教育技术	12学时		
III	当代中国专题	12学时	第二学期	2学分
	礼仪与国际关系	12学时		
	文化体验	12学时		
IV	课堂观察与实践	12学时	第三学期	2学分
	教学测试与评估	12学时	第三学期	
	名师特讲	12学时	第一、二、三、四学期（成绩在第四学期给出）	
V	海外环境适应技能	12学时	第三学期	2学分
	教学策划与管理	12学时		
	汉语国际推广专题	12学时		

六、专业实践

课程学习与汉语国际教育实践紧密结合，学生要通过教学实践为学位论文选题和完成创造条件。

（一）教学实践方式

1、参加汉办/孔子学院总部选拔，以汉语教师志愿者身份赴海外顶岗实习，在孔子学院、外国中小学等机构从事汉语教学和文化传播工作；

2、参加学院与海外大学、中学等教学机构合作建立的实习基地进行教学实习；

3、在本院或国内各类学校及教育机构进行教学实习。

（二）教学实践管理

1、汉语教师志愿者由本院初选后经国家汉办再次选拔派出。

2、教学实践分见习、实践、实习三个阶段实施，见习和实践阶段是实习的准备阶段，学生在第三学期开始参加教学实习，实习期间，学生须在指导教师的监督和指导下完成汉语教学或辅助教学工作，按照《汉语国际教育专业硕士教学实习管理手册》规定，对履职实习实行全程跟踪管理，以保证教学实践能力的培养。见习、实践和实习各环节总计共240学时。

3、教学实习考核须有指导教师和学生评估，须由实习单位出具考评意见。

4、教学实习结束两周后须提交实习手册，内容包括：教学实习计划书、教学实践记录、教学实习教案、指导教师评价表、教学满意度评价表、教学实习单位证明与成绩评定、实习教师综合成绩评定书、实习总结报告等，经学院审核达到实习要求，方可得到实习的学分。

七、学位论文

（一）学位论文应紧密结合汉语国际教育实践进行选题，有应用价值。论文形式可以是专题研究论文、调研报告、教学实验报告、典型案例分析、教学设计等。

（二）吸收国际汉语教学第一线具有高级专业技术职务的专家、教师（包括中小学教师）参与论文指导。研究生应在导师指导下，在规定时间内，按照选题、开题、撰写、申请论文答辩、获准参加论文答辩等完整环节和过程、独立完成自己的学位论文。

八、学位授予

学生在规定的时间内修完所规定的学分，全部课程成绩合格、教学实习合格、完成学位论文，全面审查合格，通过天津师范大学组织的硕士论文答辩，经校学位委员会审核批准后，授予“汉语国际教育硕士”专业学位，同时获得硕士研究生毕业证书。

附录7：学位论文选题一览表（二）

D 大学某学院 2013-2015 年毕业生学位论文选题一览表

序号	学生姓名	毕业论文题目	论文形式
1	张某	孔子学院志愿者教学管理研究 —— 以泰国曼松德孔子学院为例	调研报告
2	常某	关于国际汉语教学课堂提问的思考 —— 以瑞典课堂为例	调研报告
3	于某	孔子学院汉语教学中的趣味性 —— 以塔大孔院为例	调研报告
4	张某	威斯康辛大学天津暑期中文培训项目个案研究	调研报告
5	周某	蒙台梭利教学法和泰国幼儿汉语教学	调研报告
6	赵某	美国成年人学习汉语频度副词的偏误分析及教学应对策略	调研报告
7	王某	泰国东部地区本土化汉语教师教学情况调查报告教学	调研报告
8	石某	浅析《体验汉语（生活篇）进阶》中的任务型教学	调研报告
9	霍某	游戏教学法在泰国小学汉语教学中的运用	调研报告
10	刘某	泰国小学生汉字书写问题及对策研究	调研报告
11	齐某	影视欣赏课在汉语国际教育中的应用	专题研究

续表

序号	学生姓名	毕业论文题目	论文形式
12	张某	美国莫海德州立大学汉语课堂教学策略分析	调研报告
13	彭某	日本学生在汉语学习过程中影响发音的因素及对策 ——以华育国际教育机构的学生为例	调研报告
14	王某	泰国学生汉语声调习得的偏误分析	调研报告
15	刘某	浅析泰国岱密中学孔子课堂发展模式	调研报告
16	杜某	国内短期班与美国在华中文项目的教学模式对比	调研报告
17	董某	关于教外国人学唱京剧的几点思考	专题研究
18	周某	论韩国语汉字词对韩国学生学习汉语词汇的负迁移作用及教学对策	调研报告
19	何某	利用泰国六大华文报纸进行汉语推广的策略研究	调研报告
20	赵某	美国学生汉字书写偏误分析	专题研究
21	郭某	浅谈提高泰国小学汉语课堂效率的方法 ——以进德学校为例	调研报告
22	官某	中泰中小学课堂教学差异及应对策略	调研报告
23	苗某	关于泰国华校小学汉语课堂教学形式的几点思考	调研报告
24	王某	蒙古国汉语教学中的繁简字教学研究	专题研究
25	张某	基于语块理论的对外汉语口语教学研究	调研报告
26	宋某	关于曼谷汉教师资情况的调查分析	调研报告

续表

序号	学生姓名	毕业论文题目	论文形式
27	元某	对朝鲜学生汉语时间助词教学的几个问题	调研报告
28	宋某	对泰国曼大学生趋向补语的偏误分析	调研报告
29	苏某	汉泰比喻修辞的对比	专题研究
30	陈某	汉泰趋向补语对比分析及教学探讨	专题研究
31	韩某	汉语数字词的文化内涵及其教学探讨	调研报告
32	周某	利用facebook在泰国推广汉语的尝试	调研报告
33	廖某	两组印尼学生汉语学习情况对比分析	调研报告
34	图某	蒙古国学生在汉语学习中比较句偏误分析	调研报告
35	司某	母语为波兰语者汉语学习的偏误分析——以波兰两所高校中文系学生的病句为例	调研报告
36	小垣内亚由美	日本学生习得汉语语音难点分析	调研报告
37	沈某	泰国学生汉语常用时间副词习得偏误研究	调研报告
38	陈某	泰国中学生汉字书写方面的问题研究	调研报告
39	郭某	印尼儿童汉语教学方法探讨	调研报告
40	阮某	越南学生使用汉字转折复句的偏误	调研报告
41	阮某	越南学生习得汉字的特点及其教学策略研究	调研报告
42	章某	中泰教师汉语教学特点的比较	专题研究
43	卢某	在泰国利用电视技术进行汉语教学的研究	调研报告

续表

序号	学生姓名	毕业论文题目	论文形式
44	茉某	内罗毕大学汉语学生学习动机研究	调研报告
45	张某	智利中学初级阶段汉字教学初探	调研报告
46	郝某	语境在对外汉语中级阶段词汇教学中的应用	专题研究
47	李某	文化域外传播路径探索——以肯尼亚内罗毕大学孔子学院为例	调研报告
48	赵某	针对肯尼亚孔子学院学生汉语声调教学研究	调研报告
49	郭某	形象化汉字教学方法初探	专题研究
50	张某	“专门用途汉语教学”取得初步成果及推广可行性——肯尼亚内罗毕大学孔子学院“专门用途汉语教学”总结	专题研究
51	杜某	游戏教学的方法在对外汉语教学中的应用	专题研究
52	崔某	从文化词语教学看文化因素对肯尼亚学生汉语学习的影响	调研报告
53	刘某	韩国小学汉语教学现状及教学方法——以全罗南道两所小学为例	调研报告
54	杨某	法国阿拉斯市中学汉语教材《你说呢》的分析研究	调研报告
55	佟某	首尔四所中学汉语教学现状及方法分析	调研报告
56	马某	二语习得情感因素及其对对外汉语教学的启示	专题研究
57	苏某	波兰学生汉语初级阶段古诗词教学研究	调研报告
58	王某	新HSK四五级词汇中的韩国汉字词研究	调研报告

续表

序号	学生姓名	毕业论文题目	论文形式
59	张某	泰国泰校中学生汉语学习词语、语法偏误及其解决对策——以泰国佛统府龙成学校为例	调研报告
60	蒋某	关于对外汉语教学法课堂实践的调查分析	调研报告
61	吴某	美国领航项目的主题式口语单班课教学管窥	调研报告
62	宁某	协作教学模式下的中韩汉语教师教学对比研究——以韩国木浦市惠仁高中为例	调研报告
63	张某	孔子学院新闻报道分析及新闻点深度挖掘——以泰国曼松德孔子学院为例	调研报告
64	武某	认知策略在对初级留学生对外汉语听力教学中的运用	专题研究
65	杨某	对美单班课教学模式实践分析——以美国中文领航项目高级汉语为例	调研报告
66	吴某	专兼职对外汉语教师实践性知识个案研究	案例分析
67	林某	泰国非华校零起点小学生汉语教学策略——以泰国瓦塔纳达隆伟学校为例	调研报告
68	毕某	“中医汉语”课程研究——以天津中医药大学为例	调研报告
69	马某	针对外国留学生汉语教学的“之”字	调研报告
70	冯某	汉泰定状语对比研究及泰国学生汉语定状语习得偏误分析	调研报告
71	薛某	苏格兰教育体制下汉语教师志愿者所遇问题及对策	调研报告
72	费某	泰国第一代华裔子女的汉语教学问题及对策——以泰国Chokchai幼儿园为例分析	调研报告

续表

序号	学生姓名	毕业论文题目	论文形式
73	邢某	针对泰国高中生汉语教学方式的探讨	调研报告
74	陈某	试论情景教学法在对外汉语词汇教学中的应用——以韩国全南外国语高中为例	专题研究
75	杨某	体态语在泰国汉语课堂教学中的运用	调研报告
76	赵某	提高初级汉语口语课堂教学效率的对策分析——以多国别汉语学习者课堂为例	调研报告
77	聂某	哥伦比亚成年人汉字教学的几个问题研究——以麦德林孔子学院为例	调研报告
78	孙某	韩国中小学汉语合作教学模式比较研究——以全罗南道地区为例	调研报告
79	杨某	韩国高中生书面语常见偏误分析——以仁川市弥邹忽外国语高中为例	调研报告
80	段某玎	泰国大学生因文化差异产生的中国古典诗词理解障碍及解决策略	调研报告
81	赵某	用课堂互动的方法提高泰国小学高年级学生学习汉语的兴趣	调研报告
82	王某	对外汉语会话课课堂调控——以韩国全罗南道外国语高中为例	调研报告
83	武某	游戏教学法在国际汉语教学中的应用——以天津市梅江中学汉语教学为例	调研报告
84	赵某	对外汉语教学中汉日同形词的教学策略	教学设计
85	朱某	年龄因素对汉语作为第二语言学习的影响及教学策略	专题研究
86	于某	关于韩国学生汉语语言态度的调查	调研报告

续表

序号	学生姓名	毕业论文题目	论文形式
87	赵某	明德模式下的美国在华汉语短期强化项目与本土化汉语教学比较研究	调研报告
88	林某	泰国初中生汉语语音偏误分析及教学对策探讨	调研报告
89	赵某	泰国学生 HSK 考试五六级跨度难度分析及应对策略	调研报告
90	申某	以英语为母语的汉语学习者动词偏误分析	专题研究
91	陈某	韩国高中汉语教学中歌曲的运用	调研报告
92	张某	“为”类介词框架结构与对外汉语教学的结合点	专题研究
93	任某	拼音输入法在对外汉字教学中的应用设计研究	专题研究
94	刘某	汉语教师志愿者（cpik）关于韩国小学课堂游戏教学的研究	调研报告
95	奥丽某	蒙古国大学汉语教学现状分析	调研报告
96	玛季娜	塔吉克斯坦中小学汉语教学现状调查研究	调研报告
97	陈某	应用多媒体技术激发泰国大学生汉语学习动机——以泰国农业大学色军校区汉语口语课教学为例	调研报告
98	朴圣大	韩语汉字词教育对汉语学习者的影响分析	专题研究
99	郑龙大	越南海防语言中心中国文化课教学分析	调研报告
100	朴塔吉娅娜	乌兹别克斯坦汉语教学现状、问题与对策	调研报告

续表

序号	学生姓名	毕业论文题目	论文形式
101	阮氏素鸳	交际法在大学生汉语写作教学中的运用——以越南太原大学外国语学院中文系为例	调研报告
102	孟根其其格	零起点蒙古中学生汉语声母教学设计	调研报告
103	金圣恩	谈韩国学生汉语连词的偏误和分析	调研报告
104	高某	泰国学生学习汉语语序的偏误行为与教学对策	调研报告
105	郑某	泰国大学生汉语初级口语表达能力及课堂管理问题研究——以曼谷拉差蒙坤科技大学为例	调研报告
106	黄某	基于问卷调查的泰国大学汉语教学研究	调研报告
107	万某	泰国高考汉语试题研究	调研报告
108	邱某	泰国学校的中泰汉语教师互补合作问题研究——以泰国伊斯兰中学为例	调研报告
109	欧丽莎	针对泰国学龄前儿童的汉语课堂游戏设计研究——以泰国CHAROENPONG幼儿园为例	调研报告
110	陈某	泰国大学生初级汉语听说课教学设计——以曼松德昭帕亚皇家师范大学为例	调研报告
111	黄某	泰国东北部地区大学汉语教学现状调查——以乌汶皇家大学为例	调研报告
112	杨某	泰国乌泰他尼小学汉语教学现状与问题	调研报告
113	李某	韩语语音对韩国汉语学习者的影响及对策研究	调研报告

续表

序号	学生姓名	毕业论文题目	论文形式
114	郭某	在天津泰国留学生中高级汉语阅读策略与能力调查研究	调研报告
115	戴某	中越两国传统过年习俗的对比研究	调研报告
116	庞某	面向俄罗斯学生的艺术汉语课堂教学设计——以圣彼得堡人文工会大学为例	调研报告
117	江某	老挝的文化禁忌以及教师禁忌语	调研报告
118	李某	泰国中学生汉语口语学习情感因素研究——以泰国伊斯兰中学为例	调研报告
119	金某	针对意大利学生汉语语序的教学策略	调研报告
120	牛某	哥伦比亚麦德林孔子学院汉字教学策略初探	调研报告
121	马某	泰国男子中学汉语教学问题及应对策略	调研报告
122	郑某	多媒体在泰国初级汉语教学中的应用	调研报告
123	王某	对韩国外国语高中汉语课堂的调查研究——以庆北外高、东豆川外高、水源外高和全南外高为例	调研报告
124	徐某	浅谈对外汉语教材中语素的教学问题——以教材《博雅汉语》初级起步篇为例	调研报告
125	李某	韩国高中初级汉语口语教材分析	调研报告
126	尚某	信息传递对汉语国际教育机构的促进作用——以泰国曼松德孔子学院为例	调研报告
127	刘某	论跨文化交际能力在对外汉语教学中的重要性——以领航实习为例	调研报告

续表

序号	学生姓名	毕业论文题目	论文形式
128	王某	韩国高中中国文化教学研究——以韩国镇川高中为例	调研报告
129	王某	赴泰汉语志愿者教师适应情况调查分析	调研报告
130	李某	美国华文教育的挑战与对策研究	调研报告
131	刘某	对外汉语教师素质中的跨文化交际能力探微	专题研究
132	董某	泰国小学生汉语语音偏误分析与教学研究——以公立敬德学校为例	调研报告
133	柳某	经验派与人本派对外汉语教学法的实践与研究——以马德里中小学为例	调研报告
134	原某	泰国泰校高中生汉语特长班课堂教学探讨	调研报告
135	梅某	汉语进修班初级听力课程教学研究	调研报告
136	孙某	关于汉语惯用语教学的几点认识	调研报告
137	关某	汉语作为第二语言教学模式对比研究--以美国领航项目和威斯康辛大学暑期中文培训项目为例	调研报告
138	阎某	教美国学生汉语u[u]、ü [y]、e[ ]和o[o]四个元音音素的教学思考	调研报告
139	田某	关于泰校学生汉语课堂练习的一些思考	调研报告
140	杨某	对外汉字文化教学示例	调研报告
141	雷某	泰国华校初中汉语听力课教学探讨——以泰国北榄公立培华学校为例	调研报告
142	辛某	孔子课堂文化活动策划及管理模式初探——以国光中学孔子课堂为例	调研报告

续表

序号	学生姓名	毕业论文题目	论文形式
143	王某	美国威斯康辛大学在华中文项目课堂教学研究	调研报告
144	倪某	泰国学生习得“还”、“又”、“再”的偏误分析	调研报告
145	杜某	泰国中小学生的语言态度及汉语教学对策——以春府大众学校为例	调研报告
146	吴某	新词语与对外汉语教学	专题研究
147	陈某	对泰汉语教学中的词汇文化意义差异释例	调研报告
148	赵某	泰国曼松德孔子学院汉语水平考试的调查与分析	调研报告
149	杨某	认知语言学理论在汉语方位词教学中的应用——以“里”“外”为例	专题研究
150	王某	初级对外汉字教材研究——以《张老师教汉字·汉字识写本》为例	调研报告
151	贾某	泰国小学汉语课课堂用语优化策略研究	调研报告
152	段某	浅析泰国小学的汉语教学模式——以南奔宏伟学校为例	调研报告
153	刘某	东南亚留学生习得现代汉语量词偏误分析	调研报告
154	侯某	中日韩姓名文化对比分析	调研报告
155	王某	“明德模式”下学生汉语学习情况个案分析	调研报告
156	赵某	影响留学生汉语学习的情感因素研究	专题研究
157	石某	泰国华校一年级学生汉语词汇教学探讨	调研报告

续表

序号	学生姓名	毕业论文题目	论文形式
158	马某	浅析“多元文化背景下”汉语作为对外“次文化”的生存之道 —— 以泰国南部为例	调研报告
159	黄某	游戏在泰国小学初级汉语课堂中的应用	调研报告
160	李某	泰国华校中、小学生汉语学习策略调查分析 — 以春武里府大众学校为例	调研报告
161	赵某	韩国高中汉语课堂游戏教学研究	调研报告
162	萨仁格日乐	蒙古初级汉语教学研究 —— 以金海语言培训中心初级汉语口语教学为例	调研报告
163	龙某	汉语网络语言研究	调研报告
164	阿曼泰 玛合帕丽	哈萨克斯坦学生汉字学习问题与教学对策探讨	调研报告
165	张某	泰国曼谷高中学校的汉语测试现状分析	调研报告
166	马某	泰国社区汉语培训班情况分析 —— 以岱密中学孔子课堂为例	调研报告
167	刘某	泰国大学生汉语方式副词偏误分析	调研报告
168	金润美	韩国世宗学堂和中国孔子学院的对比研究	调研报告
169	萨沙	多媒体辅助手段在汉语听力课词汇教学中的运用 —— 以乌克兰中学汉语课为例	专题研究
170	李某	论韩国语言政策对韩国汉语教学的影响	调研报告
171	姜多率	韩国成人初级汉语教材文化结构与要素分析	调研报告
172	梁某	E-Learning在泰国姹棱宽女子中学汉语教学中的实用情况分析	调研报告

续表

序号	学生姓名	毕业论文题目	论文形式
173	舒某	汉字象形因素教学对泰国学生汉字学习的作用	调研报告
174	桑姗	中泰汉语教师实践性知识调查分析——以佛统中学为例	调研报告
175	提莲	任务型教学法在喀麦隆汉语语块教学中的运用	调研报告
176	安娜	乌克兰汉语口语教学问题与对策	调研报告
177	阿布	针对肯尼亚学生的汉语教学法研究	调研报告
178	金某	关于泰国部分城市的汉语培训机构的调查报告	调研报告
179	阿依江	比什凯克地区大学生汉语学习动机调查与教学对策	调研报告
180	苏广源	手绘图画教学法在泰国小学汉语教学中的运用	调研报告
181	陈某	汉越佛教成语对比研究	专题研究

附录8：A、B、C、D四所大学汉硕考生本科专业条件要求列表

A、B、C、D四所大学汉硕考生本科专业条件要求列表

大学名称	应试生报考条件
A大学	报考汉语国际教育硕士考生本科专业要求：1.本科专业应为对外汉语、英语、汉语言文学及新闻传播学；2.其他专业除特别优秀者，一般不招收。3.综合素质优秀，形象端庄，仪态大方，才艺突出，语言表达能力强，英语听说读写熟练、口语流利自然。
B大学	报考汉语国际教育硕士考生本科专业要求：具有国民教育序列大学本科学历（或本科同等学力）的人员。
C大学	报考汉语国际教育硕士考生本科专业要求：1.拥护中国共产党的领导，愿为社会主义现代化建设服务，品德良好，遵纪守法；2.考生的学历必须符合下列条件之一：（1）国家承认学历的应届本科毕业生（一般应有学士学位）；（2）具有国家承认的大学本科毕业学历的人员（一般应有学士学位）；（3）已获硕士学位或博士学位的人员。（4）获得国家承认的大专毕业学历后，经过两年或两年以上（从大专毕业到录取为硕士生当年的9月1日，下同）学习或工作的人员（只能以同等学力资格报考）；（5）国家承认学历的成人高校应届本科毕业生（只能以同等学力资格报考）；以同等学力资格报考的考生，须在国家核心期刊上发表一篇以上与中文专业及对外汉语教学相关的学术论文，通过初试后，还须加试两门本科专业基础课。3.年龄一般不超过40周岁；4.身体健康状况符合规定的体检标准。

续表

大学名称	应试生报考条件
D大学	汉语国际教育专业硕士考生本科专业要求：1.中华人民共和国公民。 2.拥护中国共产党的领导，愿为社会主义现代化建设服务，品德良好，遵纪守法。3.学历必须符合下列条件之一:（1）国家承认学历的应届本科毕业生。（2）具有国家承认的大学本科毕业学历的人员。（3）在境外获得的学历证书须通过教育部留学服务中心的认证.（4）年龄一般不超过40周岁（1971年8月31日以后出生者）。（5）身体健康状况符合《普通高等学校招生体检工作指导意见》的体检要求。

后　记

经过历时五年的调研、访谈，在大致掌握我国汉语国际教育硕士人才培养现状的基础上，2017年，我尝试申请了教育部人文社科项目（项目名称：汉语国际教育硕士人才培养现状与优化研究；项目批准号：17YJC880048）并成功立项。在国家的鼓励、支持下，我在已有研究基础上，又重点挖掘、探讨了三个问题：一是目前我国汉语国际教育硕士培养模式的分类、区别特征及存在问题；二是英语、日语作为第二语言师资培养特点、规律；三是我国汉语国际教育硕士培养模式优化方案。将以上研究整理、归纳，最终完成了本书撰写。

本书主要分为两部分，第一部分是关于汉语国际教育硕士人才培养现状的描述；第二部分是关于汉语国际教育硕士培养模式优化的探讨。

第一部分主要对汉语国际教育硕士开设背景、十二年发展历程进行梳理，同时，对培养现状进行深入而全面的研究。书中以第一批、第二批获批建设的81所汉语国际教育硕士培养院校作为研究对象，通过实地调研、访谈、参与式观察、跟踪体验，收集培养方案、课程设置、就业信息、课堂教学录像的方式，采用案例分析、比较分析等方法提炼出汉语国际教育硕士培养模式的构建框架，并对培养模式内部构成要素及构成要素之间关系进行了论证。

第二部分，针对汉语国际教育硕士培养模式优化问题进行理论探讨。书中提出了“培养模式优化是一个动态发展过程；培养模式优化的结果是多元化模式；多角度需求分析是培养模式优化的逻辑起点；确定具体、明确的培养目标是关键”等基本观点，提出了“五位一体培养目标选取理论”。

感谢教育部人文社会项目对本书的资助，感谢中央民族大学“国际汉语教学”重点培养学科对本书的资助。感谢北京语言大学汉语国际教育研究院吴应辉教授在百忙中抽出时间关心本书的编写工作，并为本书作序。

由于作者才疏学浅，本书内容难免有疏漏之处，敬请各位专家学者予以指正。

作者
2019年5月